# Inhalt

# Ein Telefongespräch

Hallo, ist dort Ionela?«
»Ja.«
»Ich bin Iana Matei. Ich nehme an, Peppi hat dir gesagt, dass ich anrufen werde. Sie hat dir erklärt, wer ich bin, oder?«
»Ja, ja, ich weiß Bescheid.«
»Kannst du sprechen? Oder hört dir jemand zu?«
»Nein, es geht. Ich bin gerade allein.«
»Peppi hat mir gesagt, dass du meine Hilfe brauchst. Stimmt das?«
»Ich weiß nicht …«
»Hast du Angst?«
»Ja.«
»Vertraust du mir?«
»Ich glaube schon.«
»Gut, dann werde ich dich da rausholen.«
Ionela ist fünfzehn Jahre alt und arbeitet als Sex-Sklavin. Das ist beinahe schon alles, was ich von ihr weiß, aber es ist für mich mehr als genug: Ich muss dieses Mädchen retten. Ein Anwalt hat mich heute Morgen alarmiert. Am Telefon hat er mir erklärt, er sei von einer Spanierin namens Peppi beauftragt worden, die sich Sorgen um das Schicksal einer von Menschenhändlern entführten rumänischen Jugendlichen macht. Soweit sie weiß, ist Ionela einer Roma-Familie in die Hände gefallen. Zunächst hatte eine bereits recht alte Frau aus dieser Familie, die zugleich

als Zuhälterin fungierte, Ionela den Vorschlag gemacht, sie bei sich, ihren beiden Söhnen und ihrer Tochter aufzunehmen, da die Eltern von Ionela unentwegt Streit miteinander hatten. Ionela musste als Gegenleistung mit der Frau auf einem Markt arbeiten, aber drei Monate später verkündete die Alte ihr trotzdem: »Unterkunft und Verpflegung sind zu teuer. Du hast mich bereits sehr viel Geld gekostet, es wird allmählich Zeit, dass du deine Schulden abbezahlst. Meine Söhne haben eine Arbeit für dich in der Türkei gefunden. Morgen fährst du dorthin.«

In der Türkei wurde Ionela geschlagen und mit dem Tode bedroht. Man brach ihren Willen, und sie tat, was man von ihr verlangte: Sie schlief mit fremden Männern. Nach einer Polizeirazzia auf ihrem Straßenstrich wurde sie nach Rumänien zurückgeschickt, wo ihre Zuhälterin sie bereits am Flughafen in Empfang nahm, um sie sofort nach Spanien zu verfrachten. Unmittelbar nach ihrer Ankunft dort versuchte Ionela, sich mit Schlaftabletten das Leben zu nehmen. Ein paar Tage später noch einmal. Beim dritten Versuch hatte sie so viele Tabletten geschluckt, dass sie vollkommen entkräftet war und ihr Zuhälter, einer der Söhne der alten Roma-Frau, sie nicht mehr auf die Straße schicken konnte. Ionela musste eingesperrt im Zimmer eines erbärmlichen Hotels ausharren, aber auch dorthin schickte der Zuhälter einige Kunden. Einem dieser Kunden, einem Spanier, kam sie reichlich jung vor.

»Wie alt bist du?«

»Fünfzehn.«

Ohne die betäubende Wirkung der Medikamente hätte sie vermutlich niemals gewagt, die Wahrheit auszusprechen. Der Mann war zutiefst erschrocken und bombardierte sie mit Fragen. Schließlich erzählte Ionela ihm ihre ganze Geschichte. Entsetzt berichtete der Kunde alles seiner Mutter, und beiden war sofort klar: Das Mädchen musste aus den Händen dieser Schurken befreit werden. Am nächsten Tag ging der Kunde noch einmal zu dem Hotel, wo er erneut einen Besuch bei Ionela aushandelte. Er nahm sie ganz einfach mit und setzte sie mit ein paar Euro in der Tasche in einen Bus zurück nach Rumänien. Er versprach sogar, ihr regelmäßig Geld per Postanweisung zu schicken.

In ihrer Heimat suchte Ionela Zuflucht bei einer Tante, wo die Mutter der Roma-Familie sie jedoch alsbald aufspürte. Das war vorauszusehen: Ein Zuhälter weiß alles über seine Opfer, denn über dieses Wissen kann er Druck auf sie ausüben. Die Zuhälter fingen Ionela vor dem Haus ihrer Tante ab und zwangen sie, in ihr Auto zu steigen. Die Tante versuchte tapfer einzugreifen, aber die Zuhälterin fand die richtigen Worte, um sie einzuschüchtern: »Komm bloß nicht auf die Idee, die Polizei zu verständigen. Wenn du uns Schwierigkeiten machst, halten wir uns an deine Tochter.«

Das saß. Ihre Tochter war dreizehn Jahre alt. Die Tante hielt den Mund. Die Menschenhändler brachten Ionela nach Călărași an der Grenze zu Bulgarien, nicht weit von der Schwarzmeerküste entfernt. Glücklicherweise hielt Peppi, die Mutter des spanischen Kunden, Wort: Sie hatte bereits Kontakt zu Ionela aufgenommen und ihr eine Postanweisung geschickt. Die Menschenhändler setzten Ionela so unter Druck, dass sie ihren Entführern alles offenbarte. Das Mädchen musste seine Wohltäterin anrufen, um das Datum für die Postanweisung abzusprechen. Diese Leute lassen keine Gelegenheit aus, wenn irgendwo Geld zu holen ist, aber das war in diesem Fall ihr Fehler. Ionela nutzte die Gelegenheit, um Peppi mitzuteilen, was ihr zugestoßen war. Machtlos hatte Peppi sich mit einem Anwalt in Verbindung gesetzt, um in Rumänien jemanden ausfindig zu machen, der Ionela retten könnte. Dieser Anwalt tätigte ein paar Anrufe und hörte von mir, meinem Haus und meinen Aktivitäten für die Opfer des Frauenhandels.

Die Zeit drängt: Bei der Vereinbarung der letzten Überweisung hat Ionela Peppi gesagt, dass sie erneut in die Türkei verfrachtet werden soll. Da Ionela bei der türkischen Polizei jedoch bereits aktenkundig ist, haben die Menschenhändler sie für 100 Euro mit einem Mann verheiratet, sodass sie einen anderen Familiennamen trägt. Es muss schnell gehandelt werden: In ein paar Tagen wird sie die Grenze passiert haben …

Am Telefon spüre ich, wie ausweglos Ionela ihre Lage einschätzt. Sie zögert.

»Ionela, ich komme und hole dich ab.«

»Nein, das geht nicht! Sie werden mich umbringen! Sie haben gesagt, wenn ich noch einmal versuche davonzulaufen, binden sie mich an ein Auto und schleifen mich solange hinterher, bis ich tot bin.«

»Das werden sie nicht tun, sie versuchen nur, dir Angst zu machen.«

»Nein, sie werden es tun! Als sie mich bei meiner Tante geholt haben, hat mich Ramon mit der Faust geschlagen, immer wieder. Sie haben mir auch die Haare abgeschnitten, um mich zu bestrafen. Ich habe gesagt, dass ich alles der Polizei sagen werde, aber die Babuschka hat nur gelacht und gesagt, dass die Polizisten ihre Freunde sind!«

Ich habe keinerlei Möglichkeit herauszufinden, ob sie die Wahrheit sagt. Aber das spielt auch keine Rolle, denn ich bin zutiefst davon überzeugt, dass dieses Mädchen sich in Gefahr befindet. Alles andere ist Nebensache.

»Wir werden einen Weg finden, Ionela. Gibt es einen Zeitpunkt, zu dem sie dich allein lassen?«

»Nein, ich bin den ganzen Tag über in einem Zimmer eingeschlossen.«

»Denk genau nach. Lassen sie dich nie heraus?«

»Wenn ich es Ihnen doch sage! Nein, sie wollen mich nicht einmal auf der Straße arbeiten lassen. Sie haben Angst, dass ich wieder weglaufe. Einzig und allein zur Post darf ich gehen, um die Geldüberweisungen von Peppi abzuholen.«

»Bist du bei diesem Gang allein?«

»Die Babuschka und Ramon warten vor dem Gebäude auf mich. Sie weichen mir keinen Schritt von der Seite.«

»Aber du gehst allein in die Post hinein?«

»Ja, aber Peppi hat mir erst gerade vor ein paar Tagen Geld geschickt. Ich weiß nicht, wann die nächste Überweisung kommt.«

»Das macht nichts, sie wissen es ja auch nicht. Du wirst ihnen also sagen, dass Peppi dich angerufen hat und dir Geld geschickt hat, das du abholen musst. Dann rufst du mich an und sagst mir, wann du zur Post gehst.«

»Und dann?«

»Ich werde vor der Post auf dich warten. Ein alter metallicroter Audi wird vor dem Gebäude stehen – mit einer blonden Frau am Steuer. Das bin ich. Die hinteren Türen werden offen sein. Wenn sie dich ins Gebäude schicken, gehst du hinein ... und kommst sofort wieder heraus. Du musst sie überraschen: Sie werden denken, dass du etwa zehn Minuten brauchst, um die notwendigen Formulare zu unterschreiben. Also werden sie sich wahrscheinlich eine Zigarette anzünden und auf dich warten. Keiner von beiden wird damit rechnen, dass du so schnell wieder herauskommst. Du rennst schnurstracks zu meinem Auto und springst auf den Rücksitz. Ich lasse den Motor laufen, sodass wir sofort losfahren können.

»Gut …«

»Alles wird klappen, Ionela.«

»Einverstanden …«

Als ich auflege, bin ich trotz allem ein wenig beunruhigt. Wenn diese Verbrecher etwas ahnen? Egal, wir haben keine andere Wahl. Wir müssen es so versuchen …

Ionela ruft mich am nächsten Tag an: »Ich habe alles gemacht wie vereinbart und gehe morgen Nachmittag das Geld holen.«

»Ich werde dort sein. Wo ist die Post?«

»In der Innenstadt.«

»Sehr gut. Ich werde sie schon finden. Denk dran: ein roter Audi, eine blonde Frau, und du springst hinten ins Auto.«

»Okay.«

Ich lebe in Pitești, einer Industriestadt am Fuße der Karpaten. Die Stadt Călărași, wo ich Ionela abholen werde, liegt schon fast am Schwarzen Meer, etwa vier bis fünf Autostunden von Pitești entfernt. Ich muss also früh aufbrechen, da ich nicht genau weiß, wann Ionela auftauchen wird. Ich hätte meinen stabilen Dacia nehmen können, der für lange Strecken sehr viel bequemer ist, aber mein alter Audi ist wendiger und schneller: Das könnte sich bei einer Verfolgung als nützlich erweisen.

Es ist schon fast Mittag, als ich das Zentrum von Călărași erreiche. Von meinem Stadtplan vollkommen verwirrt, muss ich schließlich doch einen Passanten nach dem Weg zur Post fragen und gelange schließlich ans Ziel. Nur wenige Meter vom Eingang entfernt parke ich in Fahrtrichtung auf dem Gehsteig. So … jetzt muss ich nur noch warten … und hoffen, dass die Menschenhändler ihre Pläne nicht geändert haben!

Dreieinhalb Stunden später ist Ionela immer noch nicht aufgetaucht. Aus Angst, sie zu verpassen, bin ich in meinem Wagen geblieben. Seit dem frühen Morgen habe ich nichts gegessen, und mein Magen knurrt gewaltig, aber trotzdem könnte ich nichts herunterbringen. Das Warten ist unerträglich. Ich stelle mir das Schlimmste vor: Hat die Babuschka Lunte gerochen? Hat die eingeschüchterte Ionela gestanden, dass es gar keine Postanweisung gibt? Angst schnürt mir den Magen zu, aber es bleibt mir nichts anderes übrig, als mit gespannter Aufmerksamkeit die ins Postgebäude hineingehenden und herauskommenden Menschen zu beobachten.

Plötzlich sehe ich sie: ein blasses Mädchen mit strubbligem Haar, das eine Jeans und einen knappen Blouson trägt, steigt aus einem Taxi, das genau vor mir parkt. Ich bin nicht sicher … ihre wüst geschnittenen Haare … doch, das muss sie sein. Sie wirft einen Blick zu meinem Auto herüber und lenkt ihre Schritte dann zum Eingang des Gebäudes. Auf dem Beifahrersitz im Auto vor mir erkenne ich eine alte Roma, die mit dem Taxifahrer spricht.

Jetzt funktioniert mein Gehirn vollkommen automatisch. Ich lasse den Motor an und setze langsam zurück, um mit einmaligem Einschlagen des Lenkrads aus meiner Parklücke auszuscheren. Ohne das Taxi aus den Augen zu lassen, taste ich nach dem Griff der hinteren Tür, um diese bereits zu öffnen. Ich bin bereit. Es ist so weit! Ionela kommt aus der Post und wirft sich drei Sekunden später auf den Rücksitz. Sie hat sich noch nicht einmal aufgerichtet, da trete ich schon aufs Gaspedal. Ich habe keine Ahnung, ob die Babuschka etwas gesehen hat, aber als ich das Taxi überholt habe, sehe ich im Rückspiegel, dass der

Taxifahrer etwas zu ihr sagt und mit dem Finger auf meinen Audi weist. Sie haben begriffen ... Mein Fuß drückt weiter aufs Gas, ich beschleunige, so gut es geht. Hinter mir nimmt das Taxi nun seinerseits Fahrt auf.

»Ionela, wohin soll ich fahren? Nach rechts? Nach links?«

Ich kenne die Stadt nicht. Während der vier Stunden, die ich im Auto gewartet habe, habe ich nicht einmal daran gedacht, den Stadtplan im Hinblick auf eine mögliche Route zu studieren ... Was für eine Idiotin ich doch bin! Im Rückspiegel sehe ich Ionelas angstverzerrte Züge. Sie wagt nicht, sich aufzurichten, und versucht, sich durch ein paar flüchtige Blicke aus dem Fenster zurechtzufinden.

»Da lang!«

Auf der Rückbank kauernd, weist das Mädchen mir mit ihrem Arm die Richtung, in die ich fahren soll. Das Taxi ist mir dicht auf den Fersen. Die Babuschka schwingt drohend ihre Faust.

»Und jetzt, wohin soll ich jetzt fahren?«

»Nach links!«

Während sie mir antwortet, weist sie mit dem Arm nach rechts.

»Ionela! Weißt du nicht, wo rechts und links ist?«

»Doch ... nein ... dorthin!«

Wir brechen in nervöses Gelächter aus. Ionela ist vollkommen panisch. Wahrscheinlich könnte sie mir im Augenblick nicht einmal die Frage nach ihrem Namen richtig beantworten. Ich folge ihren chaotischen, unvermittelten Anweisungen, so gut es eben geht. Ich biege mehrmals ab, schlängele mich durch enge Gassen, missachte ein Stoppschild ... Im Rückspiegel sehe ich, dass der Abstand zu unseren Verfolgern rasch größer wird. Gut, dass ich den Audi genommen habe!

Fünf Minuten später wagt auch Ionela einen Blick aus dem Rückfenster. »Ich sehe sie nicht mehr«, flüstert sie, ohne es wirklich zu glauben.

Aber Ionela hat recht: Es ist geschafft, wir haben sie abgehängt. Langsamer fahre ich aber dennoch nicht. Die Menschenhändler könnten mein Autokennzeichen an einen Komplizen weitergeben. Ich bleibe wachsam und achte darauf, dass kein anderes Auto die Verfolgung aufnimmt. Erst als wir die Stadt hinter uns gelassen haben, bin ich sicher, dass wir gerettet sind. Endlich! Ich fahre unvermindert schnell weiter, um unseren Vorsprung weiter auszubauen, aber ich lächele meiner verängstigten Begleiterin jetzt aufmunternd zu. Eine Zeit lang sagt keine von uns ein Wort. Allmählich normalisiert sich unsere Atmung.

Plötzlich klingelt Ionelas Telefon. Kaum hat sie das Gespräch angenommen, bellt jemand so laut in das Gerät, dass ich verstehe, was er sagt: »Gib mir die blonde Hure!«

Zitternd und wütend zugleich reicht Ionela mir das Handy. Die brutale Stimme eines Mannes schreit mir ins Ohr: »Bring sie sofort zurück, sonst werfen wir dich den Ratten zum Fraß vor!«

»Zur Hölle mit Ihnen!«

»Du hättest uns das Mädchen nicht klauen sollen, du weißt offenbar nicht, mit wem du es zu tun hast!«

Ich ersticke fast vor Lachen: Dieser Kerl denkt doch tatsächlich, dass er es mit einem anderen Menschenhändler zu tun hat. Er verhält sich gerade so, als hätte ich mir sein bestes Stück unter den Nagel gerissen!

»Dreckige H…«

Abrupt beende ich das Gespräch und werfe das Telefon auf den Boden. Diese groben Beschimpfungen brauche ich mir nicht anzuhören. Außerdem muss ich dringend meine kleine Schutzbefohlene beruhigen.

»Alles ist gut, du bist in Sicherheit, sie können uns nichts mehr tun.«

»Ja ... wir haben sie wirklich abgehängt, oder?«

Die Stimme des jungen Mädchens klingt angespannt. Ich spüre, dass es immer noch hochgradig nervös ist und die Situation nicht einzuschätzen vermag. Es weiß nichts von mir, aber es fühlt sich zum ersten Mal in einer starken Position. Der Weg ist weit, und wir nutzen die Zeit, um Bekanntschaft zu schließen. Ich erzähle ihm von meinem Frauenhaus, das Opfer der Zwangsprostitution aufnimmt, und schlage ihm vor, an meinem Wiedereingliederungsprogramm teilzunehmen. Voller Begeisterung geht es auf mein Angebot ein. Es klingt beinahe etwas zu euphorisch ... Aber es erstaunt mich nicht, dass es darauf aus ist, mir zu gefallen. Es kommt aus einer Umgebung, in der Gewalt an der Tagesordnung war. Wochenlang musste es sich verstellen – einfach, um zu überleben. Es muss erst lernen, mir zu vertrauen ...

Wir sind noch eine Stunde von Pitești entfernt, als Ionelas Telefon erneut klingelt. Ich hebe es vom Boden auf und nehme diesmal selbst ab, um die zu erwartenden Beschimpfungen entsprechend zu parieren. Wider Erwarten ertönt jedoch eine ruhigere Stimme am anderen Ende.

»Hallo, ich bin Polizeibeamter. Bei uns wurde die Entführung einer minderjährigen Person gemeldet. Ich fordere Sie auf, das junge Mädchen unverzüglich zurückzubringen.«

Da hört sich doch alles auf! Die Schlepper waren so dreist, zur Polizei zu gehen! Oder ist dieser Beamte von ihnen bestochen worden? Das kann ich jetzt nicht herausbekommen, aber der Befehlston des angeblichen Ordnungshüters bringt das Geschwür, das seit heute Morgen in mir gärt, zum Platzen. Wutentbrannt fahre ich ihn an:

»Sie armer Irrer! Die minderjährige Person, die ich angeblich entführt habe, wurde vorher als Prostituierte ausgebeutet! Warum decken Sie diese Leute? Haben sie Ihnen denn wenigstens gesagt, dass sie sie zur Heirat mit einem Unbekannten gezwungen haben?«

»Nein, ich weiß nicht, wovon Sie sprechen. Ich weiß nur, dass eine Anzeige wegen Entführung vorliegt.«

»Geben Sie mir bitte Ihren Namen, Herr Kommissar.«

»…«

»Hallo?«

Die Verbindung ist unterbrochen. Ganz offenbar war es dem Polizisten lieber, das Gespräch abzubrechen. Wahrscheinlich hat er realisiert, dass die Sache gefährlich für ihn wird. Ionela wirft instinktiv noch einmal einen Blick durchs Rückfenster, was sie mindestens schon einhundert Mal seit unserem Aufbruch in Călărași getan hat. Ich ahne, dass es viel Zeit brauchen wird, bis sie wieder durch die Straßen schlendern wird, ohne sich ängstlich umzublicken.

»Sag mal, hast du Hunger?«

»Ja.«

»Gut, dann werden wir anhalten und etwas essen.«

Es ist Nacht geworden. Wir haben den ganzen Tag über nichts zu uns genommen. Es sind nur noch zwanzig Wegminuten bis zu dem Frauenhaus, und ich will ihr kurz in groben Zügen das Programm erklären, bevor ich sie den anderen Mädchen vorstelle. In dem Restaurant an der Straße fällt Ionela über ihren Teller her. Sie ist erschöpft, aber auch erleichtert und möchte jetzt endlich ankommen. Dieses Frauenhaus ist für sie die Chance, ihr Leben zu ändern.

# Menschenhandel

Zu Tausenden wirft Rumänien jedes Jahr Mädchen wie Ionela auf den europäischen Markt der Prostitution. Sie stammen aus Piteşti, Bukarest, Iaşi, Brăila, Sibiu oder Timişoara, kommen aus den großen Städten ebenso wie aus den abgelegenen Landstrichen von Transsylvanien und landen in Madrid, Rom, Paris, London oder Amsterdam, wo sie die traurigen Scharen der Bordsteinschwalben vergrößern, die für ein paar Euro auf der Straße anschaffen gehen.

Ich will auf keinen Fall missverstanden werden: Wenn Frauen sich dafür entscheiden, ihren Körper zu verkaufen, so ist mir das vollkommen gleich. Ich kämpfe nicht gegen die freiwillige, selbst gewählte Prostitution, sondern gegen den Handel mit menschlichen Wesen. Ich spreche von Mädchen, die mit Gewalt zu diesem Geschäft gezwungen werden, die oft minderjährig sind und verkauft werden wie ein Stück Fleisch – entwurzelte Mädchen, die gequält und psychisch gebrochen werden, die geschlagen und vergewaltigt werden und dann sexuell zu Diensten sein müssen. Es handelt sich schlicht und ergreifend um eine massenhafte und organisierte Vergewaltigung, die mitten im Europa des 21. Jahrhunderts stattfindet!

In den zehn Jahren meines Kampfes habe ich viel gesehen, aber es kränkt mich immer noch zutiefst, dass Menschen über den Preis eines Lebens verhandeln und Mädchen exportieren können, als handele es sich um irgendeine beliebige Ware. Sie brauchen eine junge, nach Belieben formbare Rumänin, die auf Spaniens Straßen anschafft, oder eher in England oder den Niederlanden? Wer bietet am meisten, meine Herren? Bedenken Sie bitte, dass ein Mädchen mindestens 800 Euro kostet, wenn es noch außer Landes gebracht werden muss, und bis zu 30 000 Euro, wenn Sie es bei sich kaufen, also am Ende der Kette. Zu diesem Preis gehört das Mädchen Ihnen, dann aber auch mit Haut und Haaren!

Ich garantiere Ihnen, dass sich eine solche Investition lohnt: Allein die Tatsache, dass Sie ein Mädchen über die Grenze bringen, verschafft Ihnen bereits einen Gewinn von 150 Prozent. Der Frauen- und Kinderhandel läuft heute so gut, dass er mehr einbringt als der Waffen- und Drogenhandel! Anders als eine Waffe kann ein Mädchen auch mehrmals verkauft werden …

Das Phänomen begann etwa 1990 mit dem Sturz von Ceaușescu in Rumänien und den übrigen kommunistischen Regimes in den Ländern des ehemaligen Ostblocks. Auf dem Balkan haben Schlepper unterschiedlicher Ausrichtung von den nachfolgenden Kriegen profitiert, um sich verstärkt auf den Menschenhandel zu konzentrieren. Am Ende der Konflikte gelangten mit den Strömen von Migranten, die dem Elend ihrer Heimatländer entfliehen wollten, Mädchen aus Mazedonien, Litauen, Russland, Bulgarien und Rumänien nach und nach in die verschiedenen Länder Westeuropas. Im Kofferraum versteckt oder in einen Lastwagen gepfercht, überquerten sie die Grenze, oder sie erreichten in Schlauchbooten die italienische Küste. Heute können sie durch das Schengen-Abkommen ungehindert reisen und benutzen ganz legal das Flugzeug.

Innerhalb der letzten zwanzig Jahre sind die Länder Osteuropas zu Hauptlieferanten für Prostituierte in der

Europäischen Union geworden. Das ganze Ausmaß dieses Phänomens lässt sich nur schwer bestimmen, da der Schwarzmarkt keine Aufschlüsse zulässt. Den wenigen vorliegenden Studien zufolge (jedes Jahr werden weltweit achthunderttausend bis 2,4 Millionen Personen, im Wesentlichen Frauen und Kinder, Opfer von Menschenhändlern) sollen heute dreihunderttausend Frauen aus diesen Regionen im Westen als Prostituierte arbeiten. Vor fünf Jahren waren es noch nicht einmal zweihunderttausend ... Zu diesem Zeitpunkt spielte Russland die führende Rolle bei diesen Transaktionen. Mittlerweile jedoch – so eine Studie, die von der ONG TAMTEP zwischen 2006 und 2008 durchgeführt wurde – hat Rumänien Russland übertrumpft und ist zum Weltmeister unter den Ländern geworden, die Prostituierte in die Europäische Union schleusen.

Schwer zu sagen, wie viele von diesen Mädchen verkauft wurden. Wahrscheinlich ist es der größere Teil. Die von international operierenden Netzen des organisierten Verbrechens gedeckten Verbindungen und Wege funktionieren leider sehr gut. Die Mädchen werden mit dem scheinheiligen Versprechen einer Arbeit im Ausland geködert und lassen sich rasch darauf ein, einem flüchtigen Bekannten zu folgen. Dieser ist in Wirklichkeit jedoch ein Handlanger, der sie für ein paar rumänische Leu an einen Schlepper verkauft, der sie dann sofort ins Ausland verschiebt. Sobald sie die Grenze passiert haben, wird ihnen der Personalausweis abgenommen, sie werden geprügelt und gezwungen, sich zu prostituieren, ohne dass sie auch nur einen Cent von den beträchtlichen Summen erhalten, die ihr Zuhälter mit ihrem Körper verdient.

Sie glauben das nicht? So etwas geschieht aber genau hier, vor Ihren Augen, in Ihren Straßen, in Ihren Bars, auf

Ihren Parkplätzen, an Ihren Autobahnen, ohne dass jemand deswegen schlecht schläft! In Spanien, wo die meisten rumänischen Opfer des Frauenhandels landen, gehen sie mitten in den Innenstädten auf Kundenfang. Dort ist die Prostitution nicht nur legalisiert, sie gehört einfach dazu. Dass halbnackte Mädchen zwischen ganz normalen Passanten auf der Straße herumspazieren, stört offenbar niemanden mehr. In manchen Gegenden ist das Anschaffen auf öffentlichen Straßen nur am Stadtrand erlaubt. Daran soll es aber nicht scheitern: Vor den Parkplätzen, auf denen die Mädchen arbeiten, stehen die Autos Schlange. Es sind echte Puffs unter freiem Himmel, wo die Zuhälter ihre Herde in aller Ruhe überwachen.

Dort strandete auch Oana, eine Jugendliche, die ich in meinem Frauenhaus aufgenommen habe. Ein Bekannter aus ihrem Dorf hatte ihr einen Job als Kellnerin in Spanien versprochen. In Madrid brachte ihr »Begleiter« sie in ein von zwei Frauen bewohntes Apartment. Sie waren etwa dreißig Jahre alt und hatten harte Gesichtszüge.

»Hier wirst du jetzt wohnen. Diese Frauen werden sich um dich kümmern und dir erklären, wie deine Arbeit aussieht.«

Die beiden nahmen ihr unter dem Vorwand, ihn an einem sicheren Ort zu hinterlegen, sofort ihren Personalausweis ab. Am nächsten Tag fuhren sie mit Oana zu einem riesigen Parkplatz am Rand von Madrid namens Casa del Campo. Die Zuhälter nennen diesen Ort »die Fabrik«. Etwa hundertfünfzig Mädchen, im Jargon befremdlich »die Koffer« genannt – menschliche Gepäckstücke aus verschiedenen Ländern Europas –, prostituieren sich dort jede Nacht.

Die Frauen erklärten: »Hier wirst du von jetzt an arbeiten.«

»Das verstehe ich nicht.«

»Es ist ganz einfach. Am Abend machen viele Touristen mit dem Auto eine kleine Spritztour hierher. Sie fahren langsam und sehen sich alle Mädchen an, um diejenigen auszuwählen, die sie haben wollen. Wenn ein Autofahrer dir sagt, du sollst zu ihm kommen, steigst du in sein Auto und machst alles, was er von dir verlangt.«

»Wie bitte?«

»Ja, wenn er einen geblasen bekommen will, bläst du ihm einen, wenn er dich von hinten nehmen will, lässt du ihn das tun. Verstehst du, es ist überhaupt nicht schwer! Wir haben auch so angefangen und damit viel Geld verdient. Du musst einzig und allein wissen, wie man auf Spanisch sagt: ›Guten Tag, sollen wir Liebe machen?‹«

»Liebe machen?«

»Denk nicht darüber nach, sag es einfach, und damit Schluss.«

»Aber ich will nicht mit Männern schlafen! Davon war nie die Rede!«

»Du glaubst doch wohl nicht, dass du eine andere Wahl hast?«

»Das werde ich nie, nie tun! Lieber sterbe ich!«

»Ach ja? Das werden wir schon sehen.«

Höhnisch lächelnd stieß die Ältere der beiden Oana heftig gegen ihre Gefährtin, die sie zurückschubste und ihr einen heftigen Schlag auf den Kopf versetzte. Ein wenig benommen und vollkommen verschreckt begann Oana zu schluchzen.

»Du willst also wirklich sterben? Gut, dann fahren wir zurück. Du wirst erst morgen mit der Arbeit anfangen. So bleibt dir die ganze Nacht zum Nachdenken.«

Diese brutalen Einschüchterungsszenen finden oft am helllichten Tag statt. Manchmal kommen Polizisten auf ihrer Runde vorbei und überprüfen hier und da die Papiere. Das Auftauchen der Ordnungshüter bereitet den Mädchen die geringste Sorge: Die Volljährigen tun nichts Illegales, und die Minderjährigen haben immer gefälschte Papiere bei sich. Was die Zuhälter angeht, so sind sie nicht dumm: Sie schicken keine Männer hierher, die auffallen würden, sondern benutzen ihre eigenen Prostituierten, um die anderen gefügig zu machen – auch mit der Faust, wenn es sein muss. Taucht plötzlich eine Streife auf, so sind die Mädchen innerhalb weniger Sekunden verschwunden, um sofort wieder an ihre »Arbeitsstätte« zurückzukehren, wenn die Luft rein ist.

Viele werden auch in den »Puticlubs« von Valencia, Barcelona oder Almería zur Prostitution gezwungen oder in solchen, die in den Gebieten nahe der französischen Grenze liegen. Diese Einrichtungen schimpfen sich offiziell »Hotel« und besitzen die notwendigen Zulassungen. Es sind jedoch Zuhälter, die das Regiment über eine ganze Schar von Mädchen haben, die dort auch wohnen und in einem wahnwitzigen Tempo Kunden auf ihren Zimmern befriedigen müssen. Unten in der Bar trifft der Kunde seine Wahl, genauso wie er sich dort auch einen Cocktail aussucht – mit dem Unterschied, das hier alles verhandelbar ist … Denn die Mädchen gehen rasch mit dem Preis nach unten, damit das Geschäft zustande kommt. Für 15 Euro ist »die komplette Bedienung« zu haben. Normalerweise kostet die »Grundleistung«, Oralverkehr plus Verkehr in einer einzigen Position, zwischen 50 und 100 Euro.

Am zweithäufigsten verschieben die rumänischen Menschenhändler ihre »Ware« nach Italien, wo es den Mädchen kaum besser ergeht. Das Verbot der Prostitution an öffentlichen Orten ist reine Augenwischerei: Von den etwa siebzigtausend Prostituierten (von denen etwa 20 Prozent minderjährig sind), die im Land arbeiten, gehen zwei Drittel auf den Straßenstrich, sei es in finsteren Gassen oder in abgelegenen Parks. Auf einem Friedhof am Stadtrand von Mailand ist Nacht für Nacht die dumpfe Geräuschkulisse schäbiger Umarmungen zu hören. In der Nähe liegt ein rumänisches Zeltlager, was den Liebhabern von bezahltem Sex billige Ware verheißt. Die Menschenhändler machen sich oft nicht einmal die Mühe, eine Wohnung zu mieten: Sie zwingen die Mädchen dazu, in den umliegenden Wäldern zu schlafen, wo sie in Zelten oder unter Kartons hausen, um hinter den Büschen zu arbeiten …

Auch in Frankreich begnügt man sich damit, den Straßenstrich oberflächlich zu beseitigen: Der Kundenfang ist gesetzlich verboten, aber die Prostitution als solche wird geduldet. Wie viele Prostituierte gibt es wohl? Zwanzigtausend? Dreißigtausend? Die Mädchen ziehen häufig von einem Land in ein anderes, so lässt sich ihre Zahl nur schwer ermitteln. Aber im Grunde ist diese Unklarheit allen recht. Es ist angenehmer, sich auf die Behauptung zurückzuziehen, im Nachbarland sei alles noch schlimmer, und das Problem auf eine Störung der öffentlichen Ordnung zu reduzieren. Den von der Idee, illegale Einwanderer aufhalten zu müssen, geradezu besessenen französischen Behörden geht es einzig und allein darum, die Mädchen über die Grenzen zu bringen. Sobald man sie zu fassen bekommt, werden sie unverzüglich in ihre Heimatländer verfrachtet. Von dort geht es schnurstracks in ein anderes Land, ohne dass sie den Flughafen überhaupt verlassen konnten. Tatsache ist, dass sich die Zahl der Prostituierten durch diese Politik in keinster Weise verringert hat. Man muss nur einmal an den Pariser Bahnhöfen entlanggehen oder einen Spaziergang in den Waldgebieten am Rande der Metropole machen, im Bois de Vincennes oder im Bois de Boulogne. Auch auf der Promenade des Anglais in Nizza bietet sich der gleiche Anblick: Unmittelbar vor unseren Augen tauchen immer wieder diese abgehärmten Gestalten in schäbiger Kleidung auf.

Auf dem Straßenstrich sind die Reviere unter den Nationalitäten streng aufgeteilt. Ganz oben stehen die Russinnen, die auch am teuersten sind. Die Rumäninnen teilen sich mit den Bulgarinnen den vorletzten Platz, nur noch gefolgt von den Afrikanerinnen, die am billigsten zu haben sind und eine entsprechende Kundschaft bedienen müssen … Um es auf den Punkt zu bringen: Hier geht es um eine entwürdigende Form der Prostitution, die nicht das Geringste mit der Welt eines Escort-Girls zu tun hat.

Am häufigsten empfangen die Rumäninnen ihre Kunden im Auto, in düsteren Bars und in den schmutzigen Betten erbärmlicher Hotels. Ihre Arbeit ist hart; beinahe wie am Fließband folgen sieben, acht, neun und manchmal sogar zehn Kunden an einem Abend aufeinander. Damit drücken sie natürlich selbst die Preise. Im Durchschnitt kostet eine schnelle Nummer 30 Euro, eine halbe Stunde 50 Euro und 100 Euro, wenn ein Hotel aufgesucht wird. Die Rumäninnen verschachern ihren Körper für weniger als 30 Euro, um die von den Zuhältern festgelegten Summen zu erzielen. Das ruft zwangsläufig Unmut bei der Konkurrenz hervor. Und der äußert sich durchaus schon einmal durch Fußtritte mit hochhackigen Schuhen.

Ein Mädchen, das seinem Zuhälter 200 bis 300 Euro pro Nacht abliefern muss und ansonsten schlimme Strafen zu fürchten hat, gerät in eine Extremsituation, die einfach unvorstellbar ist, wenn man nicht selbst einmal von einem Menschenhändler in dieser Art bedroht wurde. Niemand kann sich dem Druck dieser Rohlinge widersetzen. Es macht mich rasend, wenn ich all die Soziologen, Wissenschaftler und Politiker sehe, wie sie endlos über das philosophische Recht auf Selbstbestimmung des menschlichen Wesens debattieren. Man lässt Porsche fahrende Edel-Callgirls zu Wort kommen, man wirft sich schützend vor die wohlerzogenen Studentinnen, die beteuern, dass sie kein anderes Mittel sehen, um ihre Miete zu bezahlen, aber man hält sich nicht bei der Tatsache auf, dass ein fünfzehnjähriges Mädchen für 20 Euro dazu gebracht wird, es dem erstbesten Unbekannten mit einer Fellatio zu besorgen!

Das Schlimmste ist, dass die heimliche Prostitution in Frankreich seit dem im Jahr 2003 verabschiedeten »Gesetz zur Inneren Sicherheit« geradezu explodiert ist. Die Menschenhändler schicken ihre Mädchen nicht mehr einfach auf die Straße, sondern begnügen sich damit, im Internet Termine in privaten Wohnungen und Autos oder auch Treffpunkte in weit außerhalb der Stadt liegenden Waldstücken anzubieten, wo die Mädchen der Brutalität ihres Zuhälters oder böswilliger Kunden noch viel wehrloser ausgesetzt sind. Was tun, wenn ein Mädchen schwanger ist? Es wird derart mit Fußtritten traktiert, dass es zu einer Fehlgeburt kommt. Was tun, wenn einem Mädchen »aus Versehen« der Arm gebrochen wurde? Man schickt es zur Arbeit, ohne für ärztliche Hilfe zu sorgen.

In Großbritannien sind die Verhältnisse nicht viel anders. Auch dort steht die Straßenprostitution unter Strafe. Innerhalb weniger Jahre ist dieses Land, in dem es lange keinen Frauen- und Kinderhandel gab, zum neuen vorrangigen Ziel der Menschenhändler geworden. Mehr oder weniger verschwiegene Stundenhotels schossen überall wie Pilze aus dem Boden. Allein in London gibt es mehrere Hundert solcher Häuser. Diese beschämenden Bordelle sehen aus wie ganz normale Häuser, aber niemand weiß genau, was in ihnen vor sich geht: Minderjährige werden dort hinter Tüllgardinen schamlos vergewaltigt – nur ein paar Meter neben den Wohnzimmern wohlanständiger Familien, in denen man die Lautstärke des Fernsehgerätes aufdreht, um zweifelhafte Geräusche von nebenan nicht hören zu müssen.

Aber auch in den Ländern, die das Problem durch eine entsprechende Gesetzgebung regulieren wollen, sieht es kaum besser aus. Zwar wurden in den Niederlanden die Koberfenster eingeführt, in denen Prostituierte sich den Freiern anbieten, und Kontrollen haben die Auswüchse in den geschlossenen Bordellen eingeschränkt, aber diese Maßnahmen begünstigten zugleich die Entstehung einer unsichtbaren Prostitution in zwielichtigen Etablissements oder Privatwohnungen, wo niemand nach dem Alter oder den Papieren der Bewohnerinnen fragt. Auch Deutschland, mittlerweile bereits an fünfter Stelle hinter Spanien, Italien, Griechenland und der Tschechoslowakei, bildet keine Ausnahme: Die Existenz legaler Bordelle verringert die Anzahl illegaler Immigrantinnen und deren Ausbeutung keineswegs. Ganz im Gegenteil … drei Viertel der vierhunderttausend im Land gezählten Prostituierten – und damit ist ihre Zahl in den letzten zehn Jahren um das Zwanzigfache gestiegen – sind ausländischer Herkunft. Sie arbeiten in Bars oder unerlaubten Clubs, die vollkommen unbehelligt neben zugelassenen Etablissements ihr einträgliches Geschäft machen. Erinnern Sie sich nur an die Fußballweltmeisterschaft im Jahr 2006: Die Stadtverwaltung von Berlin ließ ein riesiges Vergnügungsviertel errichten samt »Verrichtungsboxen« für Sexdienste, deren Aussehen an die Klohäuschen auf Baustellen erinnerte!

Mädchen aller Nationalitäten, darunter sehr viele aus Osteuropa, strömten dorthin und arbeiteten vollkommen illegal. Insgesamt wurden fast vierzigtausend Frauen importiert, um den Sexhunger der Fußballfans zu stillen. Unter diesen Prostituierten waren viele Minderjährige, entwurzelte junge Mädchen, deren Not sie dazu zwang, sich von Fanatikern des runden Leders vergewaltigen zu lassen.

Diese Mädchen sind durch die Hölle gegangen, und ihnen widme ich heute mein Leben. Ich kann nicht alle retten, aber wenn man mich zu Hilfe ruft, bin ich zur Stelle. Ich bin keine Superfrau, und das körperliche Kräftemessen ist nicht meine Sache. Im Allgemeinen vermeide ich das direkte Zusammentreffen mit den Menschenhändlern: Ich kann zwar recht laut werden, aber mir ist sehr wohl bewusst, dass eine kleine Blondine wie ich ohne jegliche Kung-Fu-Fertigkeiten kein ernst zu nehmender Gegner für solche Rohlinge ist.

Meistens werden die Opfer, die ich bei mir aufnehme, von nichtstaatlichen Hilfsorganisationen in Europa an mich verwiesen. Manche erzählen mir von ihren Freundinnen, die immer noch gegen ihren Willen festgehalten werden. Sie stellen dann oft den Kontakt zu den gefangen gehaltenen Frauen her und versichern ihnen glaubhaft, dass sie bei mir einen sicheren Ort finden, wo sie erst einmal bleiben können, wenn ihnen die Flucht gelingt.

Wenn ich ihnen nicht helfe, wer würde es dann tun? Die Polizei? Entweder stecken die Bullen mit den Menschenhändlern unter einer Decke, oder aber die Gesetzgebung greift einfach nicht. In Rumänien wird nur dann eine Razzia in einem Bordell durchgeführt oder ein Zuhälter vorgeladen, wenn eine Prostituierte Anzeige erstattet hat. Nun sind aber die Opfer des Sexhandels so eingeschüchtert, dass sie diesen Schritt nicht wagen. Und selbst wenn sie zur Polizei gingen, würde sich diese darauf beschränken, sie zu befreien – und damit erneut der Willkür ihrer Peiniger auszusetzen.

Im übrigen Europa läuft es ähnlich. Es gibt zwar Anlaufstellen für die Opfer, aber sie sind spärlich. Die Polizisten ihrerseits sind nicht genügend ausgebildet, um eine normale Prostituierte von einem Opfer des Sexhandels zu unterscheiden. Verhaftungen von Zuhältern sind trotz strengerer Gesetze immer noch sehr selten. Vor allem aber ist die Zusammenarbeit unter den Ländern mangelhaft, und die Gelder, die für den Kampf gegen die Sexarbeit bereitgestellt werden, sind im Vergleich zu dem Ausmaß dieses Problems sehr gering. Das Ergebnis ist klar: Die Menschenhändler haben leichtes Spiel.

Dass solche Verbrecher ungestraft davonkommen, bringt mich auf die Palme. In unseren sogenannten modernen Gesellschaften werden Tag für Tag Kinder verkauft! Die sexuelle Ausbeutung ist nicht mehr und nicht weniger als eine neue Form der Sklaverei, die unsere Demokratien korrumpiert! Und alle schauen seelenruhig zu! Offiziell beklagen Medienvertreter, Richter und Politiker diese Zustände, sie zeigen sich entsetzt und beteuern, dass sich etwas ändern muss. Ganz konkret schiebt man vor allem den Freiern den Schwarzen Peter zu. Prozesse gegen die Menschenhändler hingegen finden nur äußerst selten statt. Dabei gehören sie lebenslänglich hinter Gitter! Es gibt keine andere Lösung, um sie davon abzuhalten, solchen Schaden anzurichten.

In Rumänien macht mich die auf allen Ebenen herrschende Korruption krank, genauso unerträglich finde ich jedoch die Passivität der europäischen Institutionen auf breiter Front. Im Grunde herrscht auf diesem Gebiet allgemeine Gleichgültigkeit. Die Mädchen, die auf der

Straße anschaffen, sind Ausländerinnen, heißt es abweh-
rend. Sollen sie doch ihre schmutzige Wäsche in der eigenen Familie waschen. Das ist nicht nur menschlich gesehen skandalös, sondern auch vollkommen kurzsichtig
und dumm. Unser Problem ist auch Ihr Problem. Die rumänischen Menschenhändler rekrutieren ihre Ware zwar
bei uns, aber sie exportieren diese unglücklichen Wesen,
und es sind Ihre Angehörigen, die davon profitieren, oder
um es ganz klar zu sagen: die mit diesen Mädchen Sex haben.

Deshalb muss die Europäische Union Rumänien helfen.
Man muss uns helfen, die immer weiter um sich greifende
Korruption aufzuhalten, wir brauchen Fachleute, die unsere Richter und unsere Polizisten ausbilden. Heute haben wir noch unsere eigene Währung in Rumänien, aber
in zwei Jahren wird der Euro eingeführt, und das wird die
dunklen Geschäfte über die Grenzen hinweg weiter erleichtern. Es muss jetzt gehandelt werden, denn Rumänien ist ein Teil Europas, ob man will oder nicht. Erste
Veränderungen sind bereits spürbar, aber es gibt noch so
viel zu tun!

## Die Wände haben Ohren

Anfang des Jahres wurde ich von *Reader's Digest* zur Europäerin des Jahres gewählt. Seit 1996 wählen die Chefredakteure der einundzwanzig europäischen Ausgaben des *Reader's Digest* den »Europäer des Jahres« unter Persönlichkeiten, die in besonderer Weise für Traditionen und Werte Europas einstehen. Ich bin die erste Rumänin, die diesen Preis erhalten hat.

»Iana Matei, ich habe eine gute Neuigkeit für Sie!«, teilte mir Anka Kitorov, die Vertreterin der Organisation in Bukarest, erfreut mit.

»Eine gute Neuigkeit? Der Tag beginnt ja schön! Schießen Sie los!«

Als ich hörte, dass der Preis mit 5000 Dollar dotiert war, entfuhr mir ein wohliger Seufzer. Sogar Geld würde ich also erhalten: Das kam nicht allzu häufig vor! Das Unglaublichste aber war, dass diese Anka Kitorov glaubte, sich in einem fort entschuldigen zu müssen.

»Ich muss Ihnen gestehen – und das ist mir sehr peinlich –, dass wir erst über die deutschen Medien von Ihrer Arbeit erfahren haben. Dort hat jemand einen Artikel über Ihr Frauenhaus gelesen, während wir hier in Bukarest noch nie etwas von Ihnen gehört haben …«

Dabei habe ich nicht erst vor Kurzem mit meiner Arbeit begonnen. Vor elf Jahren war ich die erste Rumänin, die eine Zufluchtsstätte für Frauen einrichtete, die Opfer der international operierenden Schlepperbanden geworden waren. Seither habe ich mehrere Auszeichnungen erhalten. Im Jahr 2006 hat mich das amerikanische Außenministerium zur »Heldin des Jahres« ernannt. Ein Jahr später, 2007, hat mir das Oberhaus Großbritanniens den »Abolitionist Award« verliehen. Dieser Preis ist ebenfalls mit 5000 Dollar dotiert. 2009 schließlich hat mich das *Romanian Woman Magazine* zur »Frau des Jahres« gewählt.

Eine Auszeichnung ist zwar meist nur ein Stück Papier, aber es ist immer ein großer Ansporn. Die Wahl zur »Frau des Jahres«, die mir im März durch die Stadt Orăştie zuerkannt wurde, hat mich besonders berührt: Orăştie ist die Stadt, in der ich am 30. April 1960 geboren wurde. Und wer weiß, vielleicht ist dieses wehrhafte Dorf in den Bergen Transsylvaniens einst gar die Festung der Thraker gewesen, dieses hochentwickelten Stammesvolkes Rumäniens! Das ist natürlich ein Scherz, aber ich muss gestehen, dass bei mir Erinnerungen wach werden:

Als ich zur Welt kam, war meine Mutter gerade zwanzig Jahre alt. Zuvor war sie eine sehr gute Sportlerin gewesen, die sich vor allem dem Fünfkampf widmete. Mein Vater war Fußballtrainer und außerdem der Coach meiner Mutter. Trotz der zwanzig Jahre Altersunterschied verliebten sie sich ineinander und heirateten. Dann kam ich. Mein Vater wurde kurz darauf nach Bukarest versetzt. Ich war drei Jahre alt und mochte diesen Ort nicht. Die Kinder in unserem Wohnblock stibitzten mir unentwegt meine Spielsachen, und auch mein neues Dreirad verschwand immer wieder. Es blieb mir nicht viel Zeit, mich an meine neue Umgebung zu gewöhnen, denn mein Vater wurde erneut versetzt, diesmal nach Piteşti im Süden von Rumänien. In dieser Industriestadt am Fuße der Karpaten baut man seit 1966 die berühmten Dacia-Modelle, die heute zur Firma Renault gehören. Als Trainer der örtlichen Fußballmannschaft erhielt mein Vater eine kleine Dienstwohnung in der Innenstadt, die in einem hübschen Viertel an dem Fluss Argeş lag. Ich fand rasch neue Freunde, mit denen ich mich überall herumtrieb. Ich liebte es, draußen herumzutollen, auf Bäume zu klettern und am Ufer akrobatische Kunststücke zu vollführen. Ich spielte mit meinen Freunden auch gerne und viel Ball auf der Straße und träumte davon, Fußballstar zu werden, wie mein Vater es gewesen war … zum großen Kummer meiner Mutter, die daran verzweifelte, dass an mir offenbar ein Junge verloren gegangen war. Immer wenn ich vor Dreck starrend zu Hause erschien, empfing sie mich mit entsetztem und tadelndem Blick. Da fruchteten auch all meine Rechtfertigungsversuche nichts.

Gab ich beispielsweise vor, ich sei gefallen, ging sie mir nicht auf den Leim: »Verkauf mich doch nicht für dumm! Ich habe vom Fenster aus gesehen, wie du mit den Jungen herumgetobt hast.«

»…«

»Und weißt du, woran ich dich erkannt habe? An deinem Kleid!«

Meine Mutter konnte sehr gut handarbeiten, sei es nun stricken, häkeln oder nähen. Sie fertigte bezaubernde Kleidungsstücke für mich an, die höchst kunstvoll verziert waren. Gingen wir durch die Stadt, so sprachen uns Leute darauf an und bestaunten verzückt meinen Aufzug. Meine Mutter hätte sich sehr gewünscht, dass ich mich auch wie ein kleines Mädchen dieses Alters verhielte! Sie liebte mich sehr, konnte es mir jedoch nicht zeigen. Diese von ihr so liebevoll gefertigten Kleidungsstücke waren ihre Art, mir ihre Zuneigung zu offenbaren. Als ich in die Schule kam, fand meine Mutter, die mich bis dahin ganztags betreut hatte, eine Beschäftigung in einem Kindergarten. Wir alle sehnten die Sommerferien herbei, um wieder Zeit füreinander zu haben. Zusammen zelteten wir oder gingen fischen, manchmal war ich auch allein mit meinem Vater unterwegs. Ich liebte diese innigen Momente der Zweisamkeit mit ihm. Er war wie ein großer Freund für mich, ihm vertraute ich mich sehr viel leichter an als meiner Mutter. Er hat mir weit mehr über das Leben beigebracht als nur das Fischefangen.

Ich war damals ein glückliches Kind. Ich hatte Freunde, Eltern, die mich liebten, und das reichte mir voll und ganz. Die Frage, ob wir arm waren, stellte sich mir nicht: Ich kannte kein anderes Leben als das unsrige. Elend und Hunger ordnete ich fernen Kontinenten zu. Meine Mutter gehörte der orthodoxen Kirche an, aber mein Vater betonte immer wieder, dass es ihm schwerfiele, an einen gütigen Gott zu glauben, der es zuließ, dass in Afrika so viele Kinder an Hunger starben. In der Zwischenzeit bin ich viel herumgekommen und weiß, dass auch das Leben in Rumänien in vieler Hinsicht hart an der Armutsgrenze anzusiedeln ist.

Als Jugendliche wurde mir allmählich der gewaltige Unterschied klar, der zwischen unserem kommunistischen Regime und den anderen Ländern des Alten Kontinents klaffte. Zuvor hatte ich mich nicht gefragt, warum unser klappriges Fernsehgerät im Wohnzimmer keinen Film zeigen konnte, warum immer nur Bilder von Ceauşescu liefen, die die Lücken zwischen langweiligen Übertragungen von endlosen Konferenzen füllten. Im Laufe der Jahre nahm meine Enttäuschung darüber aber zu. In der Schule hielten uns die äußerst strengen Erziehungsmethoden nicht gerade zum Nachdenken an. Mathematik stand hoch im Kurs, alles andere zählte nicht viel. Da mochte ein Schüler noch so meisterhaft malen oder noch so leidenschaftlich an Literatur interessiert sein – die Lehrer schätzten nur die naturwissenschaftliche Begabung ihrer Schützlinge. Leider besaß ich auf diesem Gebiet keine besonderen Fähigkeiten. Mein Klassenlehrer auf dem Gymnasium, der natürlich auch Mathematik unterrichtete, streute bei jedem Gespräch mit meinen Eltern noch Salz in die Wunde.

»Iana könnte viel besser sein«, seufzte er. »Sie müsste es nur wirklich wollen!«

Was ich wirklich wollte, das war aber lesen, schreiben und malen. Mit dreizehn Jahren begann ich zu zeichnen. Mein Vater, der mich stets in meinen Neigungen unterstützte, schenkte mir eine professionelle Ausrüstung. Er war der Einzige, der angesichts meines ersten Werkes in Begeisterung ausbrach. Aber das ermutigte mich, und bald verbrachte ich beinahe meine ganze Freizeit mit Malen. Auch das Lesen bedeutete mir sehr viel. Ich verschlang alle großen Klassiker der europäischen Literatur: ein Weg, andere Kulturen und Lebensweisen zu entdecken. Trotz Schule oder Fernsehen verlief das Leben in Rumänien vollkommen abgeschottet von der Außenwelt. Es zählte nur Ceauşescu, »das Genie der Karpaten«, und nicht die Tatsache, dass die Leute vor Hunger starben. Die Verwaltung war korrupt, und die Polizei verbreitete Angst und Schrecken: Ceauşescus Regime war unerträglich, aber niemand wagte es, offen Kritik zu äußern. Wenn ich zu Hause meine Vorbehalte äußerte, wies mich mein Vater sogleich zurecht.

»Sei still! Man kritisiert das System nicht, das ist verboten.«

»Was für eine Heuchelei!«

»Darum geht es nicht. Die Wände haben Ohren, vergiss das nicht. Und du hast ein loses Mundwerk, das wird dir noch Ärger einbringen.«

»Na und! Wenn die Leute nicht zufrieden sind, warum gehen sie dann nicht auf die Straße, um das auch auszudrücken?«

»Du bist jung und leichtsinnig, Iana. Du verstehst nicht, dass in Rumänien jeder genau das tut, was man ihm zu tun befiehlt, und damit basta.«

»Nein, das verstehe ich nicht …«

»Du musst dir stets eines vor Augen halten, Iana: Wenn Ceaușescu eines Morgens aufstehen und beschließen würde, die ganze Bevölkerung aufzuhängen, so würde nicht nur niemand widersprechen, sondern es gäbe sogar manche, die ihm zuraunen würden: ›Sollen wir Ihnen Seile bringen?‹«

Ich habe die Ratschläge meines Vaters befolgt und mein vorlautes Mundwerk gehalten, aber tief in meinem Innern war ich empört. Ich zog mich noch mehr in meine Bücher zurück, schrieb oft Gedichte und hegte eine große Leidenschaft für fremde Sprachen. Das lag mir und hat vermutlich mit der Herkunft meines Vaters zu tun, dessen Mutter Slowenin und dessen Vater ein vor dem Zweiten Weltkrieg nach Rumänien ausgewanderter tschechischer Architekt war. Meine Großeltern erzählten mir viel von dem früheren Bukarest, dem europäischen *Little Paris*, einer reizvollen Stadt mit einem pulsierenden kulturellen Leben. Leider hatte sich die Hauptstadt sehr verändert …

Meine Großeltern sprachen serbisch miteinander, und mein Vater, der in seinem Elternhaus ebenfalls serbisch sprach, brachte es wiederum mir bei. In der Schule lernte ich mit glühendem Eifer Englisch und setzte dies auch zu Hause fort. Ich versteckte mich oft stundenlang auf unserem Balkon, wo ich Verse in meine Hefte schrieb und englische Literatur verschlang. Das nahm solche Ausmaße an, dass mein Vater mich eines Tages darauf ansprach.

»Warum gehst du nicht ein wenig spazieren?«

»Warum denn?«

»Es ist nicht normal, so ganz allein zu bleiben, Iana. In deinem Alter solltest du mit deinen Freunden ausgehen.«

Seine Bemerkung stimmte mich ein wenig nachdenklich, aber ohne mich über die Maßen zu verwirren. Im Grunde interessierte mich das Innere der Dinge mehr als das Äußere. Was die Berufswahl anging, so wusste ich genau, dass ich nicht für eine Bürotätigkeit geschaffen war. Meine Liebe zur Kunst erleichterte mir die Entscheidung, und ich begann Wandmalerei zu studieren: In Rumänien gibt es sehr viele alte Denkmäler, die auf eine Restaurierung warten. An der Universität hatte ich Zugang zur französischen Bibliothek und zu zahlreichen Zeitungen. Das war damals das einzige Mittel, um das Geschehen im Ausland zu verfolgen. Auf diese Weise lernte ich Französisch.

Nach drei Jahren Studium begann ich zu arbeiten. Die meisten Baustellen waren in Kirchen, aber einmal war ich an der Instandsetzung des Ghica-Tei-Palastes in Bukarest beteiligt. Dieses Gebäude stammt aus dem 19. Jahrhundert, und jetzt sollte es zu einem Restaurant umgestaltet werden. Die Baustelle hatte riesige Ausmaße, und unsere Truppe war ebenfalls sehr groß. Im Laufe der Arbeiten stießen wir auf relativ gut erhaltene Fresken. Ein Verantwortlicher des Kulturministeriums eilte an den Ort unserer Entdeckungen, ein anderer wurde vom Tourismusministerium dorthin geschickt. Der Erste betonte, dass es vorrangig sei, die Fresken zu erhalten, der Zweite führte ins Feld, dass das Restaurant fertiggestellt werden und die Mauern deshalb wie geplant übermalt werden müssten. Der Zwist dauerte tage- und schließlich wochenlang. Während dieser Zeit blieb uns nichts anderes übrig, als tatenlos auf der Baustelle herumzusitzen. Eines Nachmittags, als wir gerade nach Hause gehen wollten, zwang uns ein plötzlich einsetzendes Gewitter, im Innern des Gebäudes Schutz zu suchen. Es war Sommer und ein sehr heißer Tag dazu. Einer plötzlichen Eingebung folgend, beschloss ich, nicht das Ende des Unwetters abzuwarten, sondern mich von den anderen zu verabschieden und durch den strömenden Regen davonzurennen. Ein Kollege folgte mir. Ich hatte zuvor noch nie mit ihm gesprochen und versuchte jetzt sogleich, ihn zu beschwichtigen und loszuwerden.

»Es ist alles in Ordnung. Ich kann allein nach Hause gehen. Bleib lieber im Trockenen!«

»Das ist kein Problem für mich! Eigentlich finde ich, dass du da eine tolle Idee gehabt hast!«

Er hieß Dimitri, und ein paar Tage später lud er mich zum Abendessen ein. Im Restaurant bot ein Roma seine Rosen zum Kauf an. Zu meiner großen Überraschung kaufte Dimitri gleich den ganzen Korb. Unser Tisch war ein einziges Blumenmeer, und ich war sehr beeindruckt … Ein paar Monate später heirateten wir.

Dimitri war Bauingenieur und hatte bereits einige Hotelanlagen verantwortet. Jetzt betraute man ihn mit dem Bau eines Stauwerks im transsylvanischen Haţeg. Nach dem Tod meines Vaters im Jahr 1982 bemühte mein Mann sich um eine Versetzung in die Nähe von Piteşti, damit wir in der Nähe meiner Mutter leben konnten, und zwei Jahre später zogen wir um: nach Câmpulung, einer Stadt, die 50 Kilometer von meiner Geburtsstadt entfernt liegt. Hier wurde am 15. Januar 1988 unser Sohn Stefan geboren. Während meiner Schwangerschaft betete ich, dass ich ein Mädchen zur Welt bringen möge. Ich hatte beschlossen, es Mirona zu nennen.

Gleich nach der Geburt zeigte die Hebamme mir lächelnd mein Baby: »Sie haben einen wundervollen kleinen Jungen.«

»Ach ja? Und wie heißt er?«

Die Hebamme sah mich verblüfft an.

»Äh … Das weiß ich doch nicht. Sie müssen doch selbst den Namen aussuchen!«

»Ich habe Mirona ausgesucht.«

»Mirona?«

»Nun ja, ich war davon ausgegangen, dass es ein Mädchen wird!«

Noch heute setzt Stefan, dem ich diese Geschichte oft erzählt habe, eine empörte Miene auf und verkündet seufzend: »Ich war kein Wunschkind. Was soll ich machen? Meiner Mutter wäre ein Mädchen lieber gewesen …«

Abgesehen von dieser anfänglichen Irritation war ich eine ganz normale Mutter. Ich hörte auf zu arbeiten, um mich um Stefan zu kümmern. Dimitri war mit dem Bau von Hotels in der Stadt beschäftigt, und es ging uns recht gut. Jeden Morgen brachte mir unsere Nachbarin frisch gemolkene Milch von ihrer Kuh. Das war in diesen Notzeiten eher selten. In Pitești, wo ich manchmal mit Stefan ein paar Tage bei meiner Mutter verbrachte, musste man in aller Frühe aufstehen, um sich an der nächsten Ausgabestelle mit dem Nötigsten zu versorgen. Die Verteilung der Lebensmittel begann um sieben Uhr morgens, die Schlange war lang, und eine Garantie, dass jeder etwas bekommen würde, gab es nicht. Manchmal hatte ich das Pech, dass man mir, wenn ich endlich an der Reihe war, mitteilte, es gäbe keine Milch mehr! Dann bat man mich und die Übrigen hinter mir in der Schlange, am nächsten Tag wiederzukommen …

Das waren jedoch nur kleine, belanglose Alltagssorgen. Die ernsten Schwierigkeiten hingegen gab es in meinem Eheleben. Mein Mann war sehr freundlich … wenn er nüchtern war. Meine Mutter hatte mich schon lange zuvor gewarnt: »Pass auf, Iana, diese Heirat ist keine gute Idee. Dimitri trinkt viel zu viel.«

Ich hatte diese Warnung ihrer mütterlichen Eifersucht zugeschrieben. Dimitri war ein feinfühliger, künstlerisch begabter Mensch: In seinen Mußestunden schrieb er Gedichte und malte Landschaftsbilder. Ich mochte seine Gemälde sehr. Das Problem war, dass der Alkohol ihn aggressiv machte. Vor unseren Flitterwochen hatte ich nichts davon bemerkt. Lange Zeit ertrug ich seine Ausfälle: Wenn er seinen Rausch ausgeschlafen hatte, erging er sich in Entschuldigungen und versprach, dass er sich ändern würde. Er beschwor mich, dass ich die Einzige sei, die ihm helfen könnte.

Eines Tages rastete er jedoch in Gegenwart von Stefan aus, den ich gerade mit Suppe fütterte. Die Tränen meines Sohnes rüttelten mich wach wie ein Elektroschock: Diesmal war Dimitri zu weit gegangen. Ich konnte es nicht hinnehmen, dass Stefan in einem Klima der Angst aufwuchs, und verlangte die Scheidung. Im Hinblick auf Stefan sprach mir das Gericht nach einer ersten Anhörung vorläufig unsere Wohnung zu. Aber mein Mann machte keine Anstalten, auszuziehen. Die Situation wurde sehr schnell unerträglich. Daher vertraute ich Stefan meiner Mutter an und zog zu einer Freundin nach Bukarest, um das Urteil abzuwarten. In der Woche arbeitete ich, am Wochenende fuhr ich zu meinem Sohn nach Pitești, das eineinhalb Autostunden von Bukarest entfernt liegt.

Das Gerichtsverfahren zog sich in die Länge, da mein Mann nicht in die Scheidung einwilligte. Liegt kein Einvernehmen zwischen den Eheleuten vor, verlangt das Gericht eine Trennungszeit, in der das Paar nachdenken und sich vielleicht sogar versöhnen kann. Wir mussten dreimal vor dem Richter erscheinen, und dreimal habe ich auf dieselben Fragen geantwortet.

»Ihr Verhältnis hat sich nicht geändert?«

»Nein.«

»Sie erhalten Ihren Antrag auf Scheidung aufrecht?«

»Ja.«

»Versuchen Sie es noch einmal. Ich gebe Ihnen noch einmal Zeit zum Nachdenken, und dann sehen wir uns in drei Monaten wieder.«

Schließlich wurde nach einem Jahr das Urteil zu meinen Gunsten gesprochen: Ich erhielt das Sorgerecht für Stefan. In Rumänien hatte die Revolution begonnen. Ich ahnte noch nicht, wie sehr sie auch mein Leben verändern sollte.

# Die Revolution

H allo, Iana?«
»Ja?«

»Hier ist Wan. Gut, dass ich dich zu Hause erreiche. Jetzt ist die Revolution wirklich da! Ceauşescu und seine Frau sind im Hubschrauber geflohen. Alle gehen auf die Straße, Iana. Sag den anderen Bescheid und komm zu uns!«

Das war am Nachmittag des 22. Dezember 1989. Wan war die Freundin, mit der ich mir in Bukarest eine Wohnung teilte. Als Angestellte des nationalen Fernsehsenders war sie stets vor allen anderen gut informiert. Überall im Land brodelte es. In Timişoara, einer Stadt im Westen des Landes, hatte ein paar Tage zuvor die Securitate, die von uns allen gefürchtete Geheimpolizei, eine Demonstration gegen die Versetzung von László Tőkés, einem protestantischen ungarischen Pastor und Gegner des Regimes, mit aller Gewalt unterdrückt. Am 21. Dezember waren Zehntausende von Arbeitern in die Stadt gezogen und hatten antikommunistische Slogans angestimmt. Die Armee hatte auf die Menge geschossen, und es gab, so hieß es, viele Tote. Manche sprachen gar von einem Massaker ... Das Fernsehen hatte diese Ereignisse ausgeblendet, und niemand wusste genau, was geschehen war. Aber wie ein Lauffeuer verbreiteten sich Gerüchte im ganzen Land.

Schon seit Monaten gärte es überall in Rumänien. Die Bevölkerung hatte die Wirtschaftspolitik von Nicolae

Ceaușescu satt, der sich darauf versteift hatte, die Schulden im Ausland durch den Export der gesamten landwirtschaftlichen Produktion zu begleichen. Das unterdrückte Volk gierte nach Freiheit und wollte die Schreckensherrschaft des Regimes nicht länger dulden. Das Gerücht von dem Massaker in Timișoara brachte das Fass gewissermaßen zum Überlaufen.

Noch am gleichen Tag, an dem seine Soldaten auf die Arbeiter in Timișoara geschossen hatten, kehrte Ceaușescu eilig aus dem Ausland nach Bukarest zurück und organisierte dort eine Massenveranstaltung, die direkt im Fernsehen übertragen wurde. Auf diese Weise wollte er die Lage beruhigen und allen beweisen, dass er die Unterstützung des Volkes besaß. Kaum hatte er jedoch auf dem Balkon des ehemaligen Senates zu seiner Rede angesetzt, da skandierte die auf dem Platz zusammengeströmte Menge: »Timișoara! Timișoara! Setzt den Diktator ab!« Der Präsident musste seine Rede unterbrechen, und von da an herrschte Aufruhr im Land. Das Volk war auf der Straße. Es war ein heilloses Durcheinander. Immer wieder waren vereinzelte Schüsse zu hören, aber es schien so, als sei noch kein einziger Verletzter zu beklagen.

Am nächsten Morgen ging ich nicht zur Arbeit. Seit dem Morgengrauen durchschnitten Maschinengewehrsalven die nun eingekehrte Stille. Nachbarn hatten mir gesagt, dass die Armee und die Securitate in der Nacht Demonstranten getötet hatten. Diese Schüsse spornten mich nur noch mehr an: Diesmal mussten wir ein für alle Mal Schluss mit dem Regime machen. Ich telefonierte mit Wan und verständigte dann einige Freunde. Dann zog ich meine Jacke über und eilte zum Universitätsplatz, dem Schauplatz der heftigsten Kämpfe, wo ich die anderen treffen wollte. Um nichts in der Welt wollte ich dieses Erlebnis verpassen. Endlich bewegte sich etwas, endlich wagten es die Menschen, sich zu erheben! Mit einer Stimme sagten die Rumänen jetzt NEIN zu dem kommunistischen System und verlangten die Freiheit. In Windeseile waren meine Freunde und ich Teil des gewaltigen Menschenstroms, der ins Stadtzentrum drängte. Die Masse schob uns vorwärts, bis wir schließlich vor dem Komitee des Zentralbüros der kommunistischen Partei angelangt waren und staunend feststellten, dass das Gebäude von Bürgern gestürmt worden war. Was für ein symbolischer Akt! Die Flucht des Ehepaars Ceauşescu, das den Präsidentenpalast im Hubschrauber verlassen hatte, erhitzte offenbar die Gemüter. Ein Porträt des Präsidenten war von der Wand gerissen und aus dem Fenster geworfen worden. Andere Eindringlinge stellten ihre Funde an den Fenstern der oberen Etage zur Schau und riefen der Menge zu: »Wer will Orangen? Schaut her, was sie alles hatten, so schaut doch! Orangen, Bananen! Wer will etwas haben?«

Diese Früchte waren damals für den einfachen Bürger vollkommen unerreichbar. Nur an Weihnachten leistete man sich solche Extras. Und nun sollte es Orangen regnen, weil aufgekratzte Plünderer sie aus dem Fenster warfen!? Kurz darauf hörte ich, dass der Präsidentenpalast, dieses riesige Bauwerk, das die Maßlosigkeit unseres Tyrannen so perfekt verkörperte, besetzt sei. Das war einfach unglaublich ... Es herrschte zwar das absolute Chaos, aber eine gewaltige Welle von Optimismus hatte Bukarest erfasst. Unser Diktator war gestürzt, aber wusste das übrige Land überhaupt davon? Die frohe Nachricht musste verkündet werden! Wir waren davon beseelt, diese Information so rasch wie möglich weiterzuverbreiten.

»Wir müssen jemanden ins Fernsehen bringen!«

»Wir kümmern uns darum!«

Das rumänische Fernsehen, dessen Sitz mit seinen azurblauen Mauern ebenfalls vom Volk eingenommen worden war, war bereits seit einigen Stunden nicht mehr auf Sendung. Als es wieder funktionierte, hingen alle vor den alten Schwarz-Weiß-Geräten in den Erdgeschosswohnungen. Es wurde mitgeteilt, dass eine provisorische Regierung gebildet worden war, die aus Mitgliedern der kommunistischen Partei bestand. Auch Ion Iliescu gehörte dazu. Wie konnte dieser ehemalige Vertraute des Präsidenten, der jetzt die »Front zur Nationalen Rettung« formiert hatte, an die Macht gelangt sein? Überall wurde heftig darüber diskutiert. Für die einen verkörperte Iliescu die Aussicht auf eine bessere Zukunft, für die anderen pure Heuchelei.

»Iliescu? Das ist der engste Freund von Ceaușescu! Wieder ein Kommunist! Das ist der blanke Hohn! Nichts wird sich ändern!«

»Das stimmt überhaupt nicht! Er war sein Feind und hat genau wie wir unter der Diktatur gelitten!«

Tatsächlich herrschte eine ziemliche Verwirrung. Der Notstand war ausgerufen worden, aber die Armee hatte sich auf die Seite der Aufständischen gestellt und es blieb nur die Securitate, um für den Schutz des Präsidenten zu sorgen. Die über das Fernsehen verbreiteten widersprüchlichen Informationen schürten die bereits herrschende Verwirrung noch. Um die Bilder von Krawallen und Vandalismus im Stadtzentrum zu erklären, sprachen die Kommentatoren von geheimnisvollen »Terroristen«: Die Journalisten bezichtigten diese aus dem Nichts aufgetauchten Attentäter, auf die Bevölkerung geschossen und strategisch wichtige Punkte angegriffen zu haben, etwa das Radio, das Pressezentrum oder auch das Verteidigungsministerium. Am Flughafen Bukarest-Otopeni kam es zu bewaffneten Auseinandersetzungen zwischen zwei Einheiten der Armee, die sich gegenseitig für Terroristen hielten. Der Überblick war vollkommen verloren gegangen. Zu diesem Zeitpunkt begannen die Leute, von Manipulation zu sprechen: Was alle zunächst für eine revolutionäre Volksbewegung gehalten hatten, ähnelte mehr und mehr einem verschleierten Staatsstreich. Manche sahen die Geheimdienste am Werk, andere machten Russland für das Geschehen verantwortlich.

Noch heute tun die Historiker sich schwer, die Fäden zu entwirren. Die Identität dieser berühmten »Terroristen« beispielsweise ist noch immer ungeklärt. Diese Umstände führten dazu, dass wir uns im Dezember 1989 jeden Tag ein bisschen mehr verraten fühlten. Auch die Hinrichtung des Ehepaars Ceauşescu, die bei der Landung ihres Hubschraubers ein paar Kilometer von Bukarest entfernt verhaftet worden waren, konnte die Gemüter nicht beschwichtigen. Das Volk verlangte Antworten. Die Berichterstattung im Fernsehen erfolgte immer noch unter Zensur. Wozu war die Revolution denn gut, wenn wir nicht frei unsere Meinung äußern konnten? Da mochten Iliescu und seine postkommunistischen Leute noch so sehr ein demokratisches Regime fordern, im Grunde hatte sich nichts wirklich geändert.

Wir hatten uns zum Protest entschlossen, weil wir mehr Wahrheit erreichen wollten. Unsere friedliche Bewegung war auf spontane und unkonventionelle Weise auf dem Universitätsplatz zustande gekommen. Hunderte von Demonstranten, darunter viele Studenten, hatten sich nach Weihnachten dort eingefunden. Neben den Studenten waren die unterschiedlichsten Leute dort zu finden: Mütter wie ich, Paare, Arbeiter, Professoren ... Jeden Tag stießen Neuankömmlinge hinzu, die unsere Reihen gewaltig anwachsen ließen. Manche kamen von weither und hatten nur durch Mundpropaganda von den Unruhen gehört. Aber wir hatten noch immer keinen Zugang zum Fernsehen, wo man sich weigerte, uns auf Sendung gehen zu lassen. Die Medien suchten in keinster Weise das Gespräch mit uns. Dabei war es doch so wichtig, dass alle Rumänen erfuhren, was auf dem Universitätsplatz im Gange war. Im März entsandten wir eine kleine Gruppe der Unsrigen zum Fernsehsender. Das Ziel lautete, ein Diskussionsforum ins Leben zu rufen und Vertreter des Senders davon zu überzeugen, mit uns zu reden. Die Mühe war vergeblich. Niemand wollte uns zuhören.

Mit etwa fünfzig Demonstranten traten wir daher in einen Hungerstreik. Er erstreckte sich über mehrere Monate. War jemand zu sehr geschwächt, wurde er durch eine andere Person ersetzt. Auf diese Weise gab es die ganze Zeit über einen Kern von etwa zwanzig Personen, die sich im Hungerstreik befanden. Es herrschte eine ganz außergewöhnliche Stimmung. Passanten blieben stehen, um mit uns zu reden, Musiker boten uns Unterhaltung, und die besten Redner improvisierten Reden von den Balkonen herab. Nachts sangen wir gemeinsam und ordneten in stundenlangen Gesprächen die Welt neu. Ab und zu ging ich nach Hause, um ein wenig zu schlafen. Ich war sehr froh, dass ich meinen Sohn in Pitești gelassen hatte: Er war viel besser bei meiner Mutter aufgehoben als in dieser revolutionären Atmosphäre. Der Zusammenhalt unserer zunächst vollkommen unorganisierten Bewegung verlieh ihr eine besondere Schönheit. Im Fernsehen wurden wir wie eine Gruppe von Hooligans beschrieben, die weder Glauben noch Gesetz kennen. Iliescu hatte Roma auf den Platz beordert, die dort Sandwiches und Bier verkauften: Im Fernsehen wurden dann Bilder dieser illegalen Geschäfte gezeigt, um uns die Glaubwürdigkeit abzusprechen. Genauere Angaben, wer wir tatsächlich waren, wurden tunlichst vermieden.

Im nahe gelegenen Hotel Continental tummelten sich zahlreiche ausländische Journalisten, die unbedingt mehr über unsere friedliche Protestaktion wissen wollten. Ihre Gegenwart garantierte uns Sicherheit: Niemals hätte Iliescu es vor den Augen der ausländischen Kameras gewagt, die Armee auf uns zu hetzen. Schließlich schrieb er sich doch die Demokratie auf seine Fahnen! Zudem hatte Iliescu für den 20. Mai Präsidentschaftswahlen angesetzt. Bereits im April forderten wir, dass es ehemaligen Mitgliedern der Kommunistischen Partei untersagt sein sollte, als Kandidaten anzutreten. Aber es war keine Überraschung, als Ion Iliescu dann doch in seinen Funktionen bestätigt wurde.

Am 13. Juni 1990 ging die Regierung zum Angriff über. In dieser Nacht tauchte ein junger Mann aufgeschreckt in unserem Zelt auf.

»Wir sind von der Polizei umzingelt!«

Ich konnte es nicht glauben. Eine Minute später schwang ich mich schon auf mein Fahrrad, um das Gelände zu inspizieren. Ich brauchte nicht weit zu fahren. Vor dem Sitz der ehemaligen Kommunistischen Partei bemerkte ich mehrere Busse, aus denen Polizeieinheiten heraussprangen, die bis an die Zähne bewaffnet waren. Auf der Piazza Romana hielten drei ähnliche Busse. Ich kehrte zum Universitätsplatz zurück, um die anderen zu warnen, die im Zelt gewartet hatten.

»Sie kommen! Wir sitzen in der Falle!«

Ich hatte kaum ausgesprochen, da tauchte auf der Seite des Nationalen Kunstmuseums ein uniformierter Trupp auf, überquerte im Stechschritt die Straße und kam auf uns zu. Weitere Trupps näherten sich aus der Richtung der amerikanischen Botschaft. Panik brach aus. Alle versuchten zu fliehen. Manche von uns rannten reflexartig in Richtung des Hotel Continental, um sich dort in Sicherheit zu bringen. Als wir das Gebäude erreichten, schloss der Hausmeister die Türen zu und verbarrikadierte sie in aller Eile von innen. Auch drei Taxifahrer, deren Autos bereits mit Flüchtenden besetzt waren, packte die Angst vor der aufgescheuchten Menge der Demonstranten, und so verriegelten sie ihre Türen. Ich wurde gegen eines der Fahrzeuge geschoben und beinahe zerdrückt. Eine Tür ging auf, jemand packte mich am Arm und zog mich ins Innere des Taxis. Mit fünf anderen Personen quetschten wir uns dort mehr übereinander als nebeneinander. Der Fahrer startete sofort. Er hatte erst wenige Meter zurückgelegt, als eine Mauer von Polizisten mit Helmen und Schlagstöcken uns den Weg versperrte. Der Fahrer wendete und bog in die nächstgelegene Gasse ein, um die von Uniformierten bevölkerten Hauptstraßen zu vermeiden. Wo kamen diese Truppen nur her? Später erfuhren wir, dass Iliescu Bergarbeiter aus dem Jiu-Tal, einem Industriegebiet im Südwesten Rumäniens, nach Bukarest beordert hatte, um dort die Ordnung wiederherzustellen.

Glücklicherweise gelangten wir endlich aus der Gefahrenzone heraus. Das war knapp! Ich verspürte den dringenden Wunsch zu rauchen und tastete deshalb instinktiv nach meinem Päckchen Zigaretten …

»Meine Tasche!«

»Was ist mit deiner Tasche?«

»Ich habe meine Tasche liegen lassen!«

»Wie? Wo?«

»Auf dem Universitätsplatz, in unserem Zelt!«

Die anderen Insassen des Autos starrten mich ungläubig an. Der Mann, der mir die Fragen gestellt hatte, wollte es nun genau wissen: »Sag bloß nicht, dass du deine Papiere in der Tasche hattest?«

»Äh … doch.«

»Du bis ja verrückt! Dir ist klar, dass du jetzt nicht zu dir nach Hause kannst, oder?«

»Warum denn?«

»Weil die Polizisten deine Tasche finden werden und dann sofort wissen, dass du auf dem Platz warst. Sie haben deine Adresse. Sie warten vermutlich schon bei dir zu Hause. Es ist ja schon ziemlich spät!«

Das war eine Katastrophe … Die Polizei würde mich suchen und ins Gefängnis stecken! Sofort dachte ich an meinen Sohn, für den ich gerade erst das Sorgerecht erhalten hatte. Mit Sicherheit würde man ihn mir fortnehmen. In dieser Nacht schlief ich bei einer Freundin. Am Morgen schaute ich die Nachrichten im Fernsehen in der sicheren Annahme, dass die Demonstranten auf den Universitätsplatz zurückgekehrt waren. Aber dem war nicht so. Es hatte Tote gegeben. In wenigen Stunden hatte unsere friedliche Bewegung ein blutiges Ende gefunden. Ich rief den Anwalt an, der mich bei meiner Scheidung vertreten hatte, um ihn um Rat zu fragen. Er bestätigte mir, dass ich mich in einer sehr heiklen Lage befand.

»Das Gesetz ist klar, Iana: Eine Gefängnisstrafe ist eine schwerwiegende Sache – man wird Ihnen das Sorgerecht für Stefan entziehen. Sie müssen unbedingt die Stadt verlassen. Aber die Polizei kontrolliert die Ausfallstraßen.«

»Was soll ich denn jetzt tun?«

»Ich habe einen Freund, der ein Auto besitzt. Er kann Ihnen helfen, durch die Kontrollen hindurchzugelangen.«

»Kann mich Ihr Freund bis zur serbischen Grenze mitnehmen?«

»Warum?«

»Ich werde versuchen, über die Grenze zu kommen. Das ist die einzige Lösung, wie ich mein Baby behalten kann.«

»Er wird Sie bringen, wohin Sie wollen. Sie müssen nur das Benzin bezahlen.«

Mein Ex-Ehemann, der in Turnu Severin, einer nahe der serbischen Grenze gelegenen Stadt arbeitete, hatte mir von einem Rumänen erzählt, der in dieser Gegend heimlich über die Grenze nach Serbien, damals noch einem Teil des Vielvölkerstaates Jugoslawien, gelangt war. Das war meine einzige Chance. Die Donau schwimmend zu durchqueren kam für mich nicht in Frage! Auf einer Landkarte hatte ich einen kleinen Zufluss der Donau ausgemacht, den Kanal Bega. Hielt ich mich an seinen Verlauf, so würde ich irgendwann Jugoslawien erreichen. Ich kam mit meinem Anwalt überein, dass sein Freund mich nachts abholen sollte. So musste nur noch meine Mutter benachrichtigt werden, da sie meinen Sohn hütete. Noch heute höre ich ihre hysterische Stimme bei unserem Telefonat: »Was hast du denn bloß angestellt? Polizisten waren hier bei mir und haben dich gesucht!«

»Beruhige dich, Mama.«

»Mich beruhigen? Wie soll ich das denn machen?«

Meine Mutter wusste, dass ich seit einigen Monaten an der Protestbewegung teilnahm. In ihrer Sorge hatte sie alle möglichen Argumente vorgebracht, um mich zu entmutigen, und auch jetzt blieb sie sich treu: »Ich flehe dich an, hör auf damit, das ist gefährlich.«

»Ich habe gar keine Wahl, Mama.«

»Aber denk doch an deinen Sohn!«

»Gerade für ihn tue ich es ja. Ich hoffe, dass er ein besseres Leben haben wird als ich. Wenn ihr das Gleiche schon vor vierzig Jahren getan hättet, würden wir heute nicht in einem kommunistischen Land leben.«

Darauf fiel ihr keine Erwiderung ein. Ich war jung und machte mir nicht klar, wie dumm es von mir war, ihr Vorhaltungen zu machen … Als ich erfuhr, dass die Polizei bei ihr aufgetaucht war, wurde mir der Ernst der Lage unmittelbar klar. Ich hatte Angst, aber meine Entschlossenheit geriet nicht ins Wanken. Am Abend brachte mein Chauffeur mich ungehindert aus der Stadt. Auf dem Weg nach Turnu Severin machten wir eine kurze Pause in Piteşti. Ich konnte das Land nicht verlassen, ohne meinen Sohn noch einmal in die Arme geschlossen zu haben. Als wir die Straße erreichten, in der meine Mutter wohnte, fuhren wir langsamer, um auszuspähen, ob Polizisten in der Nähe waren. Allein der Gedanke schnürte mir die Kehle zu, aber glücklicherweise war die Straße wie leer gefegt. Mir blieben dennoch nur fünf Minuten, um Stefan zu umarmen und meine Mutter zu instruieren.

»Ich vertraue ihn dir an. Hüte ihn gut. Ich fliehe über die Grenze. Sobald ich kann, rufe ich dich an, um dich auf dem Laufenden zu halten. Und dann müssen wir überlegen, wie ich ihn zu mir holen kann.«

»Pass gut auf dich auf.«

»Auf Wiedersehen, Mama.«

Mir brach es das Herz, meinen kleinen Jungen zurücklassen zu müssen und nicht zu wissen, wann ich ihn wiedersehen würde. Mein Chauffeur setzte mich in Turnu Severin ab, wo ich in einen Bus stieg, um den Grenzort am Fluss zu erreichen. Von dort lief ich die ganze Nacht am Fluss entlang und machte nur hin und wieder kurze Pausen, um eine Zigarette zu rauchen. Ich erinnerte mich an die Worte meines Vaters: »Nachts ist die Glut einer Zigarette auch aus großer Entfernung zu erkennen.«

Der Gedanke, man könnte mich entdecken, erschreckte mich zutiefst, sodass ich mich ins Gras kauerte, um zu rauchen, und mit meiner Hand die rot glühende Zigarette abschirmte. Immer wieder sah ich zum Himmel und machte »meinen« Stern ausfindig. Als Kind hatte ich festgelegt, welcher es sein sollte: Er war ganz klein und direkt neben dem Großen Bären. Während einer meiner kurzen Ruhepausen beobachtete ich die funkelnden Sterne über mir und sah eine Sternschnuppe.

»Mein Gott, bitte lass mich wohlbehalten auf die andere Seite der Grenze gelangen.«

Kaum hatte ich mein Gebet beendet, glitt eine weitere Sternschnuppe durch die Dunkelheit. Ich schloss die Augen und äußerte einen zweiten Wunsch: »Mein Gott, bitte lass mich so schnell wie möglich meinen Sohn wiederfinden.«

Gott muss mich erhört haben, denn ich begegnete auf meinem ganzen Weg keiner Menschenseele. Am nächsten Tag versteckte ich mich in einem Graben neben einem Maisfeld: Ich wollte die Nacht abwarten, um die Grenze zu überqueren. Anfangs hielt mich die Angst wach, von einem Bauern ausfindig gemacht zu werden, der mich verraten könnte. Aber irgendwann übermannte mich die Müdigkeit, und ich schlief ein. Erst das Bellen eines Hundes weckte mich wieder. Die Sonne stand hoch am Himmel, und es war sehr heiß. Schweißgebadet hörte ich einen Mann näherkommen, der wohl auf dem Feld arbeitete. Regungslos verharrte ich in meinem Graben und behielt die Böschung vor mir fest im Blick. Plötzlich tauchte eine Hundeschnauze in meinem Blickfeld auf. Das Tier hielt inne und starrte mich an. Mit Sicherheit spürte es, dass ich

Angst hatte. Jeder andere Hund hätte in dieser Situation ge-
bellt, aber dieser rührte sich nicht. Ein paar Sekunden später machte er kehrt und rannte zu seinem Herrn zurück.
Meine Gebete waren also eindeutig erhört worden …

Nach Sonnenuntergang kroch ich aus meinem Versteck
und folgte dem Fluss bis zu einer Straße, unter der der
Wasserlauf herführte, um kurz darauf vermutlich in die
Donau zu münden. In ein paar Metern Entfernung erhob
sich in der Nähe einer Brücke ein gewaltiger Holzturm:
der Grenzposten. Ich wusste, dass es noch einen weiteren
östlich davon gab. Mein Ziel war es, zwischen beiden die
Grenze zu passieren. Das Dorf erstreckte sich beiderseits
der Grenze, sodass ich zwangsläufig über das Grundstück von irgendjemandem auf die andere Seite gelangen
musste. Endlich fand ich einen Garten ohne Hund. Ich
beobachtete die Fenster, um sicherzugehen, dass niemand
zu Hause war, dann rannte ich um das Haus herum und
kroch unter dem Stacheldraht hindurch, der das Grundstück einfasste.

Ein frisch eingesätes Feld erstreckte sich vor mir: Das
musste das berühmte Niemandsland sein, von dem ich gehört hatte. Zu meiner Linken verschwand der Wachturm
jetzt hinter den Bäumen: Von dieser Seite konnte man
mich also auf keinen Fall ausspähen. Zur Rechten hingegen ragte der andere Turm auf. In der Dunkelheit konnte
ich unmöglich erkennen, ob Soldaten auf der kleinen
Plattform oben Wache hielten. Vor mir konnte ich bereits
die glitzernde Wasserfläche der Donau sehen. Geduckt
schlich ich mit winzigen Schritten auf sie zu, während ich
den Turm fest im Blick behielt, um jede verdächtige Bewegung dort oben sofort zu bemerken. Am Ufer zeichnete sich kurz darauf rechts von mir eine dunkle, mächtige
Masse ab, eine seltsame Metallbrücke, die parallel zur Do-

nau verlief. Das ergab doch gar keinen Sinn! Ein paar Minuten später war ich auf der anderen Seite. Die steinerne Markierung am Wegesrand bedeutete mir, dass ich mein Ziel fast erreicht hatte. Auf der einen Seite stand »Föderalistische Republik Rumänien«, auf der anderen »Föderalistische Republik Jugoslawien«.

Als die Brücke endlich hinter mir lag, bewegte ich mich ein wenig lockerer auf dem freien Gelände, das nun zu Serbien gehören musste. Plötzlich ertönte ein Ruf aus dem Dunkel und ich erstarrte: »Stoi!«

Ich hielt meinen Atem an. Stoi? Hatte ich richtig gehört? Auf Serbisch bedeutete das »Stopp«, aber es konnte genauso gut das rumänische Wort »staï« gewesen sein, das das Gleiche hieß. Eines war gewiss: Der Befehl galt mir. Ich hätte vor Wut heulen können, dass man mich so kurz vor dem Ziel aufgespürt hatte. Was würde jetzt mit mir geschehen? Kam ich ins Gefängnis? Es war nach Mitternacht, weit und breit hielt sich niemand in diesem Grenzgebiet auf. Vielleicht würde man mich umbringen? Letztlich wäre das das Einfachste ... Mit zugeschnürter Kehle nahm ich all meinen Mut zusammen, richtete mich auf und ging auf die beiden vor mir schimmernden Lichter zu. Während dieser wenigen Schritte legte ich mir meine Geschichte zurecht: Ich sprach Englisch, nicht Rumänisch und noch weniger Serbisch, ich war eine ausländische Journalistin, die ihre Papiere verloren hatte und nun nach einem Fluchtweg suchte ...

Zwei Männer standen vor mir. Einer hielt eine Taschenlampe in der Hand, deren Licht er zunächst auf mich richtete, dann auf den Boden. Ihre Gesichter konnte ich nicht sehen. Mit einer Stimme, die möglichst entschlossen klingen sollte, befahl ich ihnen auf Englisch: »Zeigen Sie mir Ihre Helme!«

Wortlos sahen sie sich an. Sprachen die beiden etwa kein Englisch?

»Ihre Taschenlampe! Bitte richten Sie sie auf Ihre Helme! Ich werde kein Wort mehr sagen, bevor ich nicht Ihre Helme gesehen habe!«

Ich weiß nicht, ob sie mich verstanden haben, aber einer von ihnen leuchtete dem anderen ins Gesicht, während er mit ihm sprach: Der Angesprochene war jung, sehr jung sogar, vermutlich gerade einmal achtzehn Jahre, und er wirkte mindestens so erschrocken wie ich. Das Beste aber war, dass er nicht den Helm rumänischer Soldaten trug! Ich war so erleichtert, dass ich ihn hätte umarmen können.

»Folgen Sie uns!«

Sie hatten mich auf Serbisch angesprochen. Guten Mutes schritt ich nun hinter ihnen her. Meine Begeisterung währte jedoch nur kurz: Dieser Weg durch unwegsames, feuchtes Gelände wollte nicht enden. Nach mehreren Stunden nächtlichen Marschierens erreichten wir endlich eine Militärbaracke, wo die beiden Soldaten mich zu ihrem Vorgesetzten führten, den sie bereits über Funk unterrichtet hatten. Es dämmerte mittlerweile schon. Ich hatte seit zwei Tagen die gleichen Kleider am Leib, war ausgehungert, schmutzig, müde und verschwitzt. Dennoch hegte ich keinen Zweifel daran, dass ich das Schlimmste hinter mich gebracht hatte. Außerhalb meines Heimatlandes wähnte ich mich in Sicherheit. Ich hatte keine Zeit gehabt zu überlegen, was danach geschehen würde …

»Ich bin der Verantwortliche dieser Einheit. Setzen Sie sich, Madame.«

Der Mann sprach serbisch. Ich antwortete ihm in seiner Sprache und begann wie ein Automat, meine Geschichte herunterzubeten: »Ich habe für den Frieden demonstriert. Die rumänische Polizei sucht mich, aber ich habe ein Baby, ich will nicht, dass …«

Er ließ mich nicht weiterreden. Es war ihm gleichgültig, was ich ihm erzählte. Ungerührt schnitt er mir das Wort ab.

»Sie wurden gefasst, als Sie illegal unsere Grenze überqueren wollten. Sie werden dem Richter vorgeführt, wie es in solchen Fällen üblich ist.«

Fünf Minuten später hatte ich die Baracke bereits wieder verlassen, und zwei Soldaten geleiteten mich zu einem Auto. Diese Militärbasis lag abgeschieden auf dem Land, und das Gericht war in der nächstgelegenen Stadt. Es wurde bereits Tag, als wir dieses fremde Kaff erreichten. Im Gericht wickelte eine Richterin meinen Fall in aller Kürze ab, mildernde Umstände gab es nicht. Das Urteil wurde gesprochen und war unerbittlich: »Zwanzig Tage Gefängnis.«

Mit diesen drei Worten brach eine Welt für mich zusammen.

# Auf der Flucht

Im Gefängnis? Ich? Das war doch nicht möglich! Es musste ein Irrtum sein! Was konnte ich jetzt noch unternehmen? Dagegen protestieren? Wer hätte mich denn gehört? Nein, im Augenblick war ich vollkommen ohnmächtig. Man brachte mich in die Strafanstalt dieser Stadt, von der ich nicht einmal den Namen kannte. Ich wurde fotografiert – von vorne und von der Seite, und man nahm meine Fingerabdrücke. Mit einem Kloß im Hals dachte ich an meine Mutter.

»Gott sei Dank, dass es meiner Mutter erspart bleibt, ihre Tochter wie eine gewöhnliche Verbrecherin behandelt zu sehen.«

Als ich meinen Finger in das Tintenfass tauchte, stiegen mir Tränen in die Augen. Ich fühlte mich furchtbar elend. Dann führte man mich in meine Zelle, einen sparsam möblierten Raum von 15 Quadratmetern. Dort traf ich auf meine neuen Mitbewohner. Rodica, eine Rumänin, und ihre siebzehnjährige Tochter, die aus dem gleichen Grund wie ich fünfzehn Tage Haft aufgebrummt bekommen hatten, und Natascha, eine Serbin, die wegen Mordes an ihrem Ehemann zu lebenslänglicher Haft verurteilt war. Sie hatte bereits neun Jahre von ihrer Strafe verbüßt und beherrschte durch ihre gelegentlichen rumänischen Mitgefangenen unsere Sprache mittlerweile perfekt.

Rodica und ihre Tochter waren erst kurz vor mir eingetroffen. Sie kamen aus Timișoara und erzählten von

den Demonstrationen, den antikommunistischen Spruch-
bändern, den Panzern und den Verletzten, die es gegeben hatte ... Dann gab ich eine kurze Schilderung meiner
Odyssee. Vor allem eine Frage quälte mich: »Was werden
sie mit mir anstellen? Ich werde doch hoffentlich nicht
ewig hier einsitzen müssen?«

Aufgrund ihrer vielfältigen Erfahrungen antwortete
Natascha mir felsenfest überzeugt: »Mach dir keine Sorgen. Die Flüchtlinge werden hier nicht alt. Die meisten
werden ganz einfach nach ein paar Wochen wieder zurück
nach Rumänien geschickt.«

»O nein! Alles, nur das nicht! Ich habe diese Tortur
nicht auf mich genommen, um das Ganze noch einmal
durchzustehen.«

»Ich fürchte, dir bleibt nichts anderes übrig.«

»Wir werden sehen ...«

Während mein Kopf fieberhaft nach Lösungen suchte,
musste ich den herrschenden Gefängnisvorschriften Folge
leisten, die mir Natascha erklärte: »Jeden Morgen machst
du dein Bett. Tagsüber darfst du dich nicht hinlegen. Lediglich auf dem Stuhl darfst du sitzen. Zum Händewa-
schen gibt es ein Becken in der Waschecke hinter dir.«

Diese Ecke war durch eine Tür abgegrenzt, hinter der
sich auch ein Plumpsklo befand. Außer den Stühlen und
den Stockbetten an der Wand gab es in der Zelle einen
Tisch, einen Fernseher und einen alten hölzernen Webrahmen.

»Wofür ist denn dieser Webrahmen?«

»Der ist für mich. Ich webe Teppiche, um ein wenig
Geld zu verdienen.«

»Und wenn man nicht weben kann?«

»Du kannst Näharbeiten übernehmen.«

»Wird das gut bezahlt?«

»Es reicht, um sich fünf oder sechs Zigaretten pro Tag zu kaufen.«

Meine Zigaretten ... Die würde ich brauchen ...

»Das würde mich interessieren. An wen muss ich mich wenden?«

»Wir werden den Wärter fragen. Er wird dir eine Nähmaschine bringen und Gefangenenkleidung, die geflickt werden muss.«

»Sehr gut. Und wie ist es mit dem Duschen? Ich bin so schmutzig. Ich habe mich seit drei Tagen nicht mehr waschen können.«

»Es gibt eine Gemeinschaftsdusche einmal in der Woche.«

Da ich neu angekommen war, wurde mir am zweiten Tag ein Gang unter die Dusche gestattet. Überall sonst im Gefängnis standen wir unter der Aufsicht von männlichem Personal, in der Dusche wichen uns die weiblichen Angestellten nicht von der Seite. Als ich mich auszog, entdeckte ich einen Pickel an meinem Bein, der aussah wie ein Mückenstich. Er war rot und geschwollen und schmerzte sehr, als ich ihn betastete. Ich hielt es zunächst für eine Reizung, die durch das Scheuern meiner durchnässten Hose während des beschwerlichen Marsches entstanden war. Als ich ein wenig kratzte, begann die Stelle zu bluten. Ich zog meine Haftkleidung an und ging in meine Zelle zurück, wo ich Rodica mein Bein zeigte, die eine ungute Vermutung äußerte: »Oh, mein Gott. Ist das vielleicht eine Zecke?«

Eine Zecke? Da ich früher Hunde gehabt hatte, kannte ich diese Tiere, dachte aber, dass sie nur Tiere bissen. Jetzt auch noch so etwas: Nach dem Gefängnis, dem Foto mit der Gefangenennummer, den Fingerabdrücken auch noch ein Zeckenbiss! Es schien mir, als könnte ich nicht tiefer sinken ...

Als ich am nächsten Morgen aufwachte, fühlte ich mich sehr unwohl. Mühsam machte ich mein Bett, dann schleppte ich mich zu einem Stuhl. Ich konnte mich kaum noch rühren. Meine Stirn war glühend heiß, und mir war schwindlig. Trotz der Vorschriften legte ich mich wieder auf mein Bett und achtete lediglich darauf, es nicht unordentlich zu machen. Als der Wärter auf seiner Runde wieder bei unserer Zelle vorbeikam und durch das Guckloch in der Tür hineinsah, kläffte er: »He, du Zigeunernutte, was treibst du da auf dem Bett?«

»Ich bin krank.«

»Krank?? Du spielst mir nur etwas vor!«

Mit einem harten Schlag schloss sich das Guckloch wieder. Eine Stunde später tauchte der Wärter erneut auf.

»Steh auf und komm mit.«

Ich folgte ihm in die obere Etage auf die Krankenstation, wo mich ein Arzt untersuchte.

»Sie haben eine Lungenentzündung. Ich werde Ihnen Antibiotika verschreiben.«

Das fehlte jetzt noch … Andererseits erhielt ich auf diesem Wege vielleicht die Möglichkeit, mir Gehör zu verschaffen. Am nächsten Tag verkündete ich Natascha und Rodica, dass ich in einen Hungerstreik treten würde. Sie starrten mich entsetzt an: »Aber warum tust du das denn? Willst du nicht gesund werden?«

»Das ist der einzige Weg, mir Gehör zu verschaffen. Ich will nicht nach Rumänien zurück.«

»Aber was soll dein Verhalten denn ändern?«

»Ich will mit dem Direktor reden.«

Kurz darauf kam der Wärter, um nach mir zu sehen.

»Was soll denn das jetzt schon wieder?«

»Ich werde so lange keine Nahrung zu mir nehmen, bis ich mit dem Direktor gesprochen habe.«

»Was willst du denn von dem Direktor? Glaubst du, er hat Zeit zu verschenken?«

»Ich verlange, dass er einen Vertreter des UNHCR einbestellt.«

»Des UNHCR?«

»Ja, des Hochkommissariats der Vereinten Nationen für Flüchtlingshilfe. Ich will lediglich dem UNHCR mitteilen können, dass ich hier bin. Das ist alles, was ich verlange.«

Der Wärter zuckte nur mit den Schultern und verließ fluchend unsere Zelle. Ich blieb standhaft. Mehrere Tage rührte ich meinen Zinnteller nicht an. Ich war sehr schwach, aber fest entschlossen, durchzuhalten. Ich war überzeugt, dass es keine andere Lösung gab, wenn ich meinen Sohn irgendwann wiedersehen wollte. Ein Wärter brachte mir in regelmäßigen Abständen meine Antibiotika und ging nicht eher fort, bis er sich vergewissert hatte, dass ich sie tatsächlich geschluckt hatte. Es wäre ein zu großes Ärgernis gewesen, wenn eine Gefangene stirbt.

Natascha versuchte unablässig, mich zur Vernunft zu bringen. »Iana, willst du tatsächlich hier in diesem Gefängnis sterben?«

»Lieber sterbe ich, als dass ich meinen Sohn nicht wiedersehe.«

»Das Sterben nützt dir gar nichts. Iss doch bitte ein wenig. Diese Leute können nichts für dich tun.«

Ihre Beharrlichkeit kam mir zwiespältig vor, und ich verdächtigte sie, gemeinsame Sache mit meinen Kerkermeistern zu machen. Rodica hingegen sagte nichts. Ich bin sicher, dass sie das Gleiche getan hätte wie ich.

Am Ende bestellte mich der Gefängnisdirektor in sein Büro. Er war relativ jung, kaum älter als vierzig Jahre. Neben ihm stand ein bärtiger Mann, den ich noch nie zuvor gesehen hatte. Der Direktor sprach mich auf Rumänisch an: »Warum wollen Sie mir solche Probleme machen? Was habe ich Ihnen getan?«

»Mit Ihnen hat das nichts zu tun. Hören Sie mir doch bitte zu: Ich habe einen Sohn, der noch nicht einmal ganz zwei Jahre alt ist. Wenn die Serben mich in mein Land zurückschicken, wird man mich ins Gefängnis stecken und mir das Sorgerecht entziehen.«

»Ich kenne die rumänischen Gesetze genauso gut wie Sie. Das wird vermutlich so sein, da haben Sie schon recht. Aber das ist kein Grund, sich so aufzuführen! Sehen Sie diesen Herrn? Das ist Herr Bladan vom UNHCR. Er ist wegen Ihnen hier. Sind Sie nun zufrieden?«

»Ja, sehr zufrieden. Ich verlange ja nicht, dass Sie einschreiten, Herr Bladan. Ich möchte nur sicher sein, dass der UNHCR weiß, dass ich hier bin, und verhindert, dass man mich nach Rumänien zurückschickt, bevor mein Fall untersucht wurde.«

»Sehr gut, Frau Matei. Ich bin jetzt im Bilde.«

Das war alles. Ungeduldig beendete der Gefängnisdirektor das Gespräch: »Gut, dann gehen Sie jetzt zurück in Ihre Zelle.«

Rodica erwartete mich gespannt.

»Und?«

»Ich habe jemanden vom UNHCR gesehen!«

»Bist du sicher, dass er tatsächlich vom UNHCR war?«

»Nun ja, er trug ein Abzeichen um den Hals. Das heißt, jetzt, wo du mich darauf ansprichst – ich habe nicht genau hingesehen, was darauf stand.«

Mit einem Schlag kam ich mir sehr dumm vor. Wie konnte ich nur so naiv sein und nicht daran denken, die Identität des Bärtigen zu überprüfen? Ich haderte mit mir selbst. Jetzt war es jedenfalls zu spät; es blieb mir nichts anderes übrig, als zu warten und Däumchen zu drehen. Also fing ich wieder an zu essen.

Kurz darauf verließen uns Rodica und ihre Tochter: Da sie eine Minderjährige bei sich hatte, musste meine Freundin lediglich zwei Wochen Gefängnis absitzen. Ein Wärter kam, um ihnen mitzuteilen, dass sie das Gefängnis verlassen könnten. Wohin würden sie gebracht werden? Niemand sagte es ihnen. Es war schwer für mich, sie nicht mehr um mich zu haben. Wir hatten alles miteinander geteilt, waren zu Freundinnen geworden. Meine Angst, was aus mir werden würde, wuchs stetig.

Ein paar Tage später wurde auch ich geholt. Zwanzig Tage hatte man mich jetzt hier festgehalten. Vor dem Gefängnis musste ich in einen fensterlosen Kleintransporter steigen, in dem bereits vier oder fünf Häftlinge saßen. Ich unterhielt mich mit dem jungen Rumänen, der neben mir saß: »Wissen Sie, wohin sie uns bringen?«

»Ich glaube, sie schicken uns nach Rumänien zurück.«

»Sind Sie sicher?«

»Ich bin schon fünfmal über die Grenze geflohen, und fünfmal haben Sie mich nach Rumänien zurückgeschickt! Ich kenne den Weg auswendig. Es ist ganz einfach: Wenn wir in etwa zwanzig Minuten über Eisenbahngleise fahren, schicken sie uns zurück.«

»Und wie geht es dann weiter?«

»Wenn wir ankommen, werden die Türen geöffnet, und die Polizei stürzt sich sofort auf uns. Sie knüppeln auf uns ein, und dann lassen sie uns laufen.«

Bei dem Gedanken an die Schläge schluckte ich mühsam. Mein Nachbar behielt recht: Nach zwanzig Minuten spürte man, dass der Transporter über höhergelegene Gleise fuhr. Ich geriet in Panik. Dann packte mich die blanke Wut. Wild entschlossen wollte ich mich bis zum

Letzten wehren. Wenn es mir gelang, ein paar Fußtritte auszuteilen und die Angreifer meine Zähne spüren zu lassen, so hätte ich immerhin eine kleine Genugtuung ... Der Transporter hielt. Als die Türen aufgingen, stand ich mit geballten Fäusten kampfbereit da ... Aber man ließ uns in aller Ruhe aussteigen. Ich sah ein Gebäude mit einer großen Glastür, hinter der Rodica stand und mit siegreich nach oben gestreckten Daumen zu mir herüberblickte. Ich war vollkommen verwirrt. Was machte meine Freundin dort? Waren wir denn nicht an dem rumänischen Grenzübergang? In dem Gebäude wurde serbisch gesprochen. Plötzlich begriff ich: Das war ein Lager, ein Flüchtlingslager! Frohlockend schloss ich Rodica in die Arme und drückte sie fest. Ich war gerettet!

Man brachte mich gemeinsam mit Rodica und ihrer Tochter in einem Zimmer unter, das wir noch mit drei weiteren Personen teilten. Ich lernte den Ehemann von Rodica kennen, der mit den Männern in einem anderen Gebäude des Lagers wohnte. Ich traf auch Cortell wieder, den jungen Mann, der mit mir in dem Transporter gewesen war. Ich weiß nicht, wie viele Flüchtlinge sich in dem Lager aufhielten, aber es waren alle möglichen Nationalitäten vertreten: Rumänen, aber auch Chinesen und Araber. Man traf sich in dem riesigen Aufenthaltsraum, wo es ein Fernsehgerät und eine kleine Bibliothek gab. Wir konnten uns frei bewegen und auch im Innenhof spazieren gehen.

Abgesehen von diesen Möglichkeiten ähnelte es aber einem Gefängnis: Wir alle waren auf unbestimmte Zeit hier und durften das Lager nicht verlassen. Jeder wartete darauf, dass er zu dem Gespräch mit den Vertretern des UNHCR gerufen wurde. Insassen, die schon länger hier waren, erzählten, dass manchmal die Polizei kam, um Flüchtlinge in ihr Heimatland abzuschieben, bevor diese ihr Gespräch hatten. Einmal geschah dies auch während meines Aufenthaltes. Wir waren auf unserem Zimmer, als wir hörten, wie die Metalltüren aufgeschlossen wurden und dann Rufe auf dem Gang ertönten. Die Schritte kamen näher. Wir zitterten vor Angst … Aber meine Tür ging nicht auf, und die Schritte entfernten sich wieder.

Eines Tages hatte ich ein hitziges Gespräch mit Olga, einer serbischen Polizistin im Lager, der ich meine Geschichte erzählt hatte.

»Es gibt keinerlei Grund, Ihnen den Status eines politischen Flüchtlings zuzusprechen, da die Revolution Ceaușescu gestürzt hat.«

»Ceaușescu ist tot, aber das Regime, das an seine Stelle getreten ist, ist kaum besser.«

»Sagen Sie mir doch, wie lange Sie sich im Hungerstreik befanden.«

»Insgesamt etwa zwei Wochen.«

»Etwa? Wissen Sie das denn nicht mehr genau? Wie können Sie diese ›Kleinigkeit‹ vergessen haben?«

»Warum sollte ich Sie denn belügen? Ich habe die Tage nicht gezählt! Ich konnte nicht ahnen, dass ich darüber einmal Rechenschaft ablegen muss!«

Es machte mich wütend, dass man an meiner Aufrichtigkeit zweifelte. Schließlich erhielt ich die Benachrichtigung für mein Gespräch. Die Frau, die mich empfing, war Serbin.

»Iana Matei? Sind Sie Rumänin?«

»Ja.«

»Aber Ihr Vater ist in Maribor in Slowenien geboren, nicht wahr?«

»Das ist richtig, ja.«

»Das erklärt alles. Ihr Slowenen macht doch immer Probleme!«

Ich brauchte ein paar Sekunden, bis ich bemerkte, dass sie scherzte. Der Krieg in Jugoslawien war damals noch nicht ausgebrochen, Slowenien hatte jedoch bereits seine Unabhängigkeit verlangt und damit den ersten Stein zur Auflösung des Vielvölkerstaates ins Rollen gebracht. Diese Frau hatte Verständnis für meine Lage. Ich erzählte ihr meine ganze Geschichte, und sie schien meine Gründe nachvollziehen zu können. Am Ende der Unterhaltung hieß es ermutigend: »Nun gut, Iana Matei, wir werden sehen, was wir tun können, um Ihnen zu helfen.«

Noch war nichts gewonnen. In den kommenden Wochen würde ich eine Antwort vom UNHCR erhalten. Es hieß also noch warten … Am Schlimmsten war für mich, dass ich meine Mutter nicht anrufen konnte, um ihr zu sagen, dass ich noch lebte, dass ich auf der anderen Seite der Grenze in Sicherheit war. Da sie bereits seit mehreren Wochen keine Nachricht von mir erhalten hatte, hielt sie mich vielleicht sogar für tot.

Endlich kam der ersehnte Brief, in dem mir nun offiziell der Status eines politischen Flüchtlings zugesprochen wurde. Ich schwebte im siebten Himmel! Auch die Familie Rodica hatte den kostbaren Stempel erhalten. Wir packten unsere spärlichen Habseligkeiten erneut zusammen und stiegen wieder in den Minitransporter – diesmal Richtung Belgrad. Im Wagen erkannte ich Herrn Bladan wieder, den Bärtigen von meiner Unterredung im Gefängnis. Diesmal war er redseliger.

»Wie kommt es, dass Sie Serbisch sprechen?«

»Mein Vater war Slowene, und zu Hause sprach er diese Sprache auch.«

»Erinnere ich mich richtig, dass Sie auch Englisch sprechen?«

»Ja, fließend.«

»Und vielleicht noch eine weitere Sprache?«

»Ich habe auch Französisch gelernt.«

»Wären Sie daran interessiert, für den UNHCR als Übersetzerin zu arbeiten?«

»Warum nicht? Ich habe im Augenblick keine anderen Pläne.«

Es handelte sich um eine Teilzeitstelle, die mit 20 Dollar pro Monat vergütet wurde, aber ich erhielt freie Kost und Logis. Ich sollte in Belgrad wohnen, bis ich meinen Sohn nachkommen ließ. Dieser Job war ein wahrer Segen, denn so konnte ich für meinen Unterhalt selbst aufkommen.

Ich bezog ein Zimmer in einem vom UNHCR bezahlten Hotel, das ich mir mit Mihaëla teilte, die ebenfalls Übersetzerin bei der UNO war. Jeden Morgen gingen wir zusammen zur Arbeit, und wir wurden rasch Freundinnen. Meine Arbeit bestand darin, den Mitarbeitern bei ihren Gesprächen mit den Flüchtlingen zu assistieren, aber ich übersetzte auch Dokumente. In Belgrad hielten sich viele Flüchtlinge auf, die hier wie ich für ein bis zwei Jahre verweilten, bis der UNHCR ein Land für sie gefunden hatte, das bereit war, sie aufzunehmen. Ich half ihnen beim Ausfüllen der Formulare, die sie zum Einkaufen von Nahrungsmitteln und Kleidung berechtigten oder ihnen bei der Arbeitssuche dienlich sein sollten.

Ich selbst hatte beim Roten Kreuz einen Antrag auf Familienzusammenführung gestellt, um meinen Sohn nach Belgrad holen zu können. Man teilte mir mit, dass dies sechs Monate dauern würde. Warum nicht gleich drei Jahre? Sechs Monate … das war eine unglaublich lange Zeit! Unsere Trennung dauerte jetzt schon viel zu lang. Außerdem würde mein Ehemann sicher bald herausfinden, dass ich Rumänien verlassen hatte, und dann würde er Stefan sofort zu sich nehmen. Diese Vorstellung war mir unerträglich. Ich musste mir also etwas anderes ausdenken, um meinen Sohn zu mir zu holen. Mihaëla, die mit vielen Flüchtlingen aus Timişoara zu tun hatte, brachte mich auf eine Idee: »Iana, ich kenne eine Frau, deren Bruder in Timişoara lebt.«

»Und?«

»Und der Sohn dieses Mannes ist zweieinhalb Jahre alt wie deiner.«

Sofort war mir klar, worauf sie hinauswollte. Mihaëla stellte den Kontakt zwischen mir und dieser Frau her, damit ich ihr meinen Vorschlag unterbreiten konnte: Ihr Bruder sollte mit Stefan herkommen und diesen als seinen eigenen Sohn ausgeben. Die beiden würden die Zugfahrt gemeinsam machen und über die Grenze kommen, sodass ich meinen Sohn hier in die Arme schließen konnte. Natürlich war ich bereit, für diesen Freundschaftsdienst zu bezahlen.

Ein paar Tage nach unserem Treffen rief mich die Frau an: »Mein Bruder ist einverstanden. Für 100 Dollar kann er Ihren Sohn nach Jugoslawien bringen.«

»Wunderbar!«

Wir planten diese Reise für die erste Aprilwoche. Ich rief sogleich meine Mutter an, um sie in unseren Plan einzuweihen.

»Mama, ich habe eine Lösung gefunden, um Stefan herzuholen. Es gibt jemanden in Timişoara, der ihn zu mir bringen wird. Hör mir jetzt gut zu: Anfang April wirst du mit Stefan nach Timişoara fahren.«

»Das heißt, einmal quer durch das ganze Land!«

»Sei still und hör mir zu, wir haben keine andere Wahl. In Timişoara wirst du von diesem Mann erwartet. Du wirst eine Woche bei ihm wohnen, damit Stefan sich an ihn gewöhnen kann. Unmittelbar vor der Zugfahrt schneidest du ihm die Haare ganz kurz.«

»Aber warum soll ich denn so etwas tun?«

»Weil er dunkle Locken hat, während der kleine Junge, an dessen Stelle er reist, blond und blauäugig ist. Es soll kein Verdacht aufkommen, verstehst du?«

»Ja, natürlich.«

»Du wirst ihm ein leichtes Beruhigungsmittel geben, damit er viel schläft. Ich möchte nicht, dass er Angst bekommt. Hast du alles verstanden?«

»Ja, natürlich, aber das Ganze scheint mir ziemlich kompliziert.«

»Weißt du vielleicht eine bessere Lösung?«

»Nein.«

Ich selbst musste ebenfalls noch einiges regeln. Zunächst suchte ich Judy, die Direktorin des UNHCR in Belgrad, auf. Sie hatte mich gleich zu Beginn meiner Arbeit als Übersetzerin einmal zu sich gebeten, und seither unterhielten wir eine sehr enge Beziehung. Sie war eine kleine, zierliche Frau mit grau schimmerndem Haar und versuchte mit großer Tatkraft alle Probleme zu lösen, die an sie herangetragen wurden. Wir trafen uns regelmäßig in der Cafeteria des UNHCR, und sie wusste, dass ich versuchte, meinen in Rumänien zurückgebliebenen Sohn zu mir zu holen.

»Judy, Anfang April möchte ich ein paar Tage Urlaub nehmen.«

»Brauchst du Erholung?«

»Nein, ich habe jemanden gefunden, der meinen Sohn herbringen kann. Ich muss ihn an der Grenze abholen.«

»Wie bitte? Ich erinnere dich daran, dass du als Flüchtling nicht das Recht hast, dich der rumänischen Grenze auf weniger als fünfzig Kilometer zu nähern.«

»…«

»Iana! Schlag dir solche Dummheiten aus dem Kopf!«

»Ich kann nicht sechs Monate warten, bis ich meinen Sohn wiedersehe!«

»Das verstehe ich, aber du gehst ein großes Risiko ein!«

Judy missbilligte mein Vorhaben, aber den Urlaub gewährte sie mir trotzdem. Jedes Mal, wenn wir einander begegneten, versuchte sie, mich von meinem Plan abzubringen.

»Iana, zwing mich nicht, dich an eine Bank zu binden!«

Ich lächelte und antwortete nicht darauf. Je näher der Zeitpunkt rückte, desto unruhiger wurde ich. Ich musste noch einen Weg finden, um unbemerkt bis zur Grenze zu gelangen. Jetzt waren es nur noch zwei Tage, und ich hatte immer noch kein Auto. Es war zum Verrücktwerden … Schließlich war es der Zigarettenverkäufer von der Tankstelle vor dem Hotel, der mir zu Hilfe kam. Als er meine Verzweiflung bemerkte, fragte er mich: »Iana, was quält dich denn?«

»Mein Sohn wird morgen an der Grenze auf mich warten, und ich habe kein Auto, um ihn dort abzuholen.«

»Weiter nichts? Mach dir keine Sorgen, ich werde sehen, was ich tun kann!«

Einer seiner Freunde war bereit, mich im Auto bis zur Grenze zu fahren. Am Abend zuvor verabreichte mir meine Freundin Michka ein Beruhigungsmittel.

»Hier, Iana, nimm eine Kapsel heraus. Oder behalte lieber gleich die ganze Schachtel. Wenn dein Kind aus irgendeinem Grund nicht da sein sollte, dann schluck die ganze Schachtel, um dich zu beruhigen, und komm schnell zurück, damit wir einen anderen Weg finden, um es zu holen. Wenn nötig, wird mein Mann ein Flugzeug entführen, um deinen Sohn hierherzubringen!«

Als Mihaëla am nächsten Morgen sah, wie viel Angst ich hatte, las sie mir aus der Bibel vor.

»Glaubst du an Gott?«

»Ich glaube, dass Gott uns hilft, wenn wir uns selbst helfen.«

Mihaëla nahm meine Hand und betete mit mir dafür, dass mein Kind wohlbehalten und gesund einträfe. Für ein paar Augenblicke fühlte ich einen inneren Frieden und wusste tief in meinem Herzen, dass alles gut ausgehen würde. Mein Chauffeur holte mich am späten Vormittag ab. Er trug eine dunkle Sonnenbrille, sodass ich seine Augen nicht sehen konnte. Unterwegs versuchte er, mich mit kleinen Scherzen von meinen Sorgen abzulenken.

»Schauen Sie her, was ich für Sie gekauft habe: Papiertaschentücher. Wenn Ihr Sohn nicht auftaucht, schenke ich Ihnen die ganze Packung!«

Endlich war es so weit, wir hatten den Bahnhof erreicht. Auf dem Gleis versuchte ich, meinen kleinen Sohn im Strom der ausgestiegenen Reisenden ausfindig zu machen, aber ich sah ihn nicht. Als mein Chauffeur meine Nervosität bemerkte, wurde auch er unruhig.

Und plötzlich sah ich ihn mit seinem blauen Mützchen auf dem Kopf. Mit Tränen in den Augen sah ich meinen Begleiter an, dessen Brillengläser seltsam beschlagen waren.

»Sehen Sie den kleinen Jungen mit der blauen Mütze? Das ist mein Sohn!«

Zu meiner großen Überraschung wurde er jetzt wütend.

»Warum weinen Sie denn dann, verflixt noch mal? Ich dachte schon, dass Ihr Sohn nicht da sei! Sie haben mir einen Riesenschreck eingejagt!«

Weinend und lachend zugleich ging ich auf meinen

Sohn zu und schloss ihn endlich wieder in meine Arme. Es waren drei Monate und siebzehn Tage vergangen, seit ich ihn zum letzten Mal an mich gedrückt hatte.

»Mama! Endlich bist du zu mir gekommen!«

»Nein, mein Spatz, du bist zu mir gekommen!«

Ich bezahlte den Mann aus Timişoara, der mir erzählte, dass sie nur knapp einer Katastrophe entgangen waren: »Unmittelbar vor der Grenze ist Stefan wach geworden. Als er Sie nicht sah, begann er zu weinen. Wir mussten zur Passkontrolle aussteigen. Als wir vor dem Beamten standen, sagte ich, dass mein Sohn krank sei, und da ließ er uns kurz auf die Toiletten gehen. Ich habe Stefan erklärt, dass er seine Mama in fünf Minuten sehen würde, dass die Beamten böse seien, und er seine Mama nie wieder sehen würde, wenn es jetzt Schwierigkeiten gäbe. Da war er sofort ganz brav. Als ich wieder in die Schlange zurückging, hatte ich Glück: Ich reichte dem Beamten die Pässe, während ich Stefan auf dem Arm behielt. Der Beamte sah nicht einmal auf und setzte seinen Stempel aufs Papier ...«

Der arme Mann war noch immer am Zittern! Ich gab ihm seinen Lohn, und unser Chauffeur fuhr uns nach Belgrad zurück, wo er uns bei Michka absetzte. Sie hatte ihre Neffen eingeladen, damit Stefan sich gleich wohlfühlte. Mein Sohn gab jedoch keinen Ton von sich. Als alle fort waren, fragte ich ihn: »Ist alles in Ordnung?«

»Sind diese Leute krank?«

»Krank? Was meinst du damit? Diese Leute sind doch sehr freundlich!«

»Ja, aber sie sind doch krank! Hast du denn nicht bemerkt, dass sie nicht richtig sprechen können?«

Da fiel es mir wie Schuppen von den Augen! Michka sprach serbisch, und Stefan verstand nur rumänisch! Wie konnte ich das nur vergessen!

Am nächsten Tag nahm ich Stefan zum UNHCR mit, wo ich ihn all meinen Kollegen vorstellte. Judy fragte mit strenger Miene: »Hast du seine Papiere?«

»Welche Papiere?«

»Iana, wir brauchen eine Geburtsurkunde, um ihm neue Papiere auszustellen! Wie soll ich wissen, dass er wirklich dein Sohn ist? Weißt du denn nicht, dass man dich der Kindesentführung bezichtigen kann?«

»...«

»Gut, ich werde so tun, als hätte ich ihn nie gesehen. Kümmere dich um seine Papiere, dann kommst du wieder zu mir.«

Meine Mutter schickte mir die Geburtsurkunde mit der Post. Auch den Bescheid über das Sorgerecht legte sie bei. So konnte mein Sohn nun ebenfalls den Status des politischen Flüchtlings erhalten. Judy überreichte uns seine neuen Papiere. »Wie die Mutter, so der Sohn!«, kommentierte sie und spielte mit amüsiertem Lächeln auf unseren illegalen Grenzübertritt an.

Die ersten Tage waren für Stefan sehr schwer. Die Sprachbarriere stellte ein großes Problem dar. Mit der Zeit lernte er die serbische Sprache. Anfangs kümmerte sich Rodica um ihn, wenn ich zur Arbeit ging, später meldete ich ihn in einem Kindergarten an, wo er sich rasch sehr gut einlebte. Nach sieben Monaten sprach er perfekt serbisch. Bald sollte er dann die englische Sprache lernen müssen.

# Unter der Sonne Australiens

Ich wollte nicht nach Australien, sondern nach Kanada. Für uns als Flüchtlinge standen drei Länder zur Auswahl: Die Vereinigten Staaten von Amerika, Australien und Kanada. Das Weltmacht-Denken der USA schreckte mich ab, und Australien war mir zu weit weg. Blieb also Kanada. Während der Ereignisse auf dem Universitätsplatz war ich von einer kanadischen Journalistin interviewt worden, die mir freundlicherweise später noch einmal schrieb. Sie erkundigte sich, wie es mir ginge, was aus mir geworden sei und ob sie etwas für mich tun könne. Diese Zuwendung hat mich sehr berührt, und ich sah darin das Zeichen eines an sich freundlich gesinnten Landes. Also stellte ich meinen Antrag auf Asyl für Kanada.

Wenig später traf ich Judy, die von einer Konferenz im Ausland zurückkam. Sie war sehr guter Stimmung: »Ich habe eine tolle Neuigkeit: Wir haben mit den Australiern verhandelt, und sie sind bereit, ihre Grenzen für Flüchtlinge zu öffnen. Sie werden dieses Jahr dreitausend aufnehmen! Ach, übrigens: Deinen Antrag habe ich auch gleich geändert und Kanada durch Australien ersetzt.«

»Was? Aber ich will nicht dorthin, das ist doch am anderen Ende der Welt!«

»Vertrau mir! Für eine ledige Mutter wie dich ist Australien viel besser: Sie haben das beste soziale Netz, das es gibt.«

Judy war meine Chefin, und über die Anordnungen meiner Chefin ließ sich nicht diskutieren. Aber im Grunde war ich auch überzeugt, dass Australien meinen Antrag ablehnen würde und ich dann meine Papiere erneut für Kanada einreichen konnte. Ich sollte die Antwort in den nächsten zwei Wochen erhalten. Während dieser Zeit stellte mich Judy bereits einem sehr zuvorkommenden Mitarbeiter der australischen Botschaft vor.

»Normalerweise dürfte ich Ihnen das nicht sagen, aber ich kann Ihnen schon jetzt mitteilen, dass Ihrem Antrag stattgegeben wird.«

Und so war unser Aufbruch ins Land der Kängurus nur noch eine Frage der Zeit. Ein paar Monate blieben mir freilich. Ich bat meine Mutter, nach Belgrad zu kommen, um mich von ihr verabschieden zu können. Wer konnte schon wissen, wann wir uns wiedersehen würden? Aber trotz allem brach ich ohne Bedauern auf. Ich wusste, dass ich in naher Zukunft nicht nach Rumänien zurückkonnte und auch in Jugoslawien keine Perspektive hatte. Irgendwann würde der Zeitpunkt für eine Rückkehr schon kommen. Stefan, der mittlerweile flüssig serbisch sprach, freundete sich schließlich auch mit der Vorstellung an. Als Hauptargument führte ich ins Feld, dass wir dort unten einen Hund haben würden. Der Hund meiner Mutter fehlte ihm sehr, und in Belgrad war unsere Wohnung viel zu klein für ein Haustier. Zum Glück war Stefan ein pflegeleichtes Kind …

Von unserer neuen Heimat wusste ich nicht viel mehr, als dass sie sehr weit weg war, dass es dort sehr schön und sehr heiß war. Vor unserer Abreise sahen wir uns Fotos von Perth an, dem Ziel unserer Reise an der Westküste Australiens.

»Ihr werdet sehen, das ist eine ganz kleine Stadt. Wenn es euch nicht gefällt, könnt ihr immer noch an einen anderen Ort gehen.«

Die Bilder vom Meer und den schicken Häusern zogen mich in ihren Bann, und ich wusste, dass es mir dort gefallen würde. Im Herbst 1991 flogen wir mit einer ganzen Gruppe von Flüchtlingen los. Als wir aus dem Flugzeug stiegen, umfing mich eine unvermutet warme Luft, obwohl es zwei oder drei Uhr morgens war. Um mich herum trugen die Leute dennoch Jacken, während ich mit einem T-Shirt bekleidet war. Hatten wir so unterschiedliche Maßstäbe? Im Flughafengebäude erwartete uns eine Mitarbeiterin der Einwanderungsbehörde, um uns in unsere vorläufige Wohnung zu begleiten.

»Willkommen bei uns! In dieser Wohnung können Sie sechs Wochen lang bleiben. Für die nächsten zwei Wochen werden Sie alle notwendigen Vorräte vorfinden. Danach erhalten Sie eine finanzielle Unterstützung für alle notwendigen Anschaffungen.«

Es fehlte an nichts: Geschirr, Lebensmittel, Zahnbürsten, Zahnpasta – alles war da. Diese Leute machten ihre Sache wirklich hervorragend! Während der ersten zwei Wochen stand uns Rachel hilfreich zur Seite, sei es bei der Anmeldung bei der Sozialversicherung, der Eröffnung eines Bankkontos, der juristischen Beratung … Wir eilten wie die anderen Flüchtlinge von Termin zu Termin. Auch ein Übersetzer war unser ständiger Begleiter. Ein Polizist erklärte uns verschiedene Punkte der australischen Gesetzgebung und stand Rede und Antwort auf die verschiedenen Fragen unserer Gruppe.

»Welche Papiere müssen wir immer bei uns tragen?«

Der Polizist sah uns verständnislos an.

»Was meinen Sie damit?«

»Nun, für die Kontrollen.«

»Welche Kontrollen denn?«

»In Rumänien müssen wir unsere Ausweispapiere immer bei uns tragen. Es gibt häufig Polizeikontrollen auf der Straße.«

»Wozu denn? Hier wird Sie niemand kontrollieren!«

Was war das für ein Land, in dem wir uns nach Lust und Laune bewegen konnten? Scherte sich tatsächlich niemand um unser Kommen und Gehen? Die Unterhaltung gewann beinahe surrealistische Züge.

»Sehen Sie sich vor«, erklärte der Polizist dann noch, »unsere Gesetze sind von großer Toleranz geprägt. Das gilt auch für Diebe. Wenn Ihr Hund jemanden beißt, müssen Sie eine Strafe zahlen, selbst wenn das Opfer ein Dieb ist, der bei Ihnen einbrechen wollte.«

Angesichts unserer sprachlos staunenden Blicke fuhr er fort. »Ich werde Ihnen jetzt eine Geschichte erzählen: Einmal drang ein Dieb gewaltsam in ein Haus ein. Er stieg durch das Fenster des Kinderzimmers. Auf den dort herumliegenden Spielsachen rutschte er aus und brach sich ein Bein. Da klagte er gegen die Eltern und bekam recht.«

Ich werde nie herausfinden, ob diese Anekdote der Wahrheit entspricht oder ob der Polizist sich einen Scherz mit uns erlaubte. Jedenfalls waren einige meiner Weggefährten zutiefst erschrocken: »Das ist ja unerhört. Australien ist ein Land für Kriminelle.«

Der Aufeinanderprall verschiedener Kulturen führt auf jeden Fall zu seltsamen Begebenheiten. Aber wir konnten uns keine bessere Aufnahme wünschen. Es wurde für uns gesorgt, immer war jemand da, der unsere Fragen beantwortete. Anfangs verwirrte mich die ständige Freundlichkeit der Australier geradezu. Auf der Straße lächelten mich die Passanten an, manche grüßten sogar. Ein solches Verhalten war vollkommen ungewöhnlich für mich! Automatisch kontrollierte ich, ob mein Rock richtig saß, oder ob ein Papierfetzen in meinen Haaren klebte … Ich brauchte einige Zeit, bis mir klar war, dass sich niemand über mich lustig machte.

Dennoch konnten diese paradiesischen Seiten nicht verhindern, dass mich nach einem Monat das Heimweh packte. Alles war so neu, so anders. Es fiel mir schwer, mich an eine Umgebung zu gewöhnen, in der ich keinen meiner früheren Orientierungspunkte wiederfand. Ich versuchte, mir über ganz konkrete Bezugspunkte Brücken zu bauen: der Fluss, die Bäume … aber es war vergeblich! In Australien wächst das Gras ganz anders, es sieht beinahe wie Plastik aus! Nicht das kleinste Unkraut sprießt in den dichten, makellosen Rasenflächen; nicht ein einziges Zweiglein ragt aus den schnurgerade beschnittenen Sträuchern heraus. Und sogar am Himmel fand ich meinen kleinen Stern nicht mehr: Wo waren die Sternbilder geblieben, die ich als Kind so oft betrachtet hatte? Hier gehörte nichts zu mir, keine Geschichte verband mich mit diesem Land, die Leute kannten sich seit Langem untereinander, und mein Sohn und ich blieben bei aller Freundlichkeit ihrerseits Fremde für sie. Ich telefonierte sehr oft mit meiner Mutter und trieb meine Telefonrechnungen in schwindelnde Höhen!

Glücklicherweise erhielten wir Sozialhilfe: zweimal im Monat wurden uns 420 Dollar überwiesen. Davon mietete ich eine große Wohnung mit vier Zimmern, da ich nichts Kleineres fand. Noch nie hatte ich so geräumig gelebt. Nachts schlief Stefan bei mir im Bett. Wir hatten Glück, unsere Nachbarn waren Bosnier und sprachen serbisch. Mein Sohn konnte mit ihren Töchtern spielen, und ich meldete ihn auch in dem Kindergarten an, in den unsere kleinen Nachbarinnen gingen. In den ersten Wochen dort spielten sie für ihn die Dolmetscherinnen. Durch sie fand sich Stefan rasch einigermaßen in der englischen Sprache zurecht. Auch zu Hause sprach ich nicht mehr rumänisch mit ihm, um seine Integration zu erleichtern.

Bei mir ging diese weniger gut voran. Von Anfang an war mein primäres Ziel gewesen, eine Arbeit zu finden. Mit meinem Diplom für Wandmalerei bewarb ich mich bei ein oder zwei Kunstgalerien, doch bereits beim ersten Gespräch schwanden meine Hoffnungen dahin. Die Dame, die mich empfing, war sehr freundlich und hörte mir geduldig zu. Am Ende meiner Ausführungen erklärte sie mir lächelnd: »Das klingt alles sehr überzeugend, und Sie wirken sehr beschlagen, aber Sie müssen wissen, dass wir lediglich auf zweihundert Jahre Geschichte zurückblicken.«

»Ach!«

»Ich muss Ihnen einfach sagen, dass Sie in Australien nicht viele Wandmalereien zum Restaurieren finden werden.«

Natürlich! Warum hatte ich das nicht früher bedacht? Ein steiniger Weg zeichnete sich für mich ab. Wie sollte ich Arbeit finden? Wovon sollte ich leben? In der zweiten Woche kam eine Frau vorbei, die Sprachtests durchführte, um die Englischkenntnisse von uns Flüchtlingen abschätzen zu können. Da die meisten kein Englisch sprachen, nahm sie mich nach dem Test beiseite.

»Ihr Englisch ist gut, Sie brauchen keinen Sprachunterricht. Haben Sie schon überlegt, was Sie tun wollen?«

»Ich will arbeiten, aber ich habe keine Ahnung, was ich tun kann.«

»Und warum gehen Sie nicht an die Universität?«

»Mit dreißig Jahren?«

»Warum nicht? Mit einem australischen Abschluss werden Sie mehr Chancen haben.«

»Gut, dann mache ich es.«

Im Informationsbüro der Universität fragte man mich:
»Für welches Fach wollen Sie sich einschreiben?«

»Das ist mir vollkommen gleich. Hauptsache, ich finde durch mein Studium eine Arbeit.«

»Sehr gut, wir werden erst einmal einen Test machen, um Ihren Bildungsstand und Ihre Schwerpunkte zu bestimmen.«

Ich beantwortete Fragen um Fragen, und aus meinen Antworten ging offenbar hervor, dass ich eine natürliche Begabung für den Umgang mit Menschen besaß. Man riet mir zum Studium der Psychologie, und so schrieb ich mich hierfür ein, ohne mir weitere Fragen zu stellen.

Die Veranstaltungen waren sehr interessant. Stefan und ich fanden nun sehr schnell zu einem geregelten Tagesablauf. Sein Englisch verbesserte sich von Tag zu Tag, und im darauffolgenden Jahr kam er in die Schule. Ich brauchte Geld, um seine und meine Bücher zu bezahlen, aber die Sozialhilfe reichte gerade einmal aus, um Monat für Monat über die Runden zu kommen. So bewarb ich mich um eine Stelle als Sekretärin in einem Transportunternehmen. Zunächst war mein Gegenüber bei dem Vorstellungsgespräch nicht sehr überzeugt.

»Es tut mir leid, aber Sie haben keine der geforderten Qualifikationen.«

»Aber ich studiere.«

»Und in zwei Jahren haben Sie dann Ihren Abschluss und suchen sich etwas anderes.«

»Und wenn ich Ihnen verspreche zu bleiben?«

»Ich weiß nicht …«

»Ich bitte Sie inständig, ich brauche diese Arbeit wirklich dringend.«

»Nun gut … einverstanden.«

Es war ein Teilzeitjob, der es mir erlaubte, weiterhin die

Kurse an der Universität zu besuchen. Sechs Monate später nahm ich über Weihnachten ein paar Tage Urlaub. Als ich wieder ins Büro kam, hörte ich, dass mein Vorgesetzter entlassen worden war. Offenbar hatte er sich geweigert, mit einem Computer zu arbeiten. Ich fragte, wer ihn nun ersetzen würde. Da antwortete man mir: »Sie. Glückwunsch, Sie sind nun die Büroleiterin.«

Ich wurde nun wie eine Vollzeitkraft bezahlt, studierte gleichzeitig aber noch und war natürlich auch noch Mutter! Es war nicht leicht, zwischen diesen drei Tätigkeiten hin und her zu jonglieren. Morgens brachte ich Stefan in die Schule, dann eilte ich ins Büro. Manchmal bat ich einen Freund, in den Veranstaltungen für mich mitzuschreiben. Abends kümmerte ich mich um Stefan, und später machte ich meine Hausaufgaben. Ich trank literweise Kaffee, um bis in die Nacht arbeiten zu können. Glücklicherweise hatte ich bald nicht mehr so viele Pflichtveranstaltungen, und so wurde das Leben angenehmer. Da ich nun doppelt so viel Geld verdiente, konnte ich das Haus kaufen, das ich bereits seit ein paar Monaten gemietet hatte. Es lag am Ufer eines Flusses und war ein wenig kleiner als die große Wohnung zuvor, aber zwei Zimmer reichten uns bei Weitem. Außerdem hatten wir einen Garten, in dem ich ganz allein ein Jacuzzi gebaut hatte.

Natürlich hatten wir auch einen Hund, wie ich es meinem Sohn versprochen hatte. Wir hatten sogar mehrere. Der erste schlüpfte unter dem Gartentor hindurch und ward nicht mehr gesehen, der zweite – eine Golden-Retriever-Hündin namens Iana – starb an Krebs. Danach kam Borana, ein schwacher und stiller Shar Pei, den wir mitnahmen, wenn wir zum nahen Strand fuhren oder am Wochenende zelteten. In dieser Hinsicht ist Australien ein großartiges Land. Es gibt so viele unterschiedliche Landschaften zu entdecken! Ich habe den Führerschein gemacht, sodass wir in den Ferien weite Strecken zurücklegen konnten – von der Shark Bay im Norden bis Albany im Süden des Landes. Oft suchten wir uns eine Unterkunft in Naturschutzgebieten, wo Stefan Kängurus, Koalas oder die tasmanischen Teufel ganz aus der Nähe betrachten konnte.

Meine Mutter, die mittlerweile in Rente war, besuchte uns mit einem drei Monate gültigen Touristenvisum. Am Flughafen musste ich mich richtiggehend vor ihr aufbauen, damit sie mich erkannte. Sie verharrte ein paar Sekunden wie versteinert, stellte ihre Tasche auf den Boden und quiekte dann los: »Das gibt's ja nicht! Was hast du denn mit deinen Haaren gemacht?«

»Guten Tag, Mama. Hast du eine gute Reise gehabt?«

»Du musst dir zu Hause die Haare sofort wieder blond färben, so wie sie eigentlich sind! Wenigstens mir zuliebe! Mein Gott, das sieht ja einfach scheußlich aus!«

Ich erwiderte nichts, denn ich hatte mit ihrer Reaktion gerechnet. Ein paar Tage zuvor hatte ich meine Haare kurz geschnitten und dunkel gefärbt. Ich hatte mich gerade von Philippe getrennt, einem Engländer, mit dem ich zwei Jahre zusammen gewesen war. Mir stand der Sinn nach Veränderung – wie vielen Frauen nach einer Trennung. Stefan hatte es sehr gefallen.

Ach, Mama … Ich war so glücklich, sie zu sehen! Wir unternahmen viele Ausflüge, quatschten stundenlang, und Stefan erneuerte und vertiefte seine Beziehung zu seiner Großmutter: Wir holten alle drei viel versäumte Zeit nach. Nach drei Monaten beantragte sie eine Verlängerung ihres Visums und bestach den zuständigen Beamten vorsichtshalber gleich mit einem traditionellen rumänischen Kuchen. Und tatsächlich, sie erhielt eine dreimonatige Verlängerung.

Als sie schließlich abreiste, war ich zwar traurig, aber ich lebte nun hier in Australien. Meine Arbeit war angenehm, wir besaßen ein Auto, und Stefan hatte Freunde. Ich hatte sogar eine orthodoxe Kirche gefunden. Und ich hatte Freunde aus aller Herren Länder, vor allem aber Australier englischer Herkunft, denen ich mich kulturell verbunden fühlte. An Weihnachten beispielsweise brach bei mir Verzweiflung aus. Im Dezember ist dort unten Sommer. Wie soll man eine Pute vier Stunden lang im Ofen schmoren, wenn draußen vierzig Grad Hitze herrschen …? Mit meinen englischen Freunden beschlossen wir daher, zweimal Weihnachten zu feiern: einmal mit der Familie am 25. Dezember, und ein weiteres Mal alle zusammen im Juli, wenn es in Australien Winter ist. Natürlich schneite es auch dann nicht, aber immerhin rechtfertigte die Außentemperatur ein Feuer im Kamin! Wir holten unseren traditionellen Weihnachtsschmuck hervor, schmorten unsere Pute, packten Geschenke aus wie am richtigen Heiligen Abend. Was für ein Glücksfall für die Kinder, die auf diese Weise zweimal im Jahr bedacht wurden!

Im Großen und Ganzen hatte ich mich schließlich gut eingelebt. Hätte mir damals jemand gesagt, dass ich einmal wieder in Rumänien leben würde, so hätte ich ihm ins Gesicht gelacht.

# Straßenkinder

Für meinen Abschluss in Psychologie musste ich eine Forschungsarbeit zu einem Thema meiner Wahl verfassen. Auf der Suche nach einer passenden Idee stieß ich beim Durchforsten verschiedener Artikel auf das Problem der Straßenkinder. Unter dem Regime von Ceauşescu hatte es in Rumänien nie Straßenkinder gegeben. Wie sollte ich da auf den Gedanken kommen, dass es in einem reichen und modernen Land wie Australien Leute gab, die vor Hunger starben oder auf der Straße schliefen? Als ich meine Freunde dazu befragte, erfuhr ich, dass es im Bahnhofsviertel von Perth eine beträchtliche Anzahl dieser Bedürftigen gab. Bis zu diesem Zeitpunkt hatte ich nicht weiter auf sie geachtet.

Eines Nachmittags machte ich eine Runde durch diese Gegend. Zum ersten Mal richtete ich nun mein Augenmerk auf sie. Es gab ein paar Erwachsene, aber die meisten von ihnen waren jung, viele noch richtige Kinder. Eines von ihnen war kaum älter als drei Jahre. Die Bedürftigsten waren Aborigines. Alle lungerten ausgemergelt und tatenlos herum. Mein Herz zog sich zusammen. Ich ging auf eine Gruppe von Jugendlichen zu, die mich neugierig ansahen.

»Guten Tag.«

»Hi«, antwortete eines der Mädchen.

»Ich heiße Iana. Sagt mal, ich wollte … Hättet ihr Lust auf ein Sandwich?«

»…«

»Ich meine … Habt ihr Hunger? Wenn ich euch etwas zu essen brächte, wäre das blöd für euch oder fändet ihr es okay, wenn ich euch etwas bringe?«

»Wir würden es natürlich annehmen, das ist doch klar!«

»Gut, dann komme ich am Samstag Nachmittag wieder und bringe Sandwiches mit.«

»Cool!«

Erleichtert und erfreut nahm ich ihre Reaktion zur Kenntnis und machte mich beschwingt auf den Heimweg. Ich hatte spontan gehandelt, denn mir war vor allem eines unmittelbar klar geworden: Diese jungen Leute hatten Hunger, sie brauchten etwas zu essen. Am nächsten Tag sagte ich mir, dass ein Sandwich keine richtige Mahlzeit ersetzt. Konnte ich nicht vielleicht etwas Warmes vorbereiten? Wie wäre es mit Spaghetti und Tomatensauce? Das war ein einfaches Gericht und auch nicht sonderlich teuer. Ich hatte keinerlei Vorstellung, wie viele Leute sich einfinden würden, aber ich plante vorsichtshalber im großen Stil: Ich packte meinen Einkaufswagen voll mit Nudelpaketen, ohne sie zu zählen.

Am Samstag bereitete ich die Spaghetti vor und füllte alle Tupperware-Dosen, derer ich habhaft werden konnte. Eine Freundin half mir, sie in den Kofferraum meines Autos zu packen: Ich hatte ihr von meiner Idee erzählt, und sie bestand darauf, mich zu begleiten. »Ich habe doch keine Ruhe, wenn du ganz allein dorthin fährst«, hatte sie mir erklärt. »Bei diesen Leuten weiß man nie.«

Ich selbst hegte keinerlei Befürchtungen. Was sollte mir denn passieren? Außerdem war auch Stefan mit mir unterwegs. Auf der Fahrt ergriffen mich plötzlich alle möglichen Zweifel: Hatten sich die jungen Leute über mich lustig gemacht? Wenn nun gar niemand am Bahnhof war?

Hatte ich diese Nudelberge vielleicht umsonst gekocht? Auf dem Parkplatz am Bahnhof sah ich Menschen, die Schlange standen, ohne dass ich erkannte, wofür. Ich parkte mein Auto ein wenig abseits. Als ich ausstieg, entdeckte mich das Mädchen, mit dem ich gesprochen hatte. Als es mich sah, wies es mit dem Finger auf mich.

»He, da ist sie ja!«

Augenblicklich löste sich die Menschenschlange auf, um sich dann erneut zu formieren, diesmal direkt vor meinem Wagen. Da wurde mir klar, dass diese Leute auf mich gewartet hatten. Es waren ungefähr fünfzehn Personen. Das Mädchen hatte ihnen vermutlich Bescheid gesagt. Ich war sehr gerührt und auch betroffen. Sofort begann ich, meine noch heißen Nudeln auszuteilen. Meine Spaghetti fanden großen Anklang. Alle dankten mir, und ich versprach, in der folgenden Woche wiederzukommen.

Und ich hielt Wort. Am folgenden Samstag und auch an allen weiteren. Mit jedem Mal erschienen mehr Jugendliche. Außer ihnen kamen auch Erwachsene, die entweder ihre Sprösslinge begleiteten oder einfach einsam waren. Für die meisten von ihnen bedeutete dies die einzige warme Mahlzeit in der Woche. Diese Leute hatten einfach gar nichts. Das Geld von der Sozialhilfe gaben sie für Klebstoff aus, den sie schnüffelten, um ihren Hunger zu betäuben und ihr elendes Leben zu vergessen.

Stefan hatte sich bei den Begegnungen mit einem etwa fünfzigjährigen Mann angefreundet. Jeden Samstag brachte mein Sohn ihm höchstpersönlich seine Mahlzeit. Stefan begriff die Situation vollkommen. Er wusste, dass er das Glück hatte, sich satt essen zu können, ein Dach über dem Kopf zu haben und die Schule besuchen zu können. Diese Straßenkinder gingen seit Langem in keine Schule mehr. Ihre Eltern, wenn sie überhaupt noch welche hatten, besaßen kein Geld, um ihnen Stifte und ordentliche Kleidung zu kaufen. Freunde unterstützten mich bei meinem Unternehmen. Wir waren sehr gut organisiert und beschränkten uns beim Kochen nicht mehr auf Spaghetti, sondern bereiteten die unterschiedlichsten Mahlzeiten zu. Die Händler der umliegenden Märkte und Läden überließen uns Gebäck und Gemüse. Eines Tages stellte uns die Kirche sogar Decken und Kleider zur Verfügung. Unsere Aktivitäten hatten sich so weit herumgesprochen, dass ein Unternehmer Kontakt zu uns aufnahm und vorschlug, uns jeden Samstag einen Lastwagen zu überlassen, um die Verteilung zu erleichtern. Insgesamt zählte unsere Truppe mittlerweile fünfzehn regelmäßige Helfer – so viele wie ein echter Kleinbetrieb.

In nur wenigen Monaten wurde das, was ich als freiwillige Aktion im Rahmen meines Studiums begonnen hatte, weit mehr als ein »Studienprojekt«. Mein Diplom in Psychologie hatte ich mittlerweile in der Tasche. Nun hatte ich ja meinem Arbeitgeber das Versprechen gegeben, nach Erhalt dieses Diploms nicht zu kündigen. Ich hielt Wort, aber ich konnte mich nicht mehr auf diese Angestelltentätigkeit beschränken. Es bedeutete einen hervorragenden Ausgleich für mich, in meiner Freizeit anderen zu helfen, und in gewisser Weise kamen mir meine psychologischen Kenntnisse hierbei zugute.

Wir sorgten dafür, dass Mahlzeiten im Bahnhofsviertel, aber auch in zwei Parks verteilt wurden, die unsere kleinen Schützlinge uns genannt hatten. Unser Ziel war es jedoch, ein Aufnahmezentrum zu schaffen, in dem diese jungen Obdachlosen von Zeit zu Zeit ein paar Tage verbringen konnten. Aber nur ein gemeinnütziger Verein konnte Subventionen von der Regierung erhalten. Im Jahre 1994 gründete ich daher *Reaching out*, zu Deutsch:

»die Hand reichen«, einen Verein, der bedürftige Kinder von der Straße holen sollte. Als ich Australien endgültig wieder verließ, brauchten meine Freunde nur noch einen geeigneten Ort, um dieses Zentrum zu eröffnen. Und ich weiß, dass es noch immer regen Zulauf findet.

Im Jahr 1994 kehrte ich zum ersten Mal nach Rumänien zurück, um meiner kranken Mutter beizustehen. Mein Land hatte sich sehr verändert, es war nicht mehr so, wie ich es in Erinnerung hatte. In Australien hatte ich so sehr davon geträumt, das Licht, die Blumen und Bäume meines Landes wiederzusehen …

Freunde holten mich am Flughafen ab, und in einem Anflug von Nostalgie bat ich sie, einen Umweg durch das Stadtzentrum von Bukarest zu machen, wo ich so viele aufregende Dinge erlebt hatte. Doch ich erkannte diese seelenlosen, mit grauen Wohnblocks zugebauten Straßenzüge nicht wieder und änderte meine Meinung schlagartig. So fuhren wir schnellstmöglich auf die Autobahn, denn ich wollte diese hässliche Seite Rumäniens nicht sehen. So gerne hätte ich bei meiner Rückkehr nach Australien nur die schönen Bilder von meiner Heimat im Kopf gehabt: den Schnee in den Karpaten, den Flieder, den ich so liebte …

Als ich vier Jahre später erneut nach Rumänien zurückkehrte, kam Stefan mit mir. Er war jetzt fast zehn Jahre alt, und ich wollte ihm sein Heimatland zeigen, das er mit gerade einmal zwei Jahren verlassen hatte. Wir nutzten die Gelegenheit, um mit dem Auto durch Europa zu fahren: Deutschland, Frankreich, Spanien, Italien … Diese Tour war einfach fantastisch. Am Ende war es Stefan fast ein wenig zu viel: »Wann sehen wir endlich Oma?«

Von Italien fuhren wir zurück nach Rumänien. In Piteşti

begegnete er den Kindern meiner Freunde, die mich dort besuchten. Einer der Jungen, Radu, fragte Stefan: »Kommst du mit nach draußen zum Spielen?«

»Ähh ...«

Stefan antwortete nichts und sah mich fragend an, ob ich wohl einverstanden sei.

»Nun, worauf wartest du?«

»Auf dich!«

»Was soll ich denn tun? Ich bleibe hier, du kannst doch spielen gehen.«

»Kommst du nicht mit, um auf uns aufzupassen?«

»Warum denn? Hier ist das überhaupt kein Problem. Lauf schon!«

Stefan konnte es nicht fassen. In Australien spielte kein Kind draußen, ohne von einem Erwachsenen überwacht zu werden. Hier stand es den Kindern frei, überall herumzutollen: Das hat Stefan sicherlich hier in Rumänien am meisten beeindruckt.

Wir machten auch noch einen kleinen Ausflug nach Brasov und Sinaia, zwei wunderschönen Städten in den Karpaten, wo Freunde von mir wohnten. Es war April, der Winter war fast vorbei, aber in den Bergen oberhalb von Sinaia lag noch Schnee. Stefan hatte noch nie welchen gesehen, und so kannte seine Begeisterung keine Grenzen. Mit meinen Freunden sprach ich über die allgemeine Situation in Rumänien. Ganz besonders interessierte mich die Frage der Straßenkinder. Soweit ich wusste, gab es dieses Problem in Rumänien nicht. Da lag ich jedoch gründlich falsch.

»Straßenkinder? Überall gibt es welche, Iana. Es ist die reinste Plage. Diese Taugenichtse stibitzen alles, was ihnen unter die Finger kommt. Man wird sie einfach nicht los.«

Diese Antwort schockierte mich. Immer, wenn das Gespräch auf dieses Thema kam, wurde der Ton sehr scharf. Das Problem war neu und dringlich. Es musste nach Lösungen gesucht werden, und das kostete Zeit. Aber mit Sicherheit gab es Lösungen: Wenn die öffentlichen Institutionen gut zusammenarbeiteten, würde man schließlich etwas bewegen können.

Nach sechs Wochen in Europa flogen wir zurück. Ich war glücklich, wieder nach Australien zurückzukehren. Mein Haus, meine Arbeit und meine australischen Freunde fehlten mir. Dort unten war jetzt mein Zuhause. Aber das Problem der Straßenkinder in Rumänien ging mir auch dort durch den Kopf. Jedes Mal, wenn ich eine Decke weitergab, jedes Mal, wenn ich den Jugendlichen in Perth eine Mahlzeit austeilte, drängte sich mir der Gedanke auf, dass mein Platz nicht hier sei. Diese Kinder erhielten immerhin Sozialhilfe. In Rumänien waren sie vollkommen sich selbst überlassen, niemand kümmerte sich um sie. War ich in Perth überhaupt noch notwendig? Nicht unbedingt: Unser Verein zählte mittlerweile viele Freiwillige, alles funktionierte wie am Schnürchen, und meine Gegenwart war, wie ich zugeben musste, nicht mehr zwingend erforderlich. Je länger ich mir das ansah, desto klarer wurde mir: Ich musste nach Rumänien zurückkehren und dort das Gleiche auf die Beine stellen wie hier in Perth.

Ich hatte damit begonnen, mich ein wenig umzuhören und zu informieren, welche Strukturen es in Bukarest bereits gab. Ich begegnete einem australischen Lehrer, der schon mehrere Male in »City of Hope«, einer NGO – einer Nichtregierungsorganisation – für die Obdachlosen in Rumänien gearbeitet hatte. Als ich ihm gegenüber mein Interesse bekundete, schenkte mir der Lehrer ein hocherfreutes Lächeln.

»Alle Freiwilligen sind herzlich willkommen! Sie können dorthin aufbrechen, wann immer Sie wollen.«

Ich plante meine Rückkehr für Oktober 1998. Ob es eine endgültige Rückkehr sein würde, hielt ich mir offen. Stefan jedoch fand sehr klare Worte zu diesem Thema: »Einverstanden, wir gehen dorthin, aber nicht länger als ein Jahr.«

Wir verließen Australien so, als würden wir nach einer absehbaren Zeit dorthin zurückkehren, oder doch beinahe so. Mein Haus vermietete ich, was mir angesichts der unterschiedlichen Lebenshaltungskosten der beiden Länder in Rumänien – wo ich ja keinerlei Gehalt beziehen würde – bereits ein bescheidenes Auskommen sicherte. Nach unserer Ankunft in Bukarest mietete ich dort eine kleine Wohnung im Stadtzentrum. Da Stefan kein Rumänisch sprach, konnte ich ihn nicht in der Schule anmelden. Ein Jahr lang würde er mit mir zu Hause bleiben müssen. Ein australischer Freund sollte ihm die dortigen Lektionen und Hausarbeiten zuschicken. Außerdem würde er hier Rumänischunterricht nehmen, bis er in der Schule genug verstand. Letztlich ist es wohl kein allzu großes Unheil, ein Jahr Schule zu verpassen.

»City of Hope« hatte ein Aufnahmezentrum in Bukarest eröffnet, in dem die Obdachlosen der Stadt, die oft nicht einmal zwanzig Jahre alt waren, täglich eine warme Mahlzeit einnehmen konnten. Meine Arbeit bestand darin, Kontakt zu ihnen herzustellen, um sie zum Wiederkommen zu bewegen. Ich machte auch Rundgänge durch die umliegenden Viertel, um diejenigen aufzuspüren, die nicht bis zu uns kamen. Manche waren krank und mussten zum Arzt begleitet werden. Unter den Älteren waren Gebrechliche oder Hinfällige, die kaum noch fähig waren zu arbeiten. Wir verteilten Nahrungsmittel und versuchten, mit den Leuten ins Gespräch zu kommen. Mir wurde klar, dass es um die Kinder hier auf der Straße ganz anders bestellt war als um diejenigen, die ich in Perth angetroffen hatte. In Australien lungerten die obdachlosen Kinder gemeinsam mit ihren Eltern auf der Straße herum. Die Aborigines beispielsweise blieben auch dort als Familie zusammen. In Bukarest hatten die Kinder auf der Straße meist niemanden mehr. Manche hatten ihre Eltern verloren, andere waren aus dem Waisenhaus geflohen: Alle waren vollkommen auf sich selbst gestellt.

Als ich in den Weihnachtsferien ein paar Tage bei meiner Mutter verbrachte, ereiferte sie sich: »Immer geht es nur um die Hauptstadt! Alle NGOs befinden sich in Bukarest. Wenn du mit den Obdachlosen und den Bedürftigen arbeiten willst, warum machst du es dann nicht hier in Pitești? Es gibt genug zu tun: Auf den Straßen treiben sich so viele allein gelassene Kinder herum!«

Meine Mutter hatte recht. Wenn ich mich schon um diese so unerwünschten Menschen kümmern wollte, so konnte ich das auch dort tun, wo es keine entsprechende Infrastruktur gab. Ich vereinbarte ein Treffen mit dem Bürgermeister von Pitești, um mich vorzustellen und zu sehen, was ich hier ausrichten konnte.

Seine humorvolle Offenheit gefiel mir sehr: »Brauchen Sie Geld?«

»Nein, mein Einsatz ist freiwillig.«

»Umso besser. Denn Geld haben wir keines! Es gibt beinahe ebenso viele NGOs wie Kinder auf der Straße, aber nicht eine einzige bekommt das Problem in den Griff. Wenn Sie also eine Idee haben, dann nur zu! Wir können Ihnen sogar ein Büro im Rathaus zur Verfügung stellen.«

Nur drei Monate nach meiner Ankunft in Bukarest

zog ich also erneut um. In Pitești wohnte ich zunächst bei meiner Mutter, bis ich eine kleine Wohnung im gleichen Block fand. Von meinem Büro im Rathaus aus kontaktierte ich die Waisenhäuser der Umgebung, um meine Dienste anzubieten. Diese wurden begeistert angenommen. Meine Idee sah so aus, dass ich in den Waisenhäusern präventiv tätig werden wollte, um die Kinder davon zu überzeugen, nicht fortzulaufen. Ich wollte ihnen begreiflich machen, dass sie draußen nur Schlimmeres erwartete und sie dort keine Chance hätten, ihr Leben allein zu meistern. Das Leben im Waisenhaus war zwar hart, aber hier konnten sie zumindest zur Schule gehen und einen Beruf erlernen.

Mein Ziel war es, Mitstreiter zu finden, und so bemühte ich mich, an den Universitäten freiwillige Helfer zu gewinnen: Professoren und Studenten der psychologischen und sozialpädagogischen Fakultät, die bereit waren, ein wenig von ihrer Freizeit in den Waisenhäusern zu verbringen, um dort mit den Kindern zu spielen oder Ausflüge mit ihnen zu unternehmen. Manche nahmen die Kinder gar übers Wochenende mit zu sich nach Hause. Die finanzielle Situation der Waisenhäuser war schlecht, es fehlte den Kindern an allem. Nagala, eine NGO, sammelte Kleidung, Haarwaschmittel und andere grundlegende Dinge für sie. Andere Freiwillige schlossen sich diesem Projekt an, darunter viele ältere Damen aus der Umgebung. Kamen sie von ihrem Marktbesuch zurück, so machten sie bei dem Waisenhaus Halt und gaben Gebäck und Kuchen für die Kinder ab.

Gleichzeitig war ich auch außerhalb des Waisenhauses im Einsatz: Es gab so viele Kinder, die auf der Straße lebten. Viele waren aus dem Waisenhaus davongelaufen, andere waren das Leben auf der Straße so sehr gewöhnt, dass sie sich nicht »einsperren« lassen wollten. Die Annäherung an diese Kinder gestaltete sich besonders schwierig. Man musste sie erst einmal finden, denn sie verstanden es sehr gut, sich zu verstecken, sei es auf Brachgelände oder sogar in der Kanalisation der Stadt: Dort machten Warmwasserrohre die oft herrschende Kälte einigermaßen erträglich. Die Polizei postierte sich hin und wieder an den Ausstiegen, und so gelang es ihr, einige aufzugreifen, wenn sie wieder ans Tageslicht hervorkletterten. Aber in die unterirdischen Gänge hinunter begab sich die Polizei nicht. Und ich muss zugeben, dass ich das nach zwei oder drei abenteuerlichen Streifzügen durch die feuchten, stinkenden Schluchten sehr gut verstand. Diese Kinder waren hart geworden, sie hatten gelernt, um jeden Preis zu überleben. Misshandlung, Erniedrigung und Vernachlässigung – ihre Geschichten ähnelten einander und waren immer schrecklich. Ich hatte damals noch keine Ahnung, dass es noch viel Schlimmeres gab.

# Verkauft: Mariana

Ist dort Iana Matei? Hier ist das Polizeikommissariat.«
»Guten Tag, kann ich etwas für Sie tun?«

»Wir haben hier drei Nutten, die Klage gegen ihren Zuhälter erhoben haben. Sie müssen jetzt zu einer medizinischen Untersuchung ins Krankenhaus, aber wir können sie in ihrem Aufzug nicht dorthin bringen: Sie sind halbnackt! Könnten Sie ihnen ein paar Kleidungsstücke vorbeibringen und vielleicht auch noch eine Kleinigkeit zu essen?«

Das war im März 1999. Drei Monate zuvor hatte ich begonnen, mein Projekt auf den Weg zu bringen, und die Polizei, die mit den Fällen der Straßenkinder oft überfordert war, kannte mich bereits gut. Von Zeit zu Zeit nahmen die Polizisten Jugendliche mit aufs Revier und riefen mich an, um zu überprüfen, ob diese nicht aus einem Waisenhaus weggelaufen waren. Diesmal war es jedoch etwas anderes. Es war die Rede von Prostituierten, und so vermutete ich, dass es sich um etwas ältere Mädchen handelte als sonst. Auf dem Kommissariat führte man mich in einen Raum, wo drei verängstigte Mädchen erschöpft auf ihren Stühlen hingen. Die dicke Schminkschicht auf ihren Gesichtern war von Tränen und Mascara zerfurcht. Ich war schockiert! Es war von jungen Mädchen die Rede gewesen, aber hier saßen Kinder vor mir! Der Polizist ließ uns allein.

»Guten Tag, ich heiße Iana. Man hat mir gesagt, dass

ihr Hunger habt. Möchtet ihr etwas essen? Ich habe auch Sweat-Shirts mitgebracht. Schauen wir mal, wie es mit den Größen hinkommt. Ihr seid nicht gerade dick!«

Als sie merkten, dass ich ganz anders als die Polizisten mit ihnen sprach, entspannten sich die Mädchen. Ich nutzte dies, um sie nach ihrem Alter zu fragen. Die Kleinste, ein hübsches dunkelhaariges Mädchen, antwortete als Erste: »Ich bin fünfzehn.«

»Und du?«

»Vierzehn.«

»Und du«

»Sechzehn.«

»Was macht ihr denn hier auf dem Kommissariat?«

»Wir wollten diejenigen anzeigen, die uns zur Prostitution zwingen.«

»Zwingen?«

»Jaa … also gegen die, die uns verkauft haben.«

»Was soll das denn heißen, verkauft?«

»Verkauft eben.«

»An wen verkauft?«

»An eine Frau.«

»Aber wer hat euch denn verkauft?«

»Eine andere Frau.«

Ich war vollkommen entsetzt. Diese Mädchen erzählten mir allen Ernstes, dass sie verkauft worden waren. Verkauft! Wie Vieh! Ich konnte es nicht fassen.

»Ihr wollt also sagen, dass jemand einen Preis festgesetzt hat, und dass eine Person Geld hingeblättert hat, um euch zu kaufen?«

»Genau.«

»Wie Sklaven?«

»Ja.«

Die drei Mädchen sahen mich wie einen Marsmenschen an. Ich war verwirrt. Warum hatten die Polizisten mir nichts gesagt? Was für ein Irrsinn! Ich wusste, dass es sehr junge Prostituierte gab, aber nicht, dass sie minderjährig waren! In Australien war die Prostitution legal, unterstand aber sehr strengen Gesetzen. Privatclubs wurden regelmäßig von der Regierung kontrolliert. Soweit ich wusste, hatten dort noch nie Minderjährige als Prostituierte gearbeitet. Und schon gar nicht gezwungenermaßen! (Heute gibt es kein Land mehr, in dem Frauenhandel nicht vorkommt. In Australien sind es vor allem Frauen aus Thailand und von den Philippinen.) Die Vorstellung, dass sie verkauft worden waren, wollte mir nicht in den Kopf. Niemals zuvor hatte ich eine ähnliche Geschichte gehört. Wie konnte so etwas geschehen? Ich konnte mich nicht zurückhalten und fragte sie: »Und um welche Summen ging es dabei?«

»Zwei Millionen Leu.«

Nicht einmal 100 Euro! Wieder hatte die kleine Dunkelhaarige geantwortet. Ihr Gesichtsausdruck verriet mir, dass ihr noch nie jemand diese Frage gestellt hatte. Sie hieß Mariana. Von Schluchzern immer wieder unterbrochen, erzählte sie mir nun ihre ganze Geschichte: »Ich habe Arbeit gesucht. Eine Freundin begleitete mich zu einer Frau, die jemand für den Haushalt und die Kinder brauchte. Diese Frau war sehr freundlich. Sie schlug mir vor, bei ihr zu wohnen, weil es praktischer wäre, und so übernachtete ich bei ihr. Am nächsten Morgen holte ein Mann mich ab. Er sagte, dass es noch ein paar Kleinigkeiten zu regeln gäbe. Ich ging mit ihm in ein Restaurant am Stadtrand von Campulung. Ich glaube, es war die Inhaberin, die uns hereinließ. Bei ihr war ein anderer Mann, der mich von Kopf bis Fuß betrachtete, bevor er verkündete, dass ich zwei Millionen Leu wert sei. Die Restaurantbesitzerin gab dem Mann, mit dem ich hierhergekommen war, das Geld, und die Besitzerin befahl mir, ihr nach oben zu folgen. Dort sagte sie mir, dass ich in dem Zimmer bleiben müsste, dass Männer kommen würden und ich mit ihnen schlafen müsste. Wenn ich mich weigerte, würde es Schläge geben.«

»Wo befindet sich dieses Restaurant?«

»Auf einem großen Parkplatz, wo viele Lastwagen stehen, neben dem Mateias-Monument.«

Ich wusste genau, von welchem Parkplatz sie sprach. Er lag ganz in der Nähe eines bei Touristen sehr beliebten Ortes: Die Rumänen hatten dort im Ersten Weltkrieg einen wichtigen Sieg über die Deutschen errungen. Die Regierung hatte ein großes Mausoleum errichtet, in dem alle auf dem einstigen Schlachtfeld gefundenen Knochen zusammengetragen worden waren. Der angrenzende Parkplatz war bei den Fernfahrern sehr beliebt zum Übernachten und stellte somit eine geeignete Kundschaft für eine Zuhälterin bereit.

»Hast du das Zimmer nie verlassen?«

»Das Zimmer war nur für den Sex. Geschlafen habe ich mit den anderen Mädchen hinter dem Restaurant in einem Raum, wo die Flaschen zwischengelagert wurden.«

»Wart ihr alle drei zusammen dort?«

»Ja, Ilinca und Ecaterina haben auch in dem Restaurant gearbeitet.«

Die große Blonde mit den blauen Augen und die andere, ein furchtbar dünnes Mädchen, nickten zustimmend.

»Und wie hat die Polizei euch gefunden?«

Mit monotoner Stimme setzte Mariana ihre Geschichte fort: »Ich bin weggelaufen und zur Polizei gegangen. Sie haben mir nicht geglaubt und mich in das Restaurant zurückgebracht. Die Frau hat sich bei den Polizisten bedankt und ihnen eine Flasche Wein geschenkt.«

»Und dann?«

»Ich weiß nicht, was geschehen ist, aber ein paar Tage später drangen eine ganze Menge Polizisten in das Restaurant ein. Sie legten dem Mann, der uns bewachte, Handschellen an und nahmen uns mit auf die Polizeistation.«

Später erfuhr ich, dass es wohl eine undichte Stelle auf dem Kommissariat von Campulung gegeben hatte. Die ganze Sache war der Landespolizei zu Ohren gekommen, die die Aussage von Mariana ernst nahm und eine breit angelegte Durchsuchung anordnete. Aber im Augenblick interessierte mich etwas anderes weit mehr als die Geschichte selbst. Ich war wütend darüber, dass mich niemand informiert hatte. Ich riss die Tür auf, rief den Polizisten, der mich hierher geführt hatte, und ging ihn harsch an: »Sie wussten das alles, nicht wahr?«

»Was wusste ich?«

»Sie wussten, dass diese Mädchen verkauft wurden!«

»Nun … ja, das steht in dem Bericht.«

»Es sind Minderjährige, und man hat sie zur Prostitution gezwungen!«

»Äh …«

»Sie sind wohl schwer von Begriff, oder?«

»Okay, Iana, beruhigen Sie sich. Wir werden diese Geschichte überprüfen.«

»Überprüfen? Da gibt es doch wohl keinen Zweifel! Sie wurden missbraucht und ausgebeutet, und Ihnen fällt nichts weiter dazu ein?«

»Aber, was sollen wir denn tun?«

»Ihre Arbeit!«

Jetzt wurde mir das Problem erst richtig klar: Die Polizisten waren nicht gleichgültig, sondern einfach ungläubig. Der Polizist hatte nicht eine Sekunde lang in Erwägung gezogen, dass man die Mädchen verkauft hatte! An seinem Blick sah ich, dass er sie offenbar nicht wie Minderjährige ansah. Mariana konnte man mit ihrem Minirock, dem hautengen Top und ihrer grellen Schminke für eine Frau halten. Sie war in seinen Augen also alt genug, um zu wissen, was sie tat, und wenn sie sich prostituierte, so war das eben ihre Sache. Für ihn war damit alles klar. Dieser Polizist weigerte sich schlicht und ergreifend, die Augen aufzumachen. Es war einfach absurd.

Darüber hinaus erzählten die Mädchen mir, dass man sie vor meiner Ankunft fotografiert hatte. Sie hatten protestiert, aber man hatte ihnen keine Wahl gelassen. Die Polizisten hatten sie aufgefordert, mit übereinandergeschlagenen Beinen und einer Zigarette in der Hand zu posieren. »Für die Presse«, hatte man ihnen gesagt. Beschämt hatten sie gehorcht. Die Wut kochte in mir hoch!

»Was haben Sie jetzt mit ihnen vor?«

»Wir machen alles so, wie es sich gehört. Nach der ärztlichen Untersuchung lassen wir sie laufen.«

Die Gesichter der Mädchen erstarrten.

»Iana, ich flehe Sie an, lassen Sie nicht zu, dass sie uns dorthin zurückbringen!«

»Das kommt überhaupt nicht in Frage!«

»Wenn sie uns laufen lassen, wird Jurka uns aufspüren und umbringen!«

»Jurka?«

»Ja, unser Zuhälter!«

Ich konnte nicht tatenlos zusehen. Da ich mich in einer Sackgasse sah, rief ich die Dienststelle des Kinderschutzes an.

»Guten Abend, hier ist Iana Matei. Ich sitze gerade bei

drei minderjährigen Prostituierten auf dem Kommissariat. Können Sie die Mädchen in Obhut nehmen?«

»Was gibt es denn für ein Problem?«

»Sie werden von ihrem Zuhälter bedroht. Wenn sie wieder auf die Straße gehen, wird er sie finden.«

»Hm … Gut, bleiben Sie dort, ich schicke jemanden vorbei.«

Bald darauf erschien ein Mann, der sich als Sozialpädagoge vorstellte. Als er die Mädchen erblickte, wirkte er verärgert.

»Es tut mir leid, aber diese Mädchen kann ich nicht ins Waisenhaus bringen. Sehen Sie doch nur ihren Aufzug! Sie sind ein schlechtes Beispiel für die anderen.«

Diese grobe, in Gegenwart der Mädchen frech dahingeworfene Bemerkung ließ mich auffahren.

»Jetzt hören Sie mir mal zu, Sie Rohling. Ich lehne es ab, mit Ihnen auch nur noch eine Minute weiter darüber zu diskutieren. Wenn wir uns jemals wiedersehen, können wir über Fußball oder meinetwegen über das Wetter reden, wenn es Ihnen gefällt, aber erzählen Sie mir niemals wieder, dass Sie Sozialpädagoge sind, der für den Kinderschutz arbeitet!«

Wie konnte man so dumm sein? Ich hätte ihn erwürgen können. Die spöttisch grinsenden Polizisten wohnten der Szene bei, ohne einzugreifen. Der sogenannte Sozialpädagoge geriet in Verlegenheit. Ich baute mich wutentbrannt vor ihm auf und sah ihn herausfordernd an: »Wenn Sie sie nicht wollen, nehme ich sie!«

Einen Augenblick später hatte der Sozialpädagoge seine Fassung wiedererlangt und entgegnete mir ganz professionell: »Die Mädchen sind minderjährig. Eine solche Verantwortung können Sie nur übernehmen, wenn Sie dazu bevollmächtigt sind.«

Ich hatte mich diesen Jugendlichen gegenüber verpflichtet. Mit einem Satz war ihr Kampf auch zu dem meinigen geworden. Ich wusste, dass ich mich auf ein schwieriges Abenteuer eingelassen hatte.

Zunächst musste der legale Rahmen geschaffen werden. An diesem Abend brachten die Polizisten Mariana, Ilinca und Ecaterina ins Krankenhaus. Die erforderlichen Untersuchungen würden ein paar Tage in Anspruch nehmen, in denen ich die Erlaubnis des entsprechenden Ministeriums erwirken, eine vorläufige Wohnung für meine Schützlinge finden und beim Gericht die Gründung meiner neuen NGO eintragen lassen musste. Es war mir gleich klar, dass sie ebenfalls *Reaching out* heißen sollte, wie mein Verein in Australien. Im Grunde handelte es sich doch um die gleiche Sache: Man reiche Straßenkindern und Zwangsprostituierten die Hand, um sie aus ihrem Elend herauszuholen.

Vom Krankenhaus fuhr ich die Mädchen in eine Unterkunft für junge Straftäter, wo der Kinderschutzbeauftragte drei Betten für uns ausfindig gemacht hatte. Da ich nun für Mariana, Ilinca und Ecaterina verantwortlich war, musste ich nachts vor Ort sein. Am Morgen nahmen die Angestellten der Einrichtung sie unter ihre Fittiche. Gegen fünfzehn Uhr kam ich mit Zahnbürste und Schlafanzug, um sie bis zum nächsten Morgen zu beaufsichtigen. Ich brachte etwas zum Abendessen mit und ließ ihnen Proviant für das Frühstück da. Nachts schlief ich auf dem Sofa im Büro der Angestellten, wo ich auch das Bad benutzen konnte, das glücklicherweise mit einer Dusche ausgestattet war.

In den folgenden Tagen telefonierte ich mit allen möglichen Stellen, um eine passende Vereinigung zu finden, die sich für die Mädchen zuständig fühlte. Es musste doch

Anlaufstellen dieser Art geben! Auf Anraten meiner amerikanischen Freundin Pam nahm ich Kontakt zu der *United States Agency for International Development*, USAID, auf. Diese Behörde der Vereinigten Staaten für Internationale Entwicklung koordiniert die internationale Zusammenarbeit bei der Finanzierung vieler Entwicklungsprojekte und musste also einen Überblick über alle in Rumänien bestehenden Organisationen haben.

Die Frau am anderen Ende der Leitung wirkte ein wenig unbedarft: »Minderjährige, die zur Prostitution gezwungen werden? Ich werde mich erkundigen. Ich werde sehen, wer sich in Rumänien um diese Fälle kümmert, und rufe Sie wieder an.«

Eine Woche später kam die niederschmetternde Antwort: »Es tut mir leid, aber um dieses Problem kümmert sich niemand. Ich habe ein paar Telefonate geführt, und die Leute wussten nicht einmal, wovon ich spreche! Alle waren gleichermaßen erstaunt und wollten wissen, was ›zur Prostitution gezwungen werden‹ heißen soll. Sie waren der Meinung, dass eine Frau nur dann für Geld mit einem Mann schläft, wenn sie das auch will …«

»Ich habe den leibhaftigen Gegenbeweis hier vor mir sitzen! Die drei Mädchen würden sich zu dieser ›Meinung‹ sicher gerne einmal äußern.«

Ich war empört. Die Kinderarbeit wurde damals bereits streng verfolgt, warum konnte man diesen Begriff nicht auf den Bereich der Sex-Geschäfte ausweiten? Darauf wusste die Mitarbeiterin der USAID auch keine Antwort.

»Ich würde Ihnen so gerne helfen, Iana …«

Sie war sehr freundlich, aber machtlos. Vollkommen verzweifelt rief ich meine Freundin Pam wieder an.

»Pam? Hier ist Iana. Ich möchte dich um einen Gefallen bitten. Es ist sehr wichtig, und mir wäre es lieber, wir könnten uns treffen, um darüber zu reden. Könntest du im Aufnahmezentrum vorbeikommen?«

Sie kam am Nachmittag, als ich allein mit den Mädchen war.

»Pam, das sind Mariana, Ilinca und Ecaterina. Bitte, ihr drei, erzählt Pam jetzt, was ihr erlebt habt. Ich werde für euch übersetzen.«

So gut es ging, wiederholte ich ihre Worte in Englisch, und meine Freundin hielt es vor Entsetzen kaum auf ihrem Stuhl. Am Ende standen ihr Tränen in den Augen.

»Verstehst du jetzt, warum ich Hilfe brauche? Ich muss eine anständige Wohnung für sie finden. Nur du kannst etwas für uns tun.«

Aufgewühlt gab mir meine Freundin 300 Dollar, mit denen ich drei Monate lang die Miete für eine Vierzimmerwohnung bezahlen konnte. Im September 1999 zogen wir um. Diesmal war ich allein: Ich hatte nicht das notwendige Geld, um einen Sozialarbeiter anzustellen. Es reichte kaum, um genug zum Essen zu kaufen. Deshalb erzählte ich all meinen Bekannten von meinem Projekt und bat sie, es weiterzuerzählen, um so ein wenig Hilfe in Gang zu setzen. Aus meinem Umfeld brachten sich sehr viele ein. Manche brachten uns von Zeit zu Zeit einen Kuchen, andere Gemüse, Konserven oder ein Paket Reis vorbei. Aber auf lange Sicht war dies natürlich keine akzeptable Lösung.

Ich brauchte unbedingt einen Sponsor. Das bedeutete einen aufwändigen Papierkrieg. Ich schrieb meine Vorstellungen nieder und tauchte ein in das weltweite Verzeichnis sozialer Mäzene: Da musste man regelrecht Marktstudien betreiben! Es galt, Vereine oder Gesellschaften zu finden, die ähnliche Projekte finanzierten. Ich musste berücksichtigen, in welchen Ländern sie aktiv waren, und schließlich den für meinen Antrag zuständigen Mitarbeiter ausfindig machen. Da die Vereine unterschiedlich ausgerichtet waren, musste ich meine Bewerbung jeweils neu abfassen … und schließlich geduldig auf die Antwort warten.

In der angemieteten Wohnung stellte sich allmählich ein geregelter Alltag ein. Die Mädchen entspannten sich, schöpften Zuversicht und vertrauten mir Stück für Stück ihren Leidensweg an.

Alle drei stammten aus schwierigen Verhältnissen. Der Vater von Ilinca saß eine Gefängnisstrafe ab für den Mord an ihrer Mutter. Die Großmutter, bei der sie untergekommen war, machte sie für diese Tragödie verantwortlich. Die zerbrechliche Ecaterina war von ihrem Vater häufig mit einem in einen Handschuh geschobenen Hufeisen geschlagen worden. Als ich diesen Mann aufsuchte, um ihm zu berichten, wie es seiner Tochter jetzt ging, wollte ich diese schrecklichen Anschuldigungen überprüfen: »Stimmt es, dass Sie Ihre Tochter mit einem Hufeisen geschlagen haben?«

»Ja, Sie müssen wissen, dass sie sehr frech war.«

»Aber warum denn mit einem Hufeisen?«

»Ich wollte mir die Hand nicht schmutzig machen.«

Wer ist dem kleinen Mädchen wohl zu Hilfe gekommen? Die Nachbarn? Keinesfalls! In einem solchen Umfeld mischt man sich nicht in die Angelegenheiten der anderen ein. Eine unglückliche Begegnung reichte da aus, und Ecaterina wanderte von einem Zuhälter zum nächsten. Da sie es ihrem Vater wie ihren Zuhältern gegenüber gewohnt war zu gehorchen, um zu überleben, hatte sie eine erstaunliche Anpassungsfähigkeit entwickelt: Sie war ein wahres Chamäleon. Sie besaß die Gabe, einem genau das zu sagen, was man gerade hören wollte, und verhielt sich so, wie es nach ihrer präzisen Berechnung jeweils von ihr erwartet wurde. So war es stets sehr schwierig zu wissen, was tatsächlich in ihr vorging.

Diese ihrer Kindheit beraubten Mädchen waren sehr früh mit den Problemen Erwachsener konfrontiert worden. Mariana, die schüchterne kleine Mariana, bekam zu allem Übel auch noch ein Kind. Als ich sie unter meine Fittiche genommen hatte, war sie bereits im zweiten Monat schwanger gewesen. Vermutlich stammte das Kind von einem Lastwagenfahrer. Nach der Geburt brachte ich ihr die grundlegendsten Dinge bei, damit sie ihren kleinen Sohn versorgen konnte. Niemand hatte sich die Zeit genommen, ihr auch nur die einfachsten Handgriffe zu erklären. Diese vom Leben so verhärteten Jugendlichen waren in mancher Hinsicht schon sehr erwachsen, in anderer noch unglaublich unreif. Vieles musste man ihnen Schritt für Schritt zeigen: Sie konnten weder kochen noch einen Haushalt führen, sie hielten sich nicht an zeitliche Abmachungen und ertrugen Autorität nur schlecht. Ich war nicht ihre Mutter, versuchte aber dennoch, sie wie meine eigenen Kinder zu behandeln und ihnen all die Liebe zu geben, die ihnen so sehr gefehlt hatte. Zugleich begegnete ich ihnen mit einer gehörigen Portion Entschlossenheit und Strenge, um sie für ein Leben in der Gesellschaft zu rüsten. Niemand hatte ihnen jemals eine Chance gegeben: Sie waren einfach desillusionierte Mädchen, die jetzt mehr Aufmerksamkeit als andere benötigten. Wir sprachen viel miteinander, und ich versuchte, sie davon zu überzeugen, dass gewisse Regeln eingehalten werden mussten und dass diese ihnen auf lange Sicht von Nutzen sein würden im Hinblick auf ihr Erwachsenwerden und ihre eigene Unabhängigkeit.

Ein paar Wochen nach unserem Einzug kam die vierzehnjährige Adela hinzu, und kurz darauf Georgeta, die gerade einmal dreizehn Jahre alt war. Das enge Zusammenleben von sechs Jugendlichen und einem Baby unter einem Dach führte unweigerlich zu Reibereien. Wir mussten einen Weg finden, um die Warteschlange vor dem Bad oder das Gedrängel in der Küche in den Griff zu bekommen. Wenn ich lauthals ankündigte: »Heute Abend machen wir Möhrengemüse!«, erhoben sich alle gleichzeitig und folgten mir in die Küche. Das war einfach zu viel des Guten! Ganz zu schweigen davon, dass Mariana, Ilinca und Ecateriana sich gegenüber den Neuankömmlingen aggressiv verhielten: Diese Wohnung war ihr Terrain, sie waren die Ersten gewesen, und das ließen sie die anderen auch in aller Deutlichkeit spüren. Immer wieder überraschte ich sie bei Tuscheleien, von denen die beiden anderen ausgeschlossen blieben.

Überzeugt davon, dass sie im Recht seien, nahmen sie mich beiseite: »Die beiden sind nicht in Ordnung, Iana. Sie haben hier nichts zu suchen!«

»Warum seid ihr denn besser als sie?«

»Sie sind frech und glauben, sie seien hier zu Hause.«

»Sie sind hier ebenso zu Hause wie ihr. Ihr müsst lernen, miteinander klarzukommen.«

Wir mussten klarere Regeln aufstellen und Absprachen treffen. Gemeinsam erstellten wir deshalb einen schriftlichen Plan, auf dem die Verteilung der Aufgaben festgehalten wurde. Aufräumen, kochen, abwaschen, putzen: Der Reihe nach musste jedes Mädchen sich für diese Pflichten eintragen. Dabei galt es, die Stundenpläne der einzelnen Mädchen und natürlich das Baby von Mariana zu berücksichtigen.

Alle gingen nur sehr ungern zur Schule. Ich mochte ihnen noch so sehr auseinandersetzen, wie wichtig Bildung war, sie weigerten sich immer wieder, die Wohnung zu verlassen. Sie begannen zu humpeln, sobald sie nach draußen gehen sollten, auch wenn es um Spaziergänge, Marktbesuche oder sogar um das Einkaufen von Kleidung ging. Nicht Faulheit, sondern Angst steckte dahinter.

»Was ist, wenn wir Jurka auf der Straße treffen?«

»Ihr wisst doch, dass er hinter Gittern sitzt.«

»Ja, aber er hat Brüder, Schwäger, Cousins … Was stellen die wohl mit uns an, wenn sie uns finden?«

»Ihr steht unter meinem Schutz. Es kann nichts passieren.«

»Und wenn uns ein ehemaliger Kunde wiedererkennt?«

»Die halten sich in diesem Viertel nicht auf.«

»Und wenn sich die anderen in der Schule über mich lustig machen?«

»Niemand wird sich über euch mehr lustig machen als über andere.«

»Und wenn die Leute auf der Straße mit dem Finger auf uns zeigen?«

»Warum sollten sie so etwas tun? Ihr seid junge Mädchen wie andere auch, ihr tragt keinen Aufkleber auf der Stirn, auf dem ›Prostituierte‹ steht.«

Aber alle Mühe war vergeblich. Beim nächsten Mal gingen die Diskussionen wieder von vorne los. Die Vorstellung, ihren ehemaligen Peinigern über den Weg zu laufen, weckte in ihnen eine unbegründete, aber unkontrollierbare Panik. Das machte das Zusammenleben noch schwieriger. Trotz ihrer schrecklichen Vergangenheit blieben sie Jugendliche mit den für dieses Alter typischen Problemen. Sie gerieten wegen Kleinigkeiten aneinander: Es brauchte nur eine Bürste verschwinden, ein T-Shirt fehlen, eine der Aufgaben nicht erledigt sein … Mal herrschte große Niedergeschlagenheit, dann wieder gab es Eifersüchteleien, dazu kam die Unberechenbarkeit einiger Mädchen, sodass es viel Streit gab.

Mir blieb überhaupt keine Zeit mehr für mich selbst. Ich schaffte es kaum noch, meinen Sohn zu sehen, den meine Mutter nach der Schule hütete, wo ich ihn endlich angemeldet hatte. Ich brauchte dringend Unterstützung.

Zu diesem Zeitpunkt erhielt ich einen Anruf von LIFT, einer amerikanischen Hilfsorganisation, die ich um finanzielle Unterstützung gebeten hatte. Zwei reizende Damen besuchten uns in unserer Wohnung. Sie wollten alles wissen. Nachdem sie meinen Ausführungen aufmerksam gelauscht hatten, erklärten sie mir ganz professionell: »Okay, dann müssen wir jetzt mit der Polizei und mit dem Kinderschutzbeauftragten sprechen. Wenn wir diesen Mädchen helfen wollen, müssen alle beteiligten Stellen der Verwaltung mit einbezogen werden.«

Die beiden waren unglaublich dynamisch. Auf ihre Bitte hin rief ich jenen »sogenannten Sozialpädagogen« an, der mich auf dem Kommissariat so aus der Haut hatte fahren lassen. Eine ganze Stunde lang redeten die beiden Abgesandten von LIFT auf ihn ein: »Wir sprechen von Menschenhandel, von nicht mehr und nicht weniger! Ein großes Problem, dem wir mit allen Mitteln entgegentreten müssen. Diese Mädchen sind Opfer, sie haben Rechte wie alle anderen menschlichen Wesen auch. Ihre Arbeit besteht darin, für diese Rechte einzutreten, ganz besonders im Fall von Minderjährigen. Wenn Sie ihnen nicht glauben, wer soll es denn dann tun? Als Kinderschutzbeauftragter müssen Sie Iana bei ihrem Kampf unterstützen. Das geht alle an.«

Betroffen war der Sozialpädagoge nach und nach immer tiefer auf seinem Sofa zusammengesunken. Als die Ansprache ein Ende gefunden hatte, sprudelte die Entschuldigung aus ihm heraus: »Es tut mir leid, Iana, ich glaube, ich habe einen schrecklichen Fehler begangen. Ich habe das Ausmaß des Problems vollkommen unterschätzt und nicht wahrgenommen.«

Noch heute habe ich große Achtung davor, dass er den Mut zu einer Entschuldigung fand. Und bis heute arbeiten wir regelmäßig zusammen, und ich schätze diesen Mann sehr. So wirkte die Intervention von LIFT wie ein neues Lebenselixier für *Reaching out.* Im März überwies mir die amerikanische Organisation 14 000 Dollar, und damit waren die Kosten für ein Jahr gedeckt. Als Erstes stellte ich einen Sozialarbeiter ein, der mir in der Wohnung helfen konnte. Das war höchste Zeit, denn bald schon sollten immer mehr Opfer des Sexhandels bei uns eintreffen.

# Durchgangsland Jugoslawien

Ist dort Frau Matei? Guten Tag, ich arbeite für die IOM, die Internationale Organisation für Migration. Man hat uns gesagt, dass Sie ein Aufnahmezentrum für Opfer des Sexhandels eröffnet haben. Stimmt das?«

»Ja, richtig.«

»Dann sind Sie diejenige, die wir suchen! Können wir ein paar Mädchen zu Ihnen schicken? Sie wurden nach Rumänien zurückgeschickt und wollen nicht nach Hause.«

»Natürlich!«

Ebenso wie die Polizei kannte mich die Behörde des Kinderschutzes mittlerweile sehr gut. Dennoch kontaktierte mich die IOM jetzt zum ersten Mal direkt. Von nun an wurden die Anrufe der Organisation immer häufiger. Manchmal kamen die Mädchen zu zweit oder zu dritt. Im März 2000 beherbergte ich fünf Mädchen bei mir. Im Juni waren es bereits dreizehn, und wir mussten eine weitere Wohnung im gleichen Gebäude anmieten. Diese Mädchen waren Rumäninnen, die man hier gekauft und dann in die Länder des früheren Jugoslawiens weiterverkauft hatte: Sie kamen zurück aus Serbien, Moldawien oder auch Mazedonien.

Zu diesem Zeitpunkt wurde das Problem des während des Krieges einsetzenden Mädchenhandels auf dem Balkan allmählich deutlich. Bis dahin kursierten nur viele Gerüchte: Es sei zu Entführungen und Folterungen von

Mädchen gekommen; viele seien in Ställe eingesperrt worden, wo Zivilisten ebenso wie Soldaten oder Milizionäre sie vergewaltigt hätten, wo es schließlich sogar Erschießungen gegeben hätte und zu Zerstückelungen gekommen sei. Das alles schrieb man auf das Konto der Grausamkeiten, die mit einem blutigen Konflikt einhergehen – letztlich handelte es sich eben um Kollateralschäden. Manche der geflüchteten Prostituierten erzählten, dass ihr Zuhälter ihnen mit dem Tod drohte, andere waren sogar Zeuge dieser Ermordungen geworden, aber diese Zeugenaussagen wurden nicht ernst genommen. Bestenfalls gestanden die Behörden die Existenz von Einzelfällen zu.

Ein paar Jahre später wurden nach und nach Untersuchungen gegen unterschiedliche Kriegsverbrecher eingeleitet, und die Polizei begann, in den durch den Konflikt entstandenen rechtsfreien Zonen zu ermitteln. Es wurden vermehrt Razzien in Nachtclubs durchgeführt, wo die Polizei auf Hunderte von gequälten Mädchen stieß, die aus dem Osten kamen und nur eines wollten: nach Hause. Man brachte ganze Busladungen von Mädchen zurück in die jeweiligen Herkunftsländer. Ab diesem Zeitpunkt rief mich die IOM regelmäßig an, um zurückkehrende Rumäninnen bei mir unterzubringen.

So wurde offenbar, wie sehr sich der Sexhandel in dem fünfjährigen Jugoslawienkrieg entwickelt hatte. Die politische Destabilisierung und die wachsende Unsicherheit hatten dem Waffenhandel und dem Schwarzhandel einen geeigneten Nährboden verschafft, und bald schon wurden Frauen zu Waren wie andere Dinge auch. Die Waffenhändler hatten lediglich ihre Aktivitäten auf ein anderes Feld verschoben! Wer wollte schon sein Leben dadurch aufs Spiel setzen, dass er sich in dieser finsteren Zeit in ihre Geschäfte einmischte? Innerhalb eines Jahrzehnts hatten sich die Balkanländer zur Drehscheibe des Sexhandels entwickelt, der sich auf immer besser organisierte Netze mit internationalen Verbindungen stützen konnte.

Die bei mir eingetroffenen Mädchen bestätigten mir, dass es sich um ein bestens funktionierendes System handelte: »Man versprach mir eine Stelle in Serbien. Ich vertraute dem Mann, der mich mit drei anderen Mädchen über die Grenze brachte. Dort wurden uns die Ausweispapiere abgenommen, und man sperrte uns mit etwa zwanzig Mädchen in den Keller eines Hauses. Zwei Tage blieben wir dort ohne Essen, dann holten uns bewaffnete Männer heraus und zwangen uns, in Autos zu steigen. Wir fuhren die ganze Nacht durch. Als wir hielten, wurden wir in eine riesige Lagerhalle geführt, wo sich bereits mehrere Gruppen von Mädchen aufhielten. Reden durften wir nicht. Als eine von uns fragte, wo wir hier seien, gab es Schläge. Immer wieder mussten fünf oder sechs von uns auf ein Podest steigen, sodass Käufer ihre Wahl treffen und einen Preis vorschlagen konnten. Diese Typen sprachen die unterschiedlichsten Sprachen. Unser Käufer machte sich mit uns auf den Weg, und wir landeten in einem Nachtclub in Bulgarien.

Diese Mädchen hatten einen langen Leidensweg hinter sich. Über Monate, manchmal Jahre hinweg hatten sie alles über sich ergehen lassen: die Kunden, die Schläge, die Drohungen – es ging für sie ums blanke Überleben. Eines der Mädchen erzählte unter Tränen: »Pausenlos bedrohte uns der Schlepper mit dem Tod. Wenn er getrunken hatte, brüstete er sich sogar mit Worten wie: ›Passt bloß auf euern Hintern auf. Ich habe schon sieben Mädchen von eurer Sorte im Hinterhof verscharrt. Da kommt es auf ein achtes auch nicht mehr an!‹ Einmal hat er vor unseren Augen ein Mädchen erschossen. Es hatte gedroht, sich umzubringen, und sein Kunde hatte daraufhin das Weite gesucht. Später hat er eins einfach nur deshalb getötet, weil es krank war.«

Wie sollte man nach solchen Erfahrungen wieder in ein normales Leben zurückfinden? Wie konnte man je wieder Vertrauen zu sich selbst fassen, wenn man lange Zeit schlechter als ein Hund behandelt wurde? In den USA und der EU begann man gerade erst damit, sich mit diesem Thema zu beschäftigen. Ein paar Monate später erhielt ich eine Einladung nach Washington, wo ich von meinen Erfahrungen berichten sollte. Ich sollte eine Bestandsaufnahme über die Orte des Frauenhandels in Rumänien liefern. Damals bildete die Balkanregion eine der Hauptachsen des Menschenhandels, und zahlreiche moldawische Schlepper waren in unserem Land unterwegs: Sie kauften dort Mädchen von örtlichen Schleppern und brachten ihre »Herde« dann nach Jugoslawien, das mittlerweile aus Slowenien, Kroatien, Bosnien-Herzegowina, Montenegro, Serbien, Mazedonien und dem Kosovo bestand. Dort wurden die jungen Mädchen in Clubs oder Wohnungen eingesperrt. Manche von ihnen landeten sogar in Griechenland. Ich erwähne diese Einladung, weil sie zeigt, dass die Vereinigten Staaten diese neue Form der Sklaverei sehr ernst nahmen. Am 25. Februar 2002 wurde zwischen Interpol, der rumänischen Regierung und der Southeast European Co-operative Initiative, SECI, ein Vertrag über eine Zusammenarbeit und einen Informationsaustausch geschlossen. Ziel des Vertrags war es, die Kooperation und den Informationsfluss zwischen den Polizeidiensten von dreizehn Ländern Südosteuropas über jeweilige Verbindungsleute zu erleichtern und zu koordinieren. Deshalb wurde auch das FBI mit eingebunden, als drei meiner Mädchen kurze Zeit später eine Vorladung erhielten, um gegen ihren mazedonischen Schlepper auszusagen.

Zum ersten Mal machten damit Opfer des Sexhandels in dieser Region in einem Land eine Aussage, das nicht ihr Heimatland war. Der Prozess fand in Mazedonien statt, und niemals werde ich die lange Autofahrt quer durch Rumänien, Bulgarien und schließlich Mazedonien vergessen: Niemals hätte ich gedacht, dass man derartige Sicherheitsmaßnahmen zum Schutz von Prostituierten trifft! Den ganzen Weg über gaben uns Polizeiautos mit heulenden Sirenen und Blaulicht das Geleit. Auch Mitarbeiter des FBI waren vor Ort. Ein Fahrzeug fuhr etwa 60 Kilometer voraus, um zu sehen, ob der Weg frei war. Auch an den Grenzübergängen bildete es die Vorhut, sodass uns die bulgarische Polizei bereits erwartete. Kleintransporter mit Spezialeinheiten, hünenhafte Gestalten mit schwarzen Gesichtsmasken, schlossen unseren Konvoi ab. Unauffällig war das Ganze nicht gerade! Offiziell wurde behauptet, man befürchte Angriffe auf die Zeuginnen. In Wirklichkeit jedoch denke ich, dass man Stärke demonstrieren wollte. Keinem Menschenhändler konnte an jenem Tag entgehen, dass Kronzeugen quer durch das Land gebracht wurden! Auf dem Weg winkte unsere Motorradbegleitung alle möglichen Fahrzeuge an den Straßenrand, um uns freie Fahrt zu garantieren. Als ein Auto vor uns einen platten Reifen hatte, sprang sogleich ein Maskierter aus einem der Kleintransporter, strahlte den Pechvogel am Steuer mit seiner Taschenlampe an und schlug mit einem Stock auf die Windschutzscheibe! Das war wirklich zu viel des Guten! Hätte ich nicht durch das bereits acht Stunden während Sirenengeheul einen Brummschädel gehabt, so hätte ich vielleicht darüber lachen können. Was jedoch die Mädchen anging, so fühlten sie sich durch diese Maßnahmen sicher, denn ich sah nur allzu deutlich, wie sehr sie die Vorstellung verängstigte, beim Gericht einem ihrer Zuhälter gegenübertreten zu müssen.

In Skopje bereitete ein Anwalt sie auf die Fragen vor, die man ihnen stellen würde. Er erwähnte auch einen Punkt, an den sie noch nie gedacht hatten: »Ihr wisst, dass ihr eine finanzielle Entschädigung verlangen könnt?«

»Was?«

»Nun ja, der Richter wird sie euch vielleicht nicht unbedingt zusprechen, aber ihr könnt eine bestimmte Summe als Entschädigung für den erlittenen Schmerz verlangen.«

Die Mädchen waren entzückt. Es bedeutete schon viel für sie, dass sie das Recht hatten, einen Strafantrag zu stellen, vor allem aber erkannte man mit einer Entschädigung ihre traumatischen Erfahrungen an und gab offiziell zu, dass sie eine Wiedergutmachung verdient hatten. Nach dem Gespräch mit dem Anwalt warf eine von ihnen kess in die Runde: »Ich kenne da welche, die sich gar nicht aufs Gefängnis freuen! Endlich werden sie dann einmal sehen, wie es ist, wenn man gegen seinen Willen eingesperrt wird!«

Zum ersten Mal hörte ich die Mädchen im Gespräch über die Schlepper scherzen. Die mazedonischen Polizisten griffen diese Stimmung sofort auf: »Und die Zeit, die sie dort verbringen werden, wird ihnen lang, das steht fest!«

Diese frechen Sprüche lösten einen Lachanfall bei den Mädchen aus, den sie mit der ein oder anderen Übertreibung noch steigerten. Ich gestand ihnen diese Albernheit gerne zu. Wichtig war, dass sie ihren Stress abbauten, denn die Anhörung rückte näher. Die Mädchen wurden wieder ernst. Im Gericht hielten sie ihre Blicke gesenkt: Zu groß war die Angst, ihren einstigen Schlepper auf der

Anklagebank anzusehen. Als der Staatsanwalt sie aufforderte, auf denjenigen zu zeigen, der sie verkauft und misshandelt hatte, nahmen sie all ihren Mut zusammen, hoben den Kopf und wiesen zitternd, aber entschlossen auf den Angeklagten. Dieser musterte sie mit verächtlicher Miene. Das kümmerte sie nicht mehr, sie hatten ihre Aufgabe erfüllt, und das bedeutete schon sehr viel.

Am nächsten Tag kehrten wir, eskortiert von dem gleichen lärmenden Konvoi, nach Piteşti zurück. Ein paar Wochen später meldete sich der Anwalt bei uns. Ich weiß nicht mehr genau, wie lange der Schlepper hinter Gitter musste, die Mädchen jedoch behielten sehr gut in Erinnerung, dass ihnen letztlich doch keinerlei finanzielle Entschädigung zugesprochen wurde!

Auf diesen Prozess folgte ein weiterer, der wieder in Mazedonien stattfand. Diesmal waren auch die Medien präsent: Der Angeklagte, ein gewisser Leku, der mit seinem richtigen Namen Bojku Dilaver hieß, war ein vierzigjähriger international gesuchter Mafioso albanischer Herkunft. Er betrieb seine Geschäfte zwischen Deutschland und Mazedonien. In Velesta und Struga besaß er Cabarets, in denen Mädchen aus östlichen Ländern feilgeboten wurden. Zwei meiner Mädchen hatten dort für ihn gearbeitet. Aufgrund der korrupten Verhältnisse war es Leku lange Zeit gelungen, unentdeckt zu bleiben. Es ist ein offenes Geheimnis, dass die Polizei oft zum Komplizen dieser Geschäfte wird. So beteuerten mazedonische Polizisten bei einer im Fernsehen übertragenen Pressekonferenz beispielsweise, dass der Mann das Land verlassen habe. Da meldete sich ein Journalist zu Wort und beteuerte: »Entschuldigen Sie, aber ich habe Leku erst gestern interviewt, und ich versichere Ihnen, dass ich das Interview diesseits der Grenze geführt habe!«

Dann folgten Bilder des Interviews. Es kam heraus, dass viele hochrangige Mitarbeiter der mazedonischen Polizei und Justiz Stammgäste in den Clubs von Leku waren. Dieser hatte ihre sexuellen Ausschweifungen gefilmt und somit ein geeignetes Druckmittel, um seine Straffreiheit zu erpressen. Als der Skandal aufflog, wurde Leku endlich im Rahmen einer breit angelegten, von den Polizeidiensten mehrerer Staaten geplanten Operation verhaftet. Der mit Spannung erwartete Prozess fand in Struga im Südwesten der Republik Mazedonien statt. Wieder mussten meine Mädchen als Zeugen anreisen, und wieder geschah das mit einer eindrucksvollen Eskorte. Diesmal jedoch war es keine Wichtigtuerei: Es gab ernst zu nehmende Drohungen gegen die Mädchen ebenso wie gegen die schützenden Begleiter. Alle waren in höchster Alarmbereitschaft, die Spannung war spürbar. Leku war nicht nur für seine extreme Gewalttätigkeit bekannt, sondern er besaß auch die Mittel, einen Überfall oder den Ausbruch aus seiner Zelle zu organisieren. Zudem war ein nicht unerheblicher Teil der Bevölkerung des am Ufer des Ohrid-Sees gelegenen Struga albanischer Herkunft, woraus starke Spannungen in dieser vom Kosovo-Krieg noch gezeichneten Region erwuchsen. Da die Polizei fürchtete, dass ein Funke das Pulverfass zum Explodieren bringen könnte, wagte sie es in dieser albanischen Enklave nicht, mit der gebotenen Härte vorzugehen. Das Gefühl der Straffreiheit führte die meistgesuchten Verbrecher des Landes hierhin.

Je näher wir kamen, desto nervöser wurden die Polizisten in unserem Wagen. Es kam jedoch zu keinem Zwischenfall auf dem Weg. In Struga fuhren wir unverzüglich zum Gericht. Im Innern des Gebäudes waren Handwerker damit beschäftigt, die Wände frisch zu streichen. Ich wollte die Atmosphäre etwas auflockern und kommentierte ihre Arbeit freundlich.

»Ach, Sie stecken wohl gerade mitten im Frühjahrsputz!«

Die Polizisten unserer Eskorte verzogen leidgeprüft das Gesicht: »O nein! Das waren die Freunde von Leku, die eine Bombe im Gericht haben hochgehen lassen ...«

»Wie bitte? Aber warum hat man uns denn nichts davon gesagt?«

»Wir wollten Ihnen keine Angst einjagen ...«

Die Bombe war zwei Tage zuvor explodiert. Unser Anreisetag war geheim gehalten worden, die Täter hatten den Tag zufällig ausgewählt und die erste Etage ins Visier gefasst. Genau dort befand sich das Büro des Staatsanwaltes, der auf die Mädchen wartete. Glücklicherweise entkam er dem Attentat.

Den armen Mädchen war nicht wohl in ihrer Haut. Sobald das Gespräch beendet war, drängten uns die Polizisten zum Verlassen des Gebäudes. Offensichtlich wollten sie so schnell wie möglich aus diesen Gefilden verschwinden. Die Mädchen im Übrigen auch. Seit Skopje, wo wir die Nacht verbracht hatten, hatten wir nicht eine einzige Pause gemacht. Im Auto bat ich den Polizisten, bei einer Bar anzuhalten, um telefonieren zu können. Die Antwort lautete kategorisch: »Unmöglich.«

»Aber ich möchte nur rasch einen Kaffee trinken. Es wird nicht lange dauern.«

»Nicht jetzt. Wir werden an einem sicheren Ort halten. Hier ist es zu gefährlich.«

Unser Chauffeur nahm nicht den kürzesten Weg, sondern fuhr einen Umweg von ungefähr 100 Kilometern, um nicht in einen Hinterhalt von Lekus Bande außerhalb der Stadt zu geraten. Ein paar Stunden später entspannten sich alle Insassen unseres Busses allmählich: Wir waren außer Gefahr, und die Zeugenaussage der Mädchen würde Leku für viele Jahre hinter Gitter bringen.

Als der Verbindungsoffizier der mazedonischen Polizei mich nach dem Prozess anrief, konnte ich meine Aufregung nicht verbergen: »Und, ist er für schuldig befunden worden?«

»Ja! Das ist doch eine hervorragende Neuigkeit, nicht wahr?«

Die Stimme des Offiziers klang triumphierend. Ungeduldig wartete ich auf weitere Informationen: »Jetzt sagen Sie schon, wie viel hat er gekriegt, der Sauhund?«

»Drei Jahre.«

Ich traute meinen Ohren nicht.

»Das ist ein Scherz, oder?«

»Äh … nein, er ist zu drei Jahren Gefängnis verurteilt worden.«

»Dieser Typ hat dreihundert Mädchen ausgebeutet und gequält, ganz zu schweigen von denjenigen, die gestorben sind oder die er umgebracht hat! Und da verkünden Sie mir fröhlich, dass er drei Jahre gekriegt hat? Sie wissen doch, dass meine Mädchen sich in große Gefahr begeben haben! Wird er jetzt noch frühzeitig entlassen, so ist er in zwei Jahren wieder draußen. Wer wird sie dann beschützen, wenn er sich rächen will?«

Ich war am Boden zerstört. Was für eine heuchlerische Justiz! Wenn man solche widerwärtigen Geschöpfe wie Leku nicht lebenslang einsperrte, wie konnte man da weiterhin hoffen, den Sexhandel in den Griff zu bekommen?

Drei Monate später rief mich der gleiche Offizier wieder an. »Iana, ich habe eine schlechte Neuigkeit …«

»O nein!

»Es tut mir leid, aber Leku ist ausgebrochen.«

»Wie ist denn das möglich?«

»Leku sollte ein letztes Mal vor Gericht erscheinen. Als der Wärter ihn aus seiner Zelle holen wollte, nahm er ihm das Versprechen ab, sich anständig zu benehmen. Als Leku ihm versichert hatte, dass er nicht vorhabe zu fliehen, glaubte der Wärter, auf das Anlegen der Handschellen verzichten zu können. Offenbar ist Leku auf dem Weg zum Gericht getürmt. Es tut mir wirklich leid, Iana.«

Das war ein schwacher Trost. Diese Flucht wurde von der internationalen Presse mit beißender Ironie kommentiert und erregte allgemein Verärgerung: Die Polizeikräfte mehrerer Länder hatten eng zusammengearbeitet, um Leku vor Gericht zu bringen. Selbst das FBI war daran beteiligt gewesen! Es war einfach nur peinlich. Ich hoffte dennoch, dass dieses groteske Ende eine abschreckende Wirkung bei zukünftigen Verhaftungen haben würde.

Die beiden mazedonischen Prozesse waren trotz allem ein Hoffnungsschimmer. Zwar waren die verhängten Strafen milde, aber es war immerhin ein Anfang. Endlich kam Bewegung in die Sache. Natürlich war ich enttäuscht über die Flucht von Leku, aber ich war sicher, dass man mit den vereinten Kräften verschiedener europäischer Länder dieser barbarischen Sklaverei ein Ende setzen könnte. Ich konnte mir nicht vorstellen, dass der Sexhandel noch sehr rosige Zeiten vor sich hatte.

# Das Haus auf dem Hügel

Die beiden von mir gemieteten Wohnungen gaben Anlass zum Klatsch im Viertel. Als wir die zweite Wohnung benötigten, wurden die üblen Nachreden lauter, ganz besonders von den alten Schachteln, die unten vor unserem Wohnblock auf ihren Stühlen saßen und den lieben langen Tag nichts anderes zu tun hatten, als zu tratschen. Das war schon ein besonderes Schauspiel, sie dort mit ihren Gebissen und ihren Stricknadeln bewaffnet sitzen zu sehen, wenn ich mit einem der Mädchen an ihnen vorüberging. Sie sahen sich bedeutungsschwer an und gaben lautstark ihre Kommentare ab.

»Habt ihr dieses T-Shirt gesehen? Man könnte meinen, sie hätte gar nichts an!«

»Schaut euch doch mal die da an: schwanger bis dort hinaus! Habt ihr schon mal den Ehemann gesehen? Ich nicht.«

Ich versuchte, ihren gemeinen Bemerkungen keine Beachtung zu schenken, bis sie mich eines Tages ansprachen: »Entschuldigen Sie bitte, darf ich Sie etwas fragen?«

»Bitte sehr.«

»Sagen Sie, was machen Sie eigentlich genau mit all diesen Mädchen?«

»Wir schicken sie zur Schule und bilden sie aus.«

»Mmmh … Wir haben gehört, dass Sie dort oben Pornofilme drehen.«

»Wirklich? Wie viele Männer haben Sie denn schon bei uns hineingehen sehen?«

»Keine Ahnung, ich wiederhole ja nur, was wir gehört haben ...«

Diese alten Weiber waren einfach nur widerlich.

»Sie werden noch einmal an Ihrer Bosheit ersticken! Ich wette, dass Sie ohne mit der Wimper zu zucken zusehen würden, wenn ein Kind direkt vor Ihren Augen stirbt! Am schlimmsten finde ich aber, dass Sie es nicht ertragen können, dass andere Leute vielleicht ihren bedürftigen Mitmenschen helfen.«

Mit diesen Worten ließ ich sie sitzen und ging fort. Die Stimmung in unserem Viertel wurde jedoch immer unerträglicher. Die Koordination der beiden in unterschiedlichen Etagen liegenden Wohnungen gestaltete sich schwierig, sowohl was die Kommunikation als auch die Überwachung betraf. Ich musste einen weiteren Sozialarbeiter anstellen, damit an beiden Orten ständig eine Aufsichtsperson anwesend war. Außerdem benötigte ich ein Büro, um den ausufernden Papierkrieg bewältigen zu können. Kurz gesagt: Mein Wunsch nach einem Ort für uns allein wurde dringender denn je. Nun reichten jedoch die 40 000 Euro, die LIFT uns für das zweite Jahr gewährt hatte, nicht für den Kauf eines Hauses.

Die Lösung sollte aus San Diego in den Vereinigten Staaten kommen. Ich hatte Freunde dort, Paul und Caroline, die im Rahmen eines humanitären Projektes im medizinischen Bereich oft nach Rumänien kamen. Jedes Mal brachten sie Kleinigkeiten für die Mädchen mit: Schminke, Kleidung, Nagellack ... Caroline schuf in der Wohnung richtige kleine Maniküre kabinen: Wie Prinzessinnen ließen sich die Mädchen auf das Spiel ein. Ihre glücklichen Mienen glichen denen von Kindern in einem Bonbonladen! Eines Tages nahm mich Paul beiseite und fragte: »Iana, wann hast du eigentlich das letzte Mal Ferien gemacht? Sei ehrlich!«

»...«

»Wusste ich es doch! Hör zu, du kannst nicht ewig so weitermachen. Irgendwann brichst du zusammen, und dann sind deine Schützlinge ganz allein auf sich gestellt. Bitte, komm ein paar Tage zu uns nach San Diego.«

»Ja, ja, irgendwann ...«

Irgendwann war es so weit, ohne dass ich mich dazu entschieden hätte. Paul eröffnete mir am Telefon: »Wir haben dir ein Ticket gebucht und alles mit den Sozialarbeitern organisiert. Die Welt dreht sich auch ohne dich weiter. Pack deinen Koffer!«

In San Diego empfingen mich meine Freunde mit einem großen Grillabend. Als alle ihre Gäste da waren, drängten sie mich in die Mitte und ermunterten mich: »Iana, erzähl uns doch von deiner Arbeit in Rumänien!«

Zwanzig Minuten lang führte ich aus, mit welchen Problemen ich dort Tag für Tag zu tun hatte. Am Ende waren die Männer empört, die Frauen fassungslos. Kurz nach meiner Rückkehr nach Piteşti erreichte mich ein Anruf von Paul: »Iana, ich habe eine gute Neuigkeit. Meine Freunde haben überall von deiner Arbeit erzählt und ein wenig Geld für dich gesammelt.«

Innerhalb eines Monats waren bei dieser »kleinen« Sammelaktion 20 000 Dollar zusammengekommen. Ich konnte es nicht fassen! Mit dieser Summe kaufte ich am Ausgang von Piteşti ein Stück Land, nur fünf Autominuten von meiner Wohnung entfernt. Dort ließ ich das Fundament für ein Haus legen, und im April 2003 begannen die Bauarbeiten. Bereits im August zogen wir mit den Mädchen in ihr neues Heim. Die restlichen Außenarbeiten wurden unter anderem mit der finanziellen Hilfe der

Botschaften von Finnland, Großbritannien und Dänemark fertiggestellt. Zu diesem Zeitpunkt waren sieben neue Mädchen bei uns, von denen eins aus dem Kosovo zurückgekommen und hochschwanger war.

Mariana und Ecaterina, die die Schule zu Ende gebracht und eine Arbeit gefunden hatten, waren mittlerweile ausgezogen. Sie waren jetzt siebzehn Jahre alt. Ilinca hatte während der Zeit des Prozesses Schwierigkeiten in der Schule gehabt. Eine Zeitung hatte das früher von den Polizisten aufgenommene Foto von ihr mit der Zigarette in der Hand veröffentlicht. Die Bildunterschrift behauptete, sie sei neunundzwanzig Jahre alt! Daraufhin machte der Klassenlehrer ihr eindeutige Angebote. Wir stellten zwar Strafanzeige, aber alle ihre Mitschüler wussten nun über Ilincas Vergangenheit Bescheid, und so mussten wir sie von der Schule nehmen. Ihre Großmutter nahm sie wieder bei sich auf, »aber nur, weil sie eine sehr gute Schülerin ist«, wie sie sich vernehmen ließ.

Die Mädchen gewöhnten sich sehr schnell an ihr neues Heim: ein schickes neues Haus am Hang eines Hügels, zu dem nur ein kleiner, verborgener Weg hinaufführte. Die fröhlichen Farben kontrastierten mit den dunklen Fassaden der umliegenden Bauernhöfe. Genauer werde ich die Farben nicht beschreiben, denn viele der Menschenhändler würden ihre einstigen Opfer nur zu gerne ausfindig machen. In der Umgebung heißt es »das Haus auf dem Hügel«. Niemand weiß genau, wem es gehört. Wer weiß schon, was böse Zungen mit ihrem Wissen anstellen könnten! Die Spione der Menschenhändler sind überall, und die Mädchen müssen geschützt werden. Manche Leute wussten, dass junge Mädchen dort wohnten, dachten aber, dass es sich um ein normales Wohnheim handeln würde. Wenn sie gewusst hätten, dass es sich um ehemalige Prostituierte handelte, wäre das Leben der Mädchen zur Hölle geworden. Es wäre nicht ausgeblieben, dass man mit dem Finger auf sie zeigte oder sich über den Einfluss beklagte, den sie mit ihrem angeblich schlechten Lebenswandel auf die Umgebung hatten. Dabei wünschten sich die Mädchen nichts sehnlicher als ein normales Leben. Es kam nur sehr selten vor, dass sie bei ihren Klassenkameraden etwas durchblicken ließen. Alle empfinden Scham für ihre Vergangenheit. Um nichts in der Welt würden sie von den erfahrenen Demütigungen erzählen.

In dem Haus selbst fühlen sie sich in Sicherheit. Hier verurteilt sie niemand für das, was sie erlebt haben. Im Obergeschoss hat jedes Mädchen ein Zimmer für sich. Sind mehr als acht Mädchen da, müssen sie sich ein Zimmer teilen, ausgenommen die jungen Mütter, die mit ihrem Baby ein Zimmer für sich haben. Zusätzlich gibt es ein Badezimmer im Obergeschoss. Im Erdgeschoss gibt es einen Gemeinschaftsraum mit Büchern und einige Sofas zum gemeinsamen Fernsehen, wie es junge Mädchen gerne tun. Es ist auch wichtig, dieses Nichtstun zu lernen. Im ganzen Haus herrscht Rauchverbot, ausgenommen in der ans Wohnzimmer grenzenden Küche, in der das gemeinsame Abendessen mit den Erzieherinnen stattfindet. Und ich selbst habe endlich ein Büro mit einem Computer, einem Schrank für die Akten und einem kleinen Besuchertisch, sodass ich meinen Gästen einen Kaffee anbieten kann. An das Büro grenzt ein kleiner Raum mit einer Schlafgelegenheit für die Erzieherinnen. Niemand betritt diesen Bereich ohne meine Erlaubnis: Es ist das Reich der Erwachsenen, die einzige Stelle, an der wir unsere Ruhe vor dem Treiben der Jugendlichen haben.

Vier Sozialarbeiterinnen wechseln sich ab, und so ist ständig eine Aufsichtsperson anwesend. Dass die Mädchen zu keinem Zeitpunkt allein sind, ist äußerst wichtig: Zunächst einmal zu ihrem Schutz, aber auch, um ihnen zuzuhören, wenn sie jemanden brauchen, um bei Streitereien zu schlichten, bei Wutanfällen zu besänftigen und um darauf zu achten, dass sie ihre Pflichten erfüllen. Das Leben in einem sozialen Gefüge will schließlich gelernt sein, und das geht nicht ohne Auseinandersetzungen ab. Ich erinnere mich noch sehr gut an die Krisen von Iuliana: Sie hatte eine Zeit lang im Waisenhaus gelebt, bevor sie zu uns kam. Sie war klein und sehr zart, abgemagert bis auf die Knochen. Diese halbe Portion war neunzehn Jahre alt, wirkte jedoch wie eine Zwölfjährige. Machte sie aber den Mund auf, so zog sie alle Aufmerksamkeit auf sich. Am Tag ihrer Ankunft begann ich, ihr die Hausregeln zu erklären, wie ich es bei jeder neuen Bewohnerin tat.

»Hier helfen alle beim Putzen und beim Kochen mit. Wir wechseln uns bei den Hausarbeiten ab.«

»Was?«

»Ja, jede räumt ihr Zimmer auf, nimmt den Besen in die Hand, den Putzlappen, und jede hilft bei der Vorbereitung der Mahlzeiten. Letztlich genau wie in jedem anderen Haushalt auch!«

»Da pfeif ich drauf! Ich wasche nicht ab, und ich koche auch nicht. Im Waisenhaus wurde für uns gekocht, und die Angestellten machten den Haushalt.«

»Jetzt lebst du aber nicht mehr im Waisenhaus. Du musst lernen, allein zurechtzukommen und ...«

»Kommt nicht in Frage! Ich bin doch nicht deine Putze!«

Tagelang blieb sie bei ihrer Weigerung, und ich dachte schon, dass sie sich niemals in unsere Gemeinschaft eingliedern würde. Dann gab sie sich offenbar einen Ruck. Angeberisch warf sie alle anderen aus der Küche.

»Ich weiß schon, was ich mache, ich brauche eure Hilfe nicht!«

Irgendwann roch es verbrannt in der Küche. Als sie schließlich eine Schüssel auf den Tisch stellte, blickten alle misstrauisch auf die Mixtur, die sie zubereitet hatte. Ein Mädchen fragte schüchtern: »Was ist das?«

»Kartoffeln mit Pickles und Zwiebeln.«

»Aha, alles klar ...«

Alle verzogen die Gesichter. Ein Mädchen warf zaghaft ein: »Entschuldige Iuliana, Pickles sind doch eine Beilage, man macht doch keine ganze Mahlzeit daraus.«

»Natürlich macht man das! Im Waisenhaus haben wir das immer so gegessen, und es war sehr gut so. Außerdem koche ich eben so, und damit basta!«

Niemand rührte die seltsame Mischung an, und schließlich landete sie im Abfall. Als selbst unser Hund zunächst zwar daran schnüffelte, sich dann aber ostentativ abwandte, mussten sich die Mädchen das Lachen verkneifen. Da gab sich Iuliana einen Ruck und brach selbst in Lachen aus: »Das gibt's doch wohl nicht! Nicht einmal der Hund mag mein Essen!«

Von nun an nahm sie unsere Ratschläge willig an. Lustigerweise hat sie inzwischen eine Ausbildung in der Küche gemacht und als Klassenbeste abgeschlossen. Eineinhalb Jahre später bereitete sie ein Fischgericht für uns zu, das eine wahre Köstlichkeit war!

All unsere Maßnahmen zielen darauf ab, den Mädchen wieder ein normales Leben zu ermöglichen. Wenn sie von der Schule nach Hause kommen, gehen sie allein auf ihr Zimmer oder verweilen zum Gespräch im Wohnzimmer. Es ist ihnen erlaubt, für eine Zigarette nach draußen zu gehen, und diejenigen, die schon arbeiten, dürfen sich auch Klamotten kaufen. Von diesem Vorrecht machen sie jedoch selten Gebrauch. Im Allgemeinen bleiben sie lieber zu Hause. Im Sommer sonnen sie sich gerne auf dem ebenen Platz oberhalb des Hauses. Abends wären sie gerne etwas weniger häuslich, aber sie wissen, welches Risiko sie mit dem Besuch einer Diskothek eingehen. Sie sind junge Mädchen wie andere auch, und wir müssen liebevoll, aber auch vernünftig auf sie einwirken. In den ersten Jahren richteten wir neben dem Aufenthaltsraum eine Nähstube ein. Eine der Erzieherinnen konnte gut nähen und brachte den Mädchen bei, ihre Kleider zu flicken oder schöne Bettwäsche aus Baumwolle zu nähen. Es kamen wirklich sehr hübsche Ergebnisse bei dieser Arbeit heraus. Wir verkauften die Wäsche in Hotels. Mit dem Geld konnten wir die Mädchen besser ausstatten und auch weiteres Zubehör für die Schneiderwerkstatt kaufen. So kostete uns diese nicht einen Cent, und die Mädchen liebten diese Beschäftigung sehr. Als die betreffende Erzieherin nach ihrer Scheidung Piteşti verließ, wurde die Nähstube in einen Vorratsraum umfunktioniert. Aber sobald ich Geld für eine neue Nähmaschine habe und die geeignete Person finde, knüpfen wir an die alten Zeiten an!

Das gesellige Beisammensein ist glücklicherweise sehr ausgeprägt bei uns. So richten wir es oft ein, dass die ganze Truppe mittags zusammen isst. An Geburtstagen blasen wir Kerzen aus, und manche Mädchen tun dies tatsächlich zum ersten Mal! Es gibt kleine Geschenke, Schminke, einen silbernen Anhänger, wobei ich stets versuche, nicht zweimal das Gleiche zu schenken! Das ist bei so vielen Mädchen bisweilen ganz schön schwierig. Manchmal erhalte ich auch Pakete mit noch gut erhaltenen Kleidungsstücken oder verschiedenen Kleinigkeiten von Freunden aus dem Ausland. Nie werden die Mädchen die von einem amerikanischen Verein stammenden Kosmetika vergessen. Unter anderem gab es eine große Auswahl an Cremes, die ich gerecht unter allen verteilte. Am nächsten Morgen trank ich gerade meinen Kaffee in der Küche, als die ersten Mädchen herunterkamen. Da fiel mir beinahe die Tasse aus der Hand.

»Wie seht ihr denn aus? Was ist denn mit euern Gesichtern passiert?«

»Keine Ahnung. Aber es brennt ganz schön!«

»Ihr habt überall auf der Stirn und den Wangen rote Punkte! Was habt ihr denn benutzt?«

»Nur die Cremes von den Amerikanern.«

»Vielleicht waren sie nicht mehr haltbar. Bringt sie mal her!«

Als sie mir die Cremes gezeigt hatten, musste ich an mich halten vor Lachen.

»Ihr habt euch mit flüssiger Seife zugekleistert! Habt ihr denn nicht gemerkt, dass da etwas nicht stimmt?«

»Äh … Am Anfang war es etwas glitschig, aber dann ließ es sich gut verstreichen. Wir dachten, die Creme sei besonders gut, also haben wir besonders viel aufgetragen.«

Das war ein Spaß! Am nächsten Tag wollten zwei der Mädchen in die Schule gehen, hatten jedoch knallrote Wangen.

»Hmm, habt ihr nicht vielleicht ein bisschen viel Rouge aufgelegt?«

»Doch, aber es geht nicht mehr weg.«

»Was soll das denn heißen, es geht nicht mehr weg?«

»Es bleibt rot, auch wenn wir es mit Wasser abwaschen.«

»Was habt ihr denn diesmal verwendet?«

Es war kein Rouge, sondern Tinte. In dem Paket waren auch kleine Tierstempel gewesen, wie Kinder sie benutzen, um Briefe zu schmücken. Die Tierstempel hatten sie beiseitegelegt, aber die Kästchen mit der Stempelfarbe hatten sie für Schminke gehalten ...

An Weihnachten müssen die Mädchen sich dem Ritual beugen und einen Brief an den Weihnachtsmann schreiben. Das ist ein wenig kindisch, aber es erleichtert mir die Suche nach Geschenken sehr. Erstaunlicherweise gewinnen sie diesem Ritual etwas ab: Die meisten haben nie Weihnachten gefeiert und kehren mit dem Schreiben eines solchen Briefes in eine Kindheit zurück, die sie nie hatten. Es ist lustig und manchmal auch rührend, ihre kleinen Botschaften zu lesen: »Lieber Weihnachtsmann, danke dass du dich um mich kümmerst. Schenk mir doch bitte eine Armbanduhr!« – »Lieber Weihnachtsmann, ich hätte so gerne eine Familie!« – »Ich wünsche mir eine neue Jeans, weil meine jetzige mir zu eng ist.« Fällt der eigene Wunsch zu bescheiden aus, so ergänze ich das Päckchen noch ein wenig. Trotz meiner Bemühungen habe ich einmal den gleichen Anhänger – ein kleines Kreuz – zweimal hintereinander dem gleichen Mädchen geschenkt. Sie war nachsichtig mit mir: »Das macht nichts, dieses hier ist grün, das letzte war ja rot.«

Nach dem Auspacken der Geschenke unter dem Tannenbaum bereiten wir gemeinsam das traditionelle Weihnachtsessen zu. Das ist stets ein sehr schöner Augenblick für uns alle. Das Weihnachtfest vor zwei Jahren wird allerdings als ein etwas anderes Fest in Erinnerung bleiben. Im Dezember machten die Mädchen eine Dummheit nach der anderen. Erst fand eine Erzieherin die sechzehnjährige Livia eines Morgens vollkommen betrunken auf dem Teppichboden ihres Zimmers. Sie hatte gemeinsam mit ihrer Freundin Ania, die gerade einmal vierzehn Jahre alt war, in der Nacht eine ganze Flasche Wodka geleert. Diese hat-

ten sie gemeinsam erstanden, nachdem sie sie sich an zu-
sammengeknoteten Leintüchern aus dem Fenster abge-
seilt hatten und heimlich in die Stadt geschlichen waren.
Dann erwischten wir andere Mädchen beim Rauchen in
ihren Zimmern. Die Krönung war jedoch, dass eine von
ihnen sich einen Spaß daraus machte, um zwei Uhr morgens den Alarm auszulösen.

In unserem Haus gibt es eine sehr umfassende Alarmanlage: Man braucht nur ans Fenster zu schlagen, und die
Sirenen heulen auf. Der Sicherheitsdienst wird dann automatisch benachrichtigt und ruft uns unverzüglich an, um
zu fragen, was vorgefallen ist. Drei Nächte hintereinander
wurde ich von der diensthabenden Erzieherin angerufen
und über den ausgelösten Alarm unterrichtet. Ich wusste
nicht, wer diesen üblen Spaß mit uns trieb. Keine wollte
der Verräter sein, und so musste ich ihnen eine kleine
Lektion erteilen. Am nächsten Tag informierte ich vorab
den Sicherheitsdienst: »Heute Nacht wird der Alarm vermutlich wieder ausgelöst. Rufen Sie mich nicht an, und
schicken Sie auch keine Streife vorbei.«

Wie vorausgesehen, ging der Alarm nachts wieder los.
Diesmal lag ich aber auf der Lauer. Ich stellte die Alarmanlage aus und wartete eine Stunde. Als ich sicher war,
dass alle wieder schliefen, ging ich die Treppe hoch und
klopfte an alle Türen: »Aufstehen! Alle bitte ins Wohnzimmer herunterkommen! Sofort!«

Im Erdgeschoss zählte ich die Mädchen durch. Schlaf-
trunken waren alle erschienen. Ich war so frei, diese Aktion auch in der folgenden Nacht durchzuführen, denn
ich war überzeugt, dass die Mädchen den Alarm ausgelöst
hatten, um uns dazu zu verleiten, diese Sicherheitsvorkeh-
rung abzuschaffen, damit sie sich leichter davonstehlen
konnten, um Alkohol zu besorgen, wenn sie Lust darauf

hatten. In der dritten Nacht begehrten sie auf: »Das ist wirklich nicht lustig, Iana. Wir müssen morgen arbeiten.«

»Und ich? Was ist mit mir, muss ich vielleicht nicht arbeiten? Das alles macht mir genauso wenig Spaß wie euch!«

Um sieben Uhr morgens befahl ich ihnen, den Hof zu fegen und alle Papierschnipsel zu beseitigen, die sie aus dem Fenster geworfen hatten. Eingeschüchtert machten sie sich an die Arbeit. Als sie fertig waren, holte ich die Kartons mit dem Weihnachtsschmuck hervor und verkündete: »Gut, jetzt könnt ihr euch ausruhen. Geht für eine Stunde auf eure Zimmer, dann geht es los!«

Sie rechneten fest damit, dass wir nun endlich den Tannenbaum schmücken würden. Als sie wieder herunterkamen, stürzten sie sich auf die Kartons. Aber es war kein Baumschmuck darin, sondern nur zerknittertes Papier.

»Ihr habt den Alarm ausgelöst, damit ihr leichter abhauen könnt, und jetzt wollt ihr sogar noch eine Belohnung dafür haben! Gut, die könnt ihr haben. In einer Stunde kommt der Weihnachtsmann!«

Bewaffnet mit Farbtöpfen und Pinseln kam ich eine Stunde später wieder. Sie starrten auf meine seltsame Ausrüstung.

»Nun, an die Arbeit, ihr Lieben! Ihr habt doch in euern Zimmern geraucht, oder? Jetzt ist alles dreckig, und die Wände müssen frisch gestrichen werden!«

Schmollend trugen sie die Utensilien nach oben, und eine Stunde lang hörte ich sie schimpfen. Dann schritten sie zur Tat und fanden sogar Spaß daran. Alle Zimmer wurden neu gestrichen. An Weihnachten selbst erstrahlte das Haus in neuem Glanz, und die Mädchen waren entzückt über ihre Leistung – und der Alarm ging nie wieder »von selbst« los.

Natürlich tut es den Mädchen auch gut, einmal etwas anderes zu sehen. Deshalb habe ich von Anfang an Sommerlager organisiert. Im Juli brechen wir regelmäßig mit Zelten und Schlafsäcken in die Karpaten auf. Mein Rottweiler Bora ist stets mit uns unterwegs. Diese Auszeiten geben uns die Gelegenheit, uns als Team in einem fremden Umfeld zu bewähren. Die Mädchen lieben diese Unternehmungen. Wenn ich in unserem Haus davon rede, dass wir »als Team zusammenarbeiten« werden, wird stets erst einmal geschimpft und geschmollt. Wenn ich aber dort oben in den Wäldern frage: »Wer geht Holz für das Feuer holen?«, stehen sie alle gleichzeitig auf! Am Tag gehen sie spazieren oder baden in den Flüssen, am Abend sitzen wir am Lagerfeuer beisammen und singen Lieder. Diese Ferien sind jedes Jahr aufs Neue die beste Gelegenheit, Stress abzubauen und all die bitteren Erfahrungen der Vergangenheit hinter sich zu lassen.

# Panik

In ganz Europa würden die Menschenhändler viel darum geben, das Versteck der Mädchen in Erfahrung zu bringen, die ihnen entkommen konnten. Allein schon deshalb, weil eine gelungene Flucht auch den Rest der »Herde« ermuntern könnte, ein solches Wagnis einzugehen. Deshalb jagt der Zuhälter dem davongelaufenen Schäfchen geradezu besessen hinterher: Er will es wieder einfangen und erneut auf die Straße schicken oder aber hart bestrafen, um ein Exempel zu statuieren und die anderen von ähnlichen Plänen abzuhalten. Vor allem aber besteht mit einem ehemaligen Opfer, das am Leben ist, die Gefahr, dass dieses eines Tages als Zeugin vor einem Gericht auftaucht und aussagt. Läuft der Prozess bereits, so wird der beschuldigte Menschenhändler alles daransetzen, um seine Anklägerinnen zum Schweigen zu bringen. Er übt Druck auf ihre Familien aus oder bringt sie selbst schlicht und ergreifend um.

Deshalb geht es in unserem Frauenhaus jederzeit vor allem anderen darum, die Sicherheit der Mädchen zu gewährleisten. Da unser Grundstück nicht eingezäunt ist, kann jeder leicht bis zu dem Haus vordringen. Die Eingangstür ist aber stets verriegelt. Damit sollen einerseits die Mädchen davon abgehalten werden, wegzulaufen, andererseits sollen unbefugte Eindringlinge ferngehalten werden. Nur die Erzieherinnen haben einen Schlüssel, und die Mädchen müssen sie um Erlaubnis fragen, wenn sie das Haus verlassen möchten, selbst wenn sie nur eine Zigarette rauchen möchten. Die Fenster sind zwar nicht vergittert, dafür aber mit jener berühmt-berüchtigten Alarmanlage ausgestattet, die bei der geringsten Erschütterung losgeht. Bei Gefahr, wenn die Mädchen beispielsweise einen verdächtigen Herumtreiber auf der unten vorbeiführenden Straße beobachten, wenn ein Auto zu nah auf unser Haus zufährt oder ein unbekannter Besucher gar die Treppen hinaufsteigt, betätigt die Erzieherin einen im Büro befindlichen Knopf, den wir den Panik-Knopf nennen.

Sobald dieser Knopf gedrückt wird, meldet sich die Zentrale des Schutzdienstes, verlangt nach dem vereinbarten Passwort und fragt, ob alles in Ordnung ist. Besteht weiterhin Gefahr, werden unverzüglich zwei Sicherheitsbeamte auf den Weg geschickt. So weit kommt es glücklicherweise selten. Im Allgemeinen reicht die über dem Eingangstor angebrachte Überwachungskamera aus, um ungebetene Eindringlinge fernzuhalten. Das Bild wird auf einen Bildschirm im Büro übertragen, und so haben wir immer im Blick, was draußen geschieht.

Nachts ist das natürlich eine andere Sache. Vor drei oder vier Jahren, als ich wieder einmal nach einem langen Arbeitstag spät nachts endlich nach Hause gekommen und gerade in meine Kissen gesunken war, klingelte das Telefon. Erschöpft griff ich nach dem Hörer neben meinem Bett. Noch bevor ich ihn an mein Ohr geführt hatte, vernahm ich bereits die aufregte Stimme von Mariana, der Erzieherin.

»Draußen ist ein Auto! Jemand versucht, die Tür zu öffnen! Seid doch einmal still! Die Tür, jemand versucht sie zu öffnen!«

Die hastig hervorgestoßenen Wortfetzen machten mir

sogleich alles klar: Jemand versuchte, in unser Frauenhaus
einzudringen. Nach dem Geschrei der Mädchen zu urtei-
len, das unser Gespräch übertönte, musste sich eine ganze
Armee von Menschenhändlern unter ihren Fenstern aufhalten!

»Beruhige dich, Mariana. Drück auf den Knopf!«

»Das habe ich bereits getan. Ich habe auf den Knopf gedrückt und dann sofort dich angerufen!«

»Gut, dann werden die Sicherheitsleute gleich da sein.
Schau auf den Bildschirm und versuche, das Autokennzeichen aufzuschreiben.«

»In Ordnung, mach ich.«

»Sehr gut, ich bin schon auf dem Weg.«

Ohne meinen Schlafanzug auszuziehen, schlüpfte ich in
meine Stiefel und zog eine Jacke über. Stefan, der damals
ungefähr siebzehn Jahre alt war, lief mir hinterher.

»Mama, wohin gehst du?«

»Ich muss noch mal ins Frauenhaus. Jemand versucht,
dort einzudringen.«

»Warte, ich komme mit dir.«

»Kommt gar nicht in Frage. Leg dich wieder schlafen.
Ich rufe dich nachher an.«

Drei Minuten später saß ich bereits am Steuer meines Autos. Auf der Straße gab ich Vollgas. Eine Hand
hatte ich am Lenkrad, mit der anderen betätigte ich mein
Handy. Ich rief zuerst die Zentrale des Schutzdienstes an,
um mich zu vergewissern, dass sie jemanden losgeschickt
hatten, dann das Frauenhaus.

»Mariana? Ich bin unterwegs. Hast du das Autokennzeichen notiert?«

»Ja, habe ich.«

»Gib es mir.«

Etwa einen Kilometer von meiner Wohnung entfernt,

bemerkte ich in der Ferne die Scheinwerfer eines Autos, das mir entgegenkam. Es war ein Uhr morgens, und die Straße war ansonsten leer: Das mussten sie sein, und offenbar machten sie sich aus dem Staub. Ohne nachzudenken fuhr ich über die Mittellinie und stellte mein Auto mit leuchtenden Scheinwerfern quer über die Straße, um sie an der Weiterfahrt zu hindern. Ihr Wagen kam unmittelbar vor meiner Motorhaube zum Stehen. Das Autokennzeichen stimmte mit dem überein, das Mariana mir genannt hatte: Sie hatte gut aufgepasst! Ich tobte innerlich vor Wut: Diese Typen hatten mich mitten in der Nacht aus meinem Bett geholt, dafür sollten sie bezahlen ... Wie eine Furie stieg ich aus, rannte zu ihrer Fahrertür hinüber und riss sie fluchend auf: »Woher kommen Sie? Ich weiß, dass Sie in mein Haus eindringen wollten, also keine Ausreden! Was wollten Sie dort?«

Im Innern des Wagens saßen drei Männer: zwei hinten, deren Gesichter ich nicht erkennen konnte, und der Fahrer, ein recht junger Mann. Mir fiel auf, dass sein Oberkörper erstaunlich weit vom Lenkrad entfernt war, was nur eines bedeuten konnte: Dieser Typ hatte sehr lange Beine und war vermutlich doppelt so groß wie ich! Keinen Augenblick dachte ich daran, wie grotesk die Situation wirken musste: Eine kleine, wutschnaubende Blondine plustert sich vor einem Hünen auf – und das alles nachts an einem gottverlassenen Ort! Der Fahrer versuchte ungeschickt, sich aus dem Auto herauszuwinden. Da trat ich mit dem Fuß die Tür wieder zu, um ihn daran zu hindern.

»Du wirst schön da drinnen bleiben, du Mistkerl!«

Das hätten gut und gerne meine letzten Worte sein können, denn er wirkte so, als würde er in den nächsten Sekunden auf mich einprügeln wollen ... aber ich hatte

Glück. Die Sicherheitsbeamten, die auf dem Weg zum Frauenhaus waren, tauchten genau in diesem Augenblick auf und begriffen die Situation sofort: Eine hysterische Blondine, die mitten auf der Straße wild gestikuliert – das konnte nur ich sein! Ich dankte Gott, dass ich mich nicht aufgegeben hatte.

Ich überließ es diesen muskelbepackten Schränken, sich um die drei Männer im Auto zu kümmern und sie auf die Polizeiwache zu fahren, wo Anzeige gegen sie erstattet wurde. Im Frauenhaus herrschte eine heillose Aufregung. Den Mädchen saß der Schreck immer noch in den Gliedern, sie waren im Wohnzimmer und schnatterten alle gleichzeitig durcheinander. Mariana gelang es nicht, sie zu beruhigen. Keines der Mädchen kannte den Mann, der so heftig gegen die Tür geschlagen hatte: Also konnte es keiner der ehemaligen Zuhälter sein, der eines seiner abhandengekommenen Schäfchen wieder einfangen wollte. Es musste sich um andere Menschenhändler handeln, denen man hinterbracht hatte, dass an dieser Stelle ein paar preiswerte »Stücke« zu holen seien, und die sich nun einfach nur hatten bedienen wollen.

Am nächsten Morgen bestätigte die Polizei meinen Verdacht. Stefan war sehr besorgt und redete mir ins Gewissen: »Das war wahnsinnig leichtsinnig von dir, Mama! Stell dir doch mal vor, was hätte passieren können!«

»Sie haben mich aufgeregt, und ich war furchtbar wütend!«

»Gut, aber nimm beim nächsten Mal wenigstens meinen Baseballschläger mit. Du solltest ihn ohnehin immer im Kofferraum liegen haben.«

»Einen Schläger? Wozu denn? Soll ich ihnen damit Beine machen?«

Wenn ich ehrlich war, wusste ich, dass meine Wut mich

beim nächsten Mal – falls sich ein solcher Vorfall wiederholen sollte – zu einer ähnlichen Verhaltensweise treiben würde. Für wen hielten diese Schurken sich? Allein
der Gedanke, dass sie ungestraft herumliefen, verursachte
mir Übelkeit. Ich bin überzeugt, dass bereits die Tatsache,
dass eine Frau gegen sie aufbegehrt, selbst wenn es ein so
mangelhaftes Exemplar wie meine Person ist, ausreicht,
um sie vollkommen aus der Fassung zu bringen: So etwas
sind sie einfach nicht gewohnt! Außerhalb ihrer vertrauten Verhaltensmuster sind diese Kerle im Grunde Feig-
linge und wissen schnell nicht mehr weiter. Dafür spricht
auch, dass noch nie einer von ihnen die Hand gegen mich
erhoben hat! Auch nicht an jenem Abend, an dem ich
mich buchstäblich zwischen die Menschenhändler und
die Mädchen geworfen habe …

Es war wieder einmal nachts: Sie kommen immer in
der Dunkelheit, wenn alle schlafen. Die Erzieherin hatte
auf dem Kies im Hof knirschende Reifen gehört. Sie
hatte den Panik-Knopf gedrückt und dann auch sofort
mich geweckt. In Windeseile machte ich mich auf den
Weg zum Frauenhaus. Als die Kerle mich unten auf dem
Weg heranfahren sahen, stiegen sie wieder in ihr Auto.
Zu spät: Ich verstellte ihnen mit meinem Dacia den Weg
und sprang, wilde Beschimpfungen ausstoßend, aus meinem Wagen. Ich schrie so laut, dass die Eindringlinge offenbar nicht realisierten, dass ich eine recht kleine Person
bin. Sie blieben in ihrem Auto sitzen und wussten nicht
wirklich, was sie tun sollten. Im Haus drängten sich die
Mädchen auf den Treppenstufen, denn durch das Fenster im Treppenhaus blickt man direkt auf die Zufahrt.
Ungeachtet der Gefahr und der heiklen Lage, in der ich
mich befand, schimpfte ich weiter. Ohne ihren Blick auch
nur eine Sekunde abzuwenden, lauschten die Mädchen

fasziniert und gaben lautstark ihre Kommentare zu dem Schauspiel ab.

Auch dieses Mal trafen die Wachposten rechtzeitig ein. Oben am Fenster brachen die Mädchen in Jubel aus. Noch nie hatten sie miterlebt, dass eine Frau diesen Schurken die Stirn geboten hatte. Die beiden Sicherheitsbeamten zogen die Kerle rücksichtslos aus dem Auto, beförderten sie in ihr eigenes, um sie auf die Polizeiwache zu bringen. Am nächsten Tag erfuhren wir, dass diese Menschenhändler aus Călăraşi stammten, einer Stadt im Südosten des Landes unweit des Schwarzen Meeres. Zu diesem Zeitpunkt sollte die sechzehnjährige Iula in einem Prozess aussagen, der ausgerechnet in Călăraşi stattfand. Die Angeklagten hatten also offenbar ihre Schergen geschickt, um die Zeugen einzuschüchtern. Über Monate, manchmal sogar Jahre hinweg leben die Opfer sexueller Gewalt in Angst und Schrecken. Auch bei denjenigen, die den Weg aus diesem Milieu schaffen, wird diese Angst niemals ganz weichen. Die Menschenhändler wissen genau, dass sich eine ehemalige Prostituierte sehr schnell beeindrucken lässt. So verschaffte es mir eine besondere Genugtuung, diese Schurken vor den Jugendlichen lächerlich gemacht zu haben!

Die unglaublichste Geschichte ereignete sich vor ein paar Monaten. Bereits seit zwei Wochen beobachteten wir in der Nähe des Frauenhauses das merkwürdige Treiben eines Unbekannten: Jeden Abend bezog er Stellung auf der unten vorbeiführenden Straße, setzte sich auf die Motorhaube seines Wagens, blickte zu unserem Haus herauf und richtete ein seltsames kleines rotes Licht, offenbar eine Laserlampe, darauf. Das verängstigte die Mädchen sehr, aber ich konnte nicht einschreiten: Der Mann bewegte sich auf öffentlichem Grund und Boden und tat nichts Strafbares. Aber eines unserer Mädchen, Sanda, hatte ihn wiedererkannt: Er gehörte zu der Bande ihres ehemaligen Zuhälters. Eines Abends sahen die Mädchen nun durch das Fenster in der ersten Etage, wie das kleine Licht sich auf das Haus zu bewegte. Ich hatte keinen Dienst, aber die Erzieherin rief mich an. Daraufhin verständigte ich den Schutzdienst und bat sie, ebenfalls zum Frauenhaus zu fahren. Als ich dort ankam, war das Auto nicht mehr da. Die inzwischen eingetroffenen Beamten stiegen zu mir in meinen Wagen und wir inspizierten die unmittelbare Umgebung. Nur wenige Meter weiter unten entdeckten wir das am Straßenrand parkende Auto. Die Sicherheitsbeamten warnten mich: »Sie können nichts tun, Iana. Er hat das Recht, hier herumzustehen!«

Das konnte ich nicht so hinnehmen und fuhr direkt neben das parkende Auto.

»Drehen Sie bitte die Fensterscheibe herunter, ich will mit ihm sprechen!«

»Er kann Sie wegen Belästigung anzeigen, Iana!«

»Drehen Sie die Fensterscheibe herunter!«

Der Beamte auf dem Beifahrersitz kam meiner Aufforderung nach. Der Fahrer des geheimnisvollen Wagens folgte seinem Beispiel.

»Guten Tag! Warten Sie auf jemanden?«

»Ja, na und?«

Als ich seine widerliche Fratze sah, kam mein Blut in Wallung. Er hatte eine Mütze tief ins Gesicht gezogen, sodass man ihn nicht erkennen konnte. Ich stieg aus dem Auto und öffnete seine Tür.

»Was wollen Sie eigentlich? Jeden Tag, wenn ich hier vorbeifahre, stehen Sie hier vor meinem Haus. Was haben Sie für ein Problem? Wollen Sie mit Sanda sprechen?«

Der Typ zögerte. Die Gegenwart der beiden uniformierten Männer neben mir brachte ihn etwas aus der Fassung. Ich ließ nicht locker: »Los, steigen Sie in meinen Wagen, ich bringe Sie zu ihr, wenn Sie wollen.«

»Äh … gut, einverstanden.«

Unter den verdutzten Blicken der beiden Sicherheitsleute, die rätselten, was ich wohl vorhatte, stieg der Mann in meinen Dacia. Als die Mädchen den Zuhälter ins Haus kommen sahen, flüchteten sie nach oben oder in die Küche. Ich bat den Menschenhändler, in meinem Büro Platz zu nehmen.

»Möchten Sie einen Kaffee?«

»Da sage ich nicht nein.«

Ich ließ ihn mit den beiden Männern im Büro und warf ihnen beim Hinausgehen einen verschwörerischen Blick zu: Jetzt konnten sie diesen kurzen Augenblick nutzen, wie sie wollten. In der Küche machte Mariana den Kaffee.

»Iana, weißt du, was du da tust?«

»O ja! Dieser Idiot hat sich tatsächlich in die Höhle des Löwen gewagt!«

»Willst du wirklich, dass ich ihm einen Kaffee bringe?«

»Natürlich! Er wollte doch einen haben!«

»Soll ich die Tasse auf den Tisch stellen oder ihm über den Kopf gießen?«

»Stell sie ihm einfach hin.«

Widerwillig brachte ihm Mariana seine Tasse. Unterdessen rief ich auf der Wache an und erzählte die ganze Geschichte. Die Polizei rückte an, nahm meine Aussage auf und auch die der Mädchen, die erzählten, wie der Mann jeden Abend auf der Lauer lag und mit dem roten Licht drohend zu ihnen hinüberleuchtete. Sie nahm den Menschenhändler mit und brummte ihm eine Strafe von 5000 Leu, also ungefähr 1200 Euro auf. Das war ein teurer Kaffee! Noch lange nachdem er verschwunden war, konnte Sanda sich vor Lachen kaum halten. Und noch heute amüsieren Mariana und ich uns über ihn: Dieser Typ dachte doch allen Ernstes, dass ich ihm Sanda übergeben würde!

Letztlich lauern die eigentlichen Gefahren aber nicht so sehr im Frauenhaus selbst, das einen recht guten Schutz bietet, sondern draußen. Die Mädchen, die bei einem Prozess gegen einen Menschenhändler aussagen sollen, werden immer wieder unter Druck gesetzt oder eingeschüchtert. Das ist auch einer der Gründe, warum das Frauenhaus eine unabhängige Einrichtung bleiben muss und in keiner Weise von staatlichen Subventionen abhängig sein darf. Was den Sexhandel angeht, kann man einfach niemandem vertrauen. Vor allem bei uns in Rumänien, wo die meisten Institutionen von Korruption unterwandert sind. Noch viel zu oft steckt die Polizei mit den Kriminellen unter einer Decke. Deshalb sind wir stets auf der Hut. Ich erinnere mich an einen Prozess, bei dem Mihaëla und Lucia aussagen sollten, zwei Schwestern, die ich gemeinsam bei mir aufgenommen hatte. Ich bringe die Mädchen stets höchstpersönlich zum Gericht, und die Anhörung fand diesmal in Turnu Severin nahe der serbischen Grenze statt, also ungefähr 400 Kilometer von Pitești entfernt. In diesem Fall war mein Misstrauen besonders groß. Einer der beschuldigten Menschenhändler war ein ehemaliger Polizist, hatte also gewiss noch Bekannte bei der dortigen Polizei. Ich fürchtete, er könnte sie beispielsweise zur Flucht nutzen, und wenn die Menschenhändler rechtzeitig Wind von unserer Ankunft bekämen – wer weiß, zu was sie dann fähig sein würden. Als Vorsichtsmaßnahme bat ich zwei Leibwächter, uns bis zum Verhandlungsort Geleitschutz zu geben.

Unterwegs merkte ich sehr schnell, dass wir verfolgt

wurden. Im Rückspiegel sah ich, dass unsere Verfolger einen beträchtlichen Abstand hielten. Glücklicherweise kenne ich Piteşti wie meine Westentasche. Außerdem sind Verfolgungsjagden meine Stärke! Noch bevor wir auf der Autobahn waren, hatte ich sie abgehängt. Aber diese Episode verhieß nichts Gutes. Die Mädchen hatten nichts bemerkt. Kurz vor Erreichen unseres Ziels rief ich den zuständigen Polizeibeamten an.

»Es ist alles in Ordnung. Wir sind noch unterwegs, aber wir mussten Verfolger abschütteln, die für ein paar Kilometer hinter uns her waren.«

»Ach ja, und warum hätte man Sie verfolgen sollen?«

»Das müssten Sie doch wissen! Wir sind jetzt bald da, können Sie mir versichern, dass Sie die Örtlichkeiten gut inspiziert haben und dass es kein unvorhergesehenes Empfangskomitee gibt?«

»Nein, nein, hier ist alles ruhig.«

»Gut …«

In Turnu Severin stellte ich meinen Wagen auf dem Parkplatz des Kommissariats ab. Die Vorgehensweise ist immer die gleiche: Bei einer Zeugenaussage begleitet die Polizei die Zeugin bis ins Gericht. Die beiden Leibwächter hatte ich dort hinbestellt, und sie erwarteten uns bereits. Ich ließ sie mit den beiden Schwestern zurück und begab mich ins Gebäude, um den Polizeibeamten von unserer Ankunft zu unterrichten. Als dieser mit mir auf den Parkplatz hinausging, konnte er seinen Missmut angesichts der beiden schwarz gekleideten Männer nicht verhehlen.

»Wer sind denn diese Typen?«

»Unsere Leibwächter. Ich habe sie zu unserem Schutz angeheuert.«

»Wen wollen Sie denn hier vor wem schützen, Iana?«

»Man kann nie wissen.«

Dieser Bulle war viel zu nervös, um aufrichtig zu sein. Plötzlich wurde Mihaëla, die Ältere der beiden, blass.

»Er ist da.«

»Wer denn?«

»Ein Menschenhändler aus der Bande. Schau auf die andere Straßenseite.«

Der Polizist spottete.

»Na, na. Sie sehen ja schon überall Menschenhändler!«

Ich hingegen nahm den Vorfall sehr ernst. Diesmal hatten wir es mit ganz anderen Typen zu tun als den Halbstarken, die lediglich ihre Nasenspitze in unser Frauenhaus steckten. Hier handelte es sich um gut funktionierende Netzwerke. Allein die Präsenz dieses Typen bewies, dass man sie ins Bild gesetzt hatte. Die Leibwächter hatten den von den Mädchen bezeichneten Mann im Blick. Dicht aneinandergedrängt marschierten wir ungehindert ins Gericht. Als wir nach der Aussage der Mädchen wieder herauskamen, flüsterte Mihaëla mir angsterfüllt ins Ohr: »Sie sind immer noch da. Sieh nur, jetzt sind sie zu zweit.«

Die mit ihren fünfzehn Jahren noch um zwei Jahre jüngere Lucia drängte sich instinktiv an ihre Schwester. Jetzt machte ich mir ernsthaft Sorgen. Jemand hatte die Zuhälter informiert, das war offensichtlich. Und sie würden es allem Anschein nach nicht dabei belassen, uns aus der Ferne einzuschüchtern. Die Mädchen mussten noch einmal im Zeugenstand aussagen, und wenn sie ihre Meinung nun änderten, würde der ganze Prozess platzen. Es drängte sich mir der Verdacht auf, dass diese verschlagen dreinblickenden Typen uns folgen wollten, um uns auf den Leib zu rücken, sobald wir die Stadt hinter uns gelassen hätten.

Es kommt häufig vor, dass die Zeuginnen auf der Straße von Männern bedrängt, angegriffen und zum Anhalten gezwungen werden. Manchmal werden sie sogar zu Tode geprügelt, die Angreifer hingegen suchen unbehelligt das Weite, und der Vorfall hat keine weiteren Folgen. So wie die Sache hier lag, konnte ich nicht auf die Unterstützung der lokalen Polizei zählen. Während wir auf meinen Wagen zugingen, warfen mir die Leibwächter fragende Blicke zu.

»Auf geht's. Letztlich sind sie ja nur zu zweit. Wir werden versuchen, sie abzuhängen.«

»Im Ernst? Soll einer von uns fahren?«

»Nein, es ist mein Auto, und ich kenne es besser als Sie.«

»In Ordnung.«

Unsere Leibwächter ließen die beiden Männer nicht eine Sekunde aus den Augen. Die beiden zögerten offenbar. Sie hatten jetzt begriffen, dass die schwarz gekleideten Hünen mit ihren Maschinenpistolen um uns herum keine Polizisten waren, wie sie zunächst angenommen hatten. Aus ihren Bewegungen schloss ich, dass sie das Für und Wider eines Angriffs unter diesen Umständen abwogen. Als ich losfuhr, stiegen sie wieder in ihren Wagen und suchten das Weite. Ich war wütend, aber auch erleichtert, denn ich hatte große Angst um die Mädchen gehabt.

Wie hätte ich mir nach einem solchen Vorfall vorstellen können, unter der Vormundschaft der Regierung zu arbeiten? Im Jahr 2007, nach der Integration Rumäniens in die europäische Gemeinschaft, stellte das Nationale Büro gegen Menschenhandel, NAATIP (National Agency Against Trafficking In Persons), Gelder bereit für die Opfer von sexueller Gewalt und die Öffnung von neun Aufnahmezentren im ganzen Land. Zur gleichen Zeit gründete der Verein ein Büro zur Koordination von Informationen und zur Unterstützung von Opfern des Menschenhandels. Außerdem wurde eine Datenbank ins Leben gerufen, in der alle vorhandenen Daten über Betroffene gesammelt werden: Name, Alter, Adresse, aber auch die Angaben zu den Eltern, der Name des jeweiligen Menschenhändlers, die Prozesse, in denen sie ausgesagt haben usw. Ziel dieser Maßnahmen ist es, diese Daten all jenen Institutionen zur Verfügung zu stellen, die den Menschenhandel bekämpfen, um die Kooperation zwischen den verschiedenen Einrichtungen und dem restlichen Europa zu erleichtern. Selbstverständlich ist der Inhalt dieser Datenbank streng vertraulich, und nur sehr wenigen, ausgewählten Personen wird Einsicht gewährt. Das Problem ist jedoch, dass es immer noch zu viele sind! Wie lässt sich bei der auf allen Ebenen um sich greifenden Korruption die vertrauliche Behandlung dieser Daten sicherstellen?

Ich habe den Direktor des Vereins persönlich kennengelernt. Er hat mir hoch und heilig geschworen, dass die Identität der Mädchen sehr gut geschützt und die Gefahr einer undichten Stelle gleich null sei. Ich antwortete ihm, dass ich entsprechende Informationen nur weitergeben würde, wenn das Opfer mich dazu autorisiert. So sieht meine Vorgehensweise aus: Ich zwinge niemanden zu reden und noch weniger zu kooperieren. Auch wenn ich mir damit den Zugang zu staatlichen Geldern verbaue. Es ist mir lieber, alle privaten Sponsoren dieser Welt abzuklappern, als das Risiko einzugehen, dass ich meine Schützlinge in Bedrängnis bringe.

Und ich kann Ihnen versichern, dass keines der Mädchen, die ich auf ihrem Weg begleitet habe, eingewilligt hat, in irgendeiner Datenbank der Regierung erfasst zu werden. Nun verhält es sich aber so, dass die Regierung nur die NGOs subventioniert, die an diesem Programm teilnehmen, und dass die Polizei wiederum nur dann den Zeugenschutz gewährt, wenn man sich zu jeder Form der Kooperation bereit erklärt, eingeschlossen das systematische Verzeichnis aller persönlichen Informationen über die Betroffenen. Da werden die Opfer rasch misstrauisch und ziehen ihre Anklage lieber zurück. Das Ergebnis spricht für sich: Seit 2007 befindet sich die Zahl der gegen Menschenhändler angestrengten Prozesse im freien Fall. Letztlich hat diese neue Richtung der Politik erleichtert, was sie gerade unterbinden wollte: Der Sexhandel hat sich nicht verringert, sondern hat, im Gegenteil, noch nie so blühende Zeiten erlebt wie jetzt.

# Zehn Gebote

Jedes Mädchen, das neu im Frauenhaus ankommt, unterzeichnet einen Vertrag. Er listet die Rechte, aber auch die Verpflichtungen der Mädchen auf. Mit der Unterschrift willigt das Mädchen ein, sich an die im Frauenhaus herrschenden Regeln zu halten. Diese zehn Gebote sind für alle gleich.

1. Wir empfangen die neuen Mädchen so, wie wir selbst empfangen wurden: mit Freundlichkeit und Respekt.
2. Wir arbeiten im Team: Wir äußern unseren Standpunkt, hören aber auch den anderen zu.
3. Wir erledigen die Hausarbeit und teilen uns die anfallenden Arbeiten. Wir kommen den übernommenen Pflichten ohne Murren nach.
4. Wir vermeiden Streit. Bestehen Meinungsverschiedenheiten, so reden wir darüber und klären sie im Gespräch.
5. Wir lügen nicht und verbergen nichts, selbst wenn es schwer ist, die Wahrheit zuzugeben. Wichtig ist, dass wir über alles sprechen können.
6. Wir stehlen nicht.
7. Wir trinken keinen Alkohol und nehmen im Frauenhaus keine Drogen zu uns.
8. Wir beleidigen weder Kameradinnen noch Betreuerinnen. Die Gemeinschaft im Frauenhaus gleicht einer Familie: Wir achten einander.

9. Wir werden niemals handgreiflich. Physische Angriffe führen zum sofortigen Ausschluss aus dem Programm.
10. Wir gehen nicht mit einem Jungen aus und besuchen keine Diskothek. Über Liebesbeziehungen wird lediglich gesprochen. Diese Gespräche sollen den Mädchen dabei helfen, zu verstehen, was in ihren vergangenen Beziehungen falsch gelaufen ist und wie zukünftige Beziehungen vielleicht einmal aussehen können.

Diese zehn Grundsätze sind natürlich nicht von einem Tag auf den anderen entstanden. Ich bin nicht etwa eines Tages aufgewacht und habe mir gesagt: Heute könnte ich ihnen doch eigentlich mal verbieten, sich gegenseitig an den Haaren zu ziehen! Das Regelwerk ist die Frucht meiner Erfahrung mit den Jugendlichen, die oft nur eines im Sinn haben: genau das Gegenteil von dem zu tun, was man ihnen auferlegt.

An die lästigen Hausarbeiten gewöhnen sie sich meist recht schnell. Ist das Bad nicht geputzt, so sind sie die Ersten, die das nicht ertragen können. Außerdem steht es ihnen frei, die Aufgaben zu verteilen oder zu tauschen. Diejenigen, die arbeiten gehen, können beispielsweise anderen etwas dafür bezahlen, dass sie ihre Hausarbeiten übernehmen. Natürlich führen solche Abmachungen manchmal zu Streitigkeiten, wenn zum Beispiel ein Mädchen vergisst zu bezahlen, aber dann greift die Erzieherin schlichtend ein, und man findet immer eine Lösung. Nicht zu lügen und die anderen Mädchen nicht beherrschen zu wollen, ist schwieriger: Es braucht Zeit und viele Gespräche, um diese Verhaltensweise zu erlernen und zu beherzigen.

Der Drogenkonsum ist eigentlich kein Problem, und nur wenige der Mädchen haben während der Zeit ihrer Prostitution Drogen zu sich genommen. Zum einen haben die Opfer des Sexhandels meist kein Geld, um sich Drogen zu kaufen, zum anderen haben die Zuhälter kein Interesse daran, ihre Mädchen unter Drogen zu setzen und sie dann in diesem Zustand auf die Straße zu schicken. Drogen sind teuer, drei Ohrfeigen dagegen umsonst und um einiges wirksamer. Die Mädchen sind also nicht auf Entzug, wenn sie hier eintreffen. Beim Alkohol sieht die Sache etwas anders aus. Jedoch hatte noch keines der Mädchen, die ich hier aufgenommen habe, mit echten Suchtproblemen zu kämpfen. Das hindert manche von ihnen jedoch nicht, die Vorgaben zu bestimmten besonderen Anlässen wie beispielsweise Geburtstagen oder Ausflügen neu aushandeln zu wollen.

»Nur dieses eine Mal, heute ist doch ein Festtag ...«

»Können wir nicht wenigstens alkoholfreies Bier trinken?«

Von abendlichen Besuchen in Bars oder Diskotheken nehmen sie allerdings selbst Abstand. Nicht etwa, dass sie keine Lust dazu hätten, aber ihnen ist im Grunde klar, dass es dort zu gefährlichen Begegnungen kommen könnte. Etwas Schlimmeres, als ihren früheren Zuhältern oder deren Handlangern über den Weg zu laufen, können sie sich kaum vorstellen. Für das Verbot, einen Freund zu haben, bringen sie jedoch nur schwer Verständnis auf. Welche Fünfzehnjährige will nicht mit Jungen herumflirten? Ja, aber es gilt zu bedenken, dass diese Mädchen durch ihre Erlebnisse eine vollkommen verfälschte Vorstellung von einer Partnerschaft zwischen Mann und Frau haben. Sie träumen alle davon, einen Freund zu finden, zu heiraten und Kinder zu bekommen. Darin sehen sie den einzigen Weg, ihr Leben zu ändern, zu einer neuen Existenz zu finden. Das Problem ist nur, dass sie gerade deshalb dem Erstbesten um den Hals fallen und sich ihm mit Leib und Seele hingeben. Daher können sie sich nicht vorstellen, dass man mit einem Jungen ausgeht und keinen sexuellen Kontakt mit ihm hat. Sie kennen die traditionellen Rituale der Annäherung nicht und bleiben bei dem einzigen Verhaltensmuster, das sie in dieser Hinsicht erlernt haben. Zwangsläufig geraten sie damit an Männer, die sie wieder ausnutzen werden, und so wiederholt sich ganz von selbst das Unterwerfungsschema, das sie konditioniert hat. Darüber sprechen wir sehr ausgiebig. Die Arbeit der Sozialarbeiterinnen besteht darin, ihnen gewisse Werte zu vermitteln, und sie fordern auch immer wieder die Achtung der Gebote ein. Das heißt allerdings nicht, dass es nicht zu Übertretungen kommt.

In den zwei Jahren, die Nicoleta jetzt im Frauenhaus ist, hat sie beinahe alle Regeln übertreten. Mit ihren hübschen dunklen Haaren und ihrem ungezähmten Blick erinnert sie mich ein wenig an eine kleine Wildkatze. Als der Kinderschutz sie zu mir schickte, war sie fünfzehn Jahre alt und pendelte zwischen dem Haushalt ihrer Mutter und demjenigen ihrer Großmutter. Ihre Eltern waren geschieden. Der Vater hatte das Sorgerecht für ihre Geschwister erhalten, aber für sie lag das Sorgerecht bei der Mutter. Leider hatten sich die Familienbeziehungen verschlechtert, und Nicoleta versuchte immer wieder davonzulaufen. Ihre Mutter war selbst Opfer eines rumänischen Menschenhändlers gewesen und war mehrere Monate lang in Italien zur Prostitution gezwungen worden. Da Nicoleta kein vertrauensvolles Verhältnis zu ihrer Mutter entwickeln konnte, wandte sie sich einem Jungen zu. Dieser schickte sie auf die Straße. Das ist ein ganz klassischer Ablauf: Ein Menschenhändler nutzt die Schwäche eines Mädchens aus und erreicht, dass es alles tut, was er von ihm verlangt. Er war seine einzige Bezugsperson, es war verliebt und hatte Angst, ihn zu verlieren. Unbewusst wollte es meiner Meinung nach auch seiner Mutter nacheifern und damit ihre Aufmerksamkeit erreichen. Bei unserem ersten Gespräch im Frauenhaus, bei dem wir uns zunächst einmal nur kennenlernen wollten, widersprach mir Nicoleta aufgebracht: »Er ist mein Freund, nicht mein Zuhälter! Er zwingt mich nicht dazu, irgendetwas zu tun!«

Immer noch in Begleitung des Kinderschutzes kam sie zu einem erneuten Gespräch. Dieses Mal ließ sie sich mehr auf ein Gespräch ein und gestand wenigstens andeutungsweise, dass ihr »Freund« sie mit anderen Männern schlafen ließ. Er tat es, um sich besser um sie kümmern zu können, um ihr Geschenke kaufen zu können, behauptete er. Am Ende unterzeichnete sie den Vertrag. Ihre Mutter war so überlastet, dass sie Nicoleta nicht mehr bei sich haben wollte, und so blieb ihr ohnehin kaum eine Alternative.

Die Anfangszeit war reichlich chaotisch, denn es fiel Nicoleta schwer, sich einzufügen. Wie alle Neuankömmlinge spielte sie zunächst ihre Spielchen, um die Situation in der Gruppe zu testen. Diese Mädchen kommen aus einer Umgebung, in der es weder Vertrauen noch Regeln gibt, und sie sind es gewohnt, auf Gewalt ebenfalls mit Gewalt zu reagieren. Gleichzeitig werden sie von der Gewalt aber auch terrorisiert. Daher wollen sie sich Gewissheit darüber verschaffen, ob und wann sie wieder zuschlägt. Nicoleta wollte zunächst vor allem unter Beweis stellen, dass sie sich nicht unterkriegen lässt. Um jeden Preis wollte sie eine Position der Macht für sich erringen. Eines Abends weigerte sie sich, schlafen zu gehen. Die anderen waren bereits alle im Bett. Die Erzieherin sah über einen ganzen Schwall von Beleidigungen hinweg und erreichte schließlich, dass Nicoleta in ihr Zimmer hinaufging. Ein paar Minuten später löste sie durch Schläge ans Fenster die Alarmanlage aus. Damit hatte sie das ganze Haus aufgeweckt, niemand konnte mehr schlafen. Die diensthabende Erzieherin sah sich nun ihrerseits zu härteren Maßnahmen genötigt. Die anderen Mädchen lauschten gespannt, wer die Oberhand in der Auseinandersetzung behalten würde. Da sich die Erzieherin jedoch außerstande sah, Nicoleta zur Vernunft zu bringen, rief sie mich zu Hilfe. Ich war zu Hause, es war spät, und dieser Anruf verärgerte mich in höchstem Maß. Jetzt musste ein für alle Mal Schluss sein mit diesen Spielchen.

Bevor ich das Frauenhaus betrat, bemühte ich mich um einen möglichst wütenden und unerbittlichen Gesichtsausdruck. Dann riss ich die Tür auf – und stand ihr sofort gegenüber. Ich drängte sie in die Küche, während die anderen Mädchen im Wohnzimmer blieben. Wir standen einander gegenüber, die Gesichter nur wenige Zentimeter voneinander entfernt. Jetzt musste ich sie bezwingen. In ihrer Angst machte sie sich ganz steif und wartete vermutlich darauf, dass ich sie ohrfeigte. Als der Schlag nicht kam, gewann sie ein wenig Haltung zurück. Anstatt nun den Rückzug anzutreten, was in ihren Augen einen Gesichtsverlust gegenüber den auf der anderen Seite der Wand lauschenden Mädchen bedeutet hätte, ließ Nicoleta sich lässig auf einen Stuhl fallen und zündete sich eine Zigarette an. Ihre Machtposition stand auf dem Spiel, sie musste einen Ausweg finden. Ich ließ ihr jedoch keine Zeit zum Überlegen. Ich maß sie von Kopf bis Fuß mit einem Blick und ging mit scharfer Stimme zum Angriff über.

»Ich bin sehr, sehr wütend, Nicoleta. Glaubst du, dass es mir Spaß macht, mitten in der Nacht hierherzukommen, um mich mit deinen Sonderwünschen zu beschäftigen? Was ist eigentlich dein Problem?«

»Ich kann nicht schlafen.«

Ihre Antwort kam beinahe schüchtern, und sie beobachtete mich verstohlen, um meine Reaktion einzuschätzen. Als ich schwieg, wurde sie kühner und sprach lauter: »Ich kann nicht schlafen, und niemand kann mich zwingen, ins Bett zu gehen, wenn ich keine Lust dazu habe. Niemand gibt mir hier Befehle! So lasse ich nicht mit mir reden!«

Diesmal schrie sie beinahe. Sie wollte den anderen zeigen, dass sie keine Angst vor mir hatte, dass sie sich nichts von mir weismachen lassen würde. Als sie gerade den Mund wieder öffnen wollte, hielt ich ihr die Nase zu. Das tat ich ganz spontan, ganz ohne zu überlegen. So verkümmerte ihre wütende Schmährede zu einem näselnden Quengeln, und das hinter der Wand verborgene, aber mucksmäuschenstill lauschende Publikum brach in heulendes Gelächter aus.

»Jetzt schauen wir doch einmal, ob du auch durch die Nase reden kannst!«, spottete ich.

Nicoleta war so überrumpelt, dass sie mit weit aufgerissenen Augen versuchte, trotz weiterhin zugehaltener Nase, ihre Wutrede fortzuführen. Es war vergeblich: Ihre Stimme klang so jämmerlich, dass die Mädchen sich vor Lachen nicht mehr halten konnten. Jetzt stiegen Nicoleta Tränen in die Augen, und sie hielt inne. Da klingelte es: Die durch den Alarm aufgeschreckten Sicherheitsleute waren eingetroffen.

»Guten Abend, meine Herren. Stellen Sie sich vor, Nicoleta wollte Sie unbedingt sehen. Sie muss Sie offenbar sehr anziehend finden.«

Die Mädchenschar prustete los. Nicoleta kroch wild fluchend auf allen vieren auf dem Boden herum und suchte unter dem Tisch ihren Nasenring. Ich hatte beim Zukneifen ihrer Nase, ohne jede Absicht, ihr Piercing gelöst. Der Stecker war innen hängen geblieben, aber der kleine Schmuckstein war heruntergefallen. Spöttisch beugten sich die Wachleute über sie.

»Nun, Miss, wo liegt das Problem?«

»Nenn mich nicht Miss, klar?«, fauchte sie.

»Ich soll dich nicht Miss nennen? Sag mal, für wen hältst du dich eigentlich? Du glaubst wohl, du bist besonders schlau!«

Nicoletas Augen blitzten vor Zorn. Ich beendete die Auseinandersetzung, denn ich war noch nicht fertig.

»Jedenfalls sind Sie gerade zur rechten Zeit aufgetaucht. Das Fräulein hat einen Nervenzusammenbruch, nehmen Sie sie bitte mit ins Krankenhaus. Dort wird man schon Mittel und Wege finden, um sie zu beruhigen. Los, Nicoleta, zieh dich rasch an, wir warten unten auf dich.«

Mit zitterndem Kinn, krebsroter Nase, aber hocherhobenem Haupt ging die kleine Tigerin nach oben, um sich anzuziehen. In der psychiatrischen Ambulanz nahm sich eine reizende Ärztin ihrer an. Als sie mit Nicoleta in ihrem Büro allein war, nahm sie sich beinahe zwei Stunden Zeit für ein Gespräch mit ihr, in dem sie zunächst nach ihrem Alter fragte, dann aber auf das Verhältnis zu ihren Eltern und ihren Freunden zu sprechen kam, und auch auf die wiederholten Fluchtversuche. Am Ende bat mich die Ärztin, zu ihnen ins Krankenhaus zu kommen.

»Ich glaube, Sie können sie jetzt wieder mit nach Hause nehmen. Sie hat sich beruhigt. Nicht wahr, Nicoleta?«

»Ja.«

»Du wirst dich jetzt also vernünftiger verhalten?«

»Ja.«

»Was willst du mit deinem Leben anfangen, Nicoleta? Ist dir überhaupt klar, dass du hier gerade eine große Chance bekommst? Nutze die Zeit im Frauenhaus! Und auch die Tatsache, dass diese nette Frau sich um dich kümmert!«

»Was?«

Mit ihrem empörten Gesichtsausdruck wollte sie deutlich machen, dass sie diese Bemerkung ernsthaft in Zweifel zog. Noch einmal wollte Nicoleta ihre Verachtung hervorkehren. Die Ärztin ließ sich aber nicht beirren.

»Ja, möchtest du noch etwas sagen?«

Nicoleta seufzte nur und schwieg. Ich hatte die Schlacht gewonnen. Jede Sozialarbeiterin hat ihre eigenen Methoden. Die meine hat dieses Mal funktioniert, zumindest für eine gewisse Zeit.

Die Einhaltung der Disziplin stellt die Erzieherinnen im Frauenhaus jeden Tag vor neue Aufgaben. Nicht alle haben die gleichen Vorstellungen, und zudem erfordert jedes Problem seine eigene Lösung. Wichtig ist vor allem, dass wir über alles reden und dann eine für beide »Parteien« akzeptable, angemessene Lösung finden. Alle zwei Wochen findet ein Treffen statt, an dem die vier Erzieherinnen und alle Mädchen teilnehmen. Hier kommen dann die Streitpunkte der letzten Tage auf den Tisch. Wenn beispielsweise ein Mädchen sich geweigert hat zu gehorchen oder eine Erzieherin beleidigt hat, so muss sie bei diesen Treffen zu den Vorwürfen eine Erklärung abgeben.

»Warum hast du dich so verhalten?«

»Ich habe mich geärgert.«

»Hast du ihr gesagt, dass du dich geärgert hast?«

»Nein.«

»Wenn du ihr nichts sagst, woher soll sie es dann wissen?«

In den meisten Fällen geht es um ein einfaches Kommunikationsproblem. Diese Mädchen kommen aus einem Milieu, in dem sie stets nur angebrüllt wurden, ohne jemals über Worte oder Taten nachzudenken. Zeigt im Frauenhaus ein Mädchen keine Einsicht, so erhält es eine Verwarnung. Bei einem neuerlichen Vorfall erhält es eine zweite Verwarnung. Beim dritten Mal kommt es zur »Überraschungsstrafe« – je nach meiner Laune! Manchmal muss ich zur gleichen Härte greifen, mit der man mir zuvor begegnete, um endlich etwas zu bewirken.

Ich erinnere mich an ein besonders schwieriges Treffen, in dem die gegenseitigen Beleidigungen hochkochten. Auch in den beiden darauf folgenden Wochen blieb die Stimmung äußerst explosiv. Die Erzieherinnen waren erschöpft. Beim nächsten Treffen versuchte ich noch einmal, die Mädchen zur Vernunft zu bringen.

»Jetzt hört mir einfach einmal zu. Als ihr in unser Haus kamt, habt ihr mir alle unter Tränen erzählt, wie schlecht ihr zuvor behandelt wurdet und was man euch Furchtbares angetan hat. Ihr habt euch über das Verhalten der Menschenhändler beklagt, die euch immer wieder beleidigten, euch schlugen und wie Tiere behandelten. Hier reden wir freundlich mit euch, wir stellen unsere Forderungen höflich, wir behandeln euch mit Respekt und tun alles, damit ihr euch wohlfühlt. Aber ihr seid nicht zufrieden! Was wollt ihr eigentlich? Sollen wir euch beschimpfen? Sollen wir euch demütigen?«

»Nein, aber nein, nicht doch …«

Ich glaubte, dass sie jetzt begriffen hatten, worum es mir ging. Und tatsächlich blieb für ein paar Tage alles ruhig und friedlich. Dann berichtete mir Any, eine der Erzieherinnen, eines Morgens am Telefon, dass es wieder zu üblen und groben Beschimpfungen gekommen sei. Als ich

Any am Nachmittag ablösen sollte, kam ich ins Haus und legte gleich los: »Nun, ihr dreckigen Huren, wie geht es euch heute?«

Einen Augenblick dachten die Mädchen, die im Wohnzimmer waren, ich würde scherzen, aber mein hartes und verschlossenes Gesicht belehrte sie rasch eines Besseren. Ich warf ihnen jetzt weitere Grobheiten an den Kopf und schöpfte dabei mein ganzes Repertoire an Demütigungen aus. Dabei muss ich betonen, dass die Rumänen – neben den Ungarn – in dieser Hinsicht über ein besonders reichhaltiges Angebot verfügen. Die Mädchen starrten mich gleichermaßen schockiert und erschrocken an. Nicht der kleinste Kommentar kam ihnen über die Lippen. Any blieb vor lauter Staunen zunächst schlicht der Mund offen stehen, dann konnte sie nur mühsam einen Lachanfall unterdrücken und flüchtete in unser Büro. Eine halbe Stunde lang setzte ich meine schmählichen Reden fort.

»Los, heute will ich nichts mehr von euch hören!«

»…«

»Wer macht mir jetzt meinen verdammten Kaffee? Niemand? Okay …«

In aller Ruhe kochte ich mir einen Kaffee und ließ sie schmoren. Als ich wieder ins Wohnzimmer zurückkehrte, schlug ich einen ruhigeren Ton an.

»Ist es euch lieber, dass ich meine Peitsche mitbringe, damit wir hier im Haus besser miteinander klarkommen? Wisst ihr was? Ich lasse meine guten Manieren ab jetzt draußen. Sie bringen ohnehin nichts. Von jetzt an passe ich mich eurer abfälligen Sprechweise an. Ihr scheint das letztlich doch sehr zu mögen!«

»…«

»Was? Seid ihr jetzt etwa auch nicht zufrieden?«

»Iana, diese Worte passen überhaupt nicht zu dir.«

»Das ist mir scheißegal! Hauptsache, ihr fühlt euch wohl!«

»Wir fühlen uns überhaupt nicht wohl.«

»Ach, wirklich? Und wie glaubt ihr, dass sich die Erzieherinnen fühlen, wenn ihr in dieser Weise mit ihnen redet?«

Diesmal hatten sie begriffen, worum es ging, aber ich hatte mir wirklich Gewalt antun müssen, um sie so weit zu bringen.

Glücklicherweise sind derartige Krisen nicht an der Tagesordnung: Im Allgemeinen vermeiden die Mädchen es, das Stadium der »Überraschungsstrafe« zu erreichen. Und auch Nicoleta fügte sich nach dem Vorfall mit ihrem Piercing ein. Um den Kontakt zu ihrer Mutter wiederherzustellen, organisierte ich im Frauenhaus mehrere Treffen zwischen den beiden. Im Lauf dieser Begegnungen, bei denen ich als Vermittlerin fungierte, begriff ich, dass in diesem Tochter-Mutter-Gespann Letztere das eigentliche Kind war. Es ist oft sehr lehrreich, die Eltern der Mädchen kennenzulernen. Ich stoße hier oft auf Menschen, die sich sehr abwertend über Mädchen äußern, die sich prostituiert haben: Diese Mädchen hätten ein schlechtes Wesen, hätten sogar regelrecht nach dieser Laufbahn gesucht. Gerade so, als würde Gott einen Anteil an braven Kindern auf die Welt schicken und einen Anteil an bösen Kindern, die dann ganz zufällig unter den Familien verteilt werden: Haben Sie eine Niete gezogen? Pech gehabt! Sie sind Opfer von Gottes Willen und können nichts dagegen tun!

Es ist eine Schande, wie man sich auf diese Weise eine weiße Weste verschafft und alle Schwierigkeiten vom Leib hält. Ich für meinen Teil bin überzeugt davon, dass die Eltern in großem Maße für den Weg verantwortlich sind, den ihre Kinder einschlagen. Bei Nicoleta war das ganz offensichtlich. Dennoch haben diese Treffen Mutter und Tochter gutgetan. Es war mit Sicherheit das erste Mal, dass sie wirklich miteinander redeten. Das hatte zur Folge, dass die Mutter nach ein paar Monaten dachte, alle Probleme seien gelöst.

»Ich danke Ihnen, Iana, für alles, was Sie getan haben, aber jetzt möchte ich Nicoleta gerne wieder zu mir nehmen.«

»Das ist nicht so leicht.«

»Warum? Ich sehe sehr gut, dass sich meine Tochter in den letzten Monaten sehr verändert hat. Sie ist jetzt so weit, dass sie wieder nach Hause kommen kann.«

»Zunächst einmal hat sich Nicoleta nicht so sehr verändert, wie Sie glauben. Sie muss noch sehr viel aufarbeiten und viel an ihrem Verhalten ändern. Außerdem müssen Sie verstehen, dass Ihre Tochter nur ein Teil des Problems ist. Der andere Teil sind Sie selbst. Und ich glaube, dass es für einen Erwachsenen noch viel schwerer ist, sich zu ändern, als für eine Jugendliche.«

Äußerst missgestimmt verließ Nicoletas Mutter mein Büro. Es war ganz deutlich, dass sie die Gründe für meine Weigerung nicht verstanden hatte. Sie? Verantwortlich? Was denn noch? Ich dachte, dass die Sache damit vorerst abgeschlossen wäre. Aber leider kam Nicoleta zwei Tage später nicht von der Schule zurück. Ich ahnte sofort, was geschehen war: Ihre Mutter hatte sie nach dem Unterricht abgefangen und überzeugt, mit ihr zu kommen. Zwei Wochen später sollte Nicoletas Abschlussprüfung stattfinden, mit der sie in die Oberstufe gelangen würde. Es war einfach absurd! Erst drei Wochen später tauchte sie wieder auf. Sie hatte zunächst bei einer Tante Unterschlupf gefunden, dann bei ihrer Mutter, wohin sie in Begleitung ihres sogenannten »Freundes« zurückgekehrt war.

Die Polizei fand sie schließlich bei ihrer Großmutter. Als die Beamten sie ins Frauenhaus zurückbrachten, war es zu spät für die Prüfung. Sie musste die Klasse wiederholen, was sie sehr demotivierte. Es kam oft vor, dass sie morgens zwar zur Schule aufbrach, ich aber im Lauf des Tages einen Anruf der Schulleiterin erhielt, die mich über Nicoletas Fehlen unterrichtete. Ich heuerte einen Fahrer an, der sie zur Schule bringen und aufpassen sollte, dass sie wirklich hineinging. Am Abend sollte er sie gegen siebzehn Uhr abholen und direkt wieder zu uns bringen ... bis zu jenem Tag, an dem der Chauffeur mich zerknirscht anrief: »Es tut mir leid, aber Nicoleta ist nicht aus der Schule gekommen.«

Sie hatte wieder einmal das Weite gesucht. Und wieder brachte die Polizei sie zurück. Ein paar Wochen später lief sie erneut weg, um mit gesenktem Haupt zwischen zwei Polizeibeamten zurückzukehren. Am Ende brach sie die Schule ab. Zu dieser Zeit kam Ioana, ein Mädchen in ihrem Alter, zu uns ins Frauenhaus. Ioana ging zur Schule, und Nicoleta fühlte sich mehr und mehr im Hintertreffen. Wahrscheinlich aus diesem Grund spielte sie sich zu Hause als »Chefin« auf. Sie war jetzt diejenige, die am längsten hier war, und daraus leitete sie allem Anschein nach gewisse Vorrechte ab.

Problematisch war jedoch, dass sie die anderen Mädchen zu Dummheiten anstiftete. Eines Morgens baten Nicoleta und Ioana die Erzieherin um die Erlaubnis, vor der Haustür eine Zigarette rauchen zu dürfen. Sie gingen in Shorts und Flip-Flops nach draußen – und kamen nicht mehr zurück. Als die Erzieherin Alarm schlug, waren die beiden Mädchen schon über alle Berge. Jetzt konnten wir nur noch abwarten. In der Nacht riss mich ein Anruf der diensthabenden Aufsichtsperson aus dem Bett. Jemand hatte der Polizei gemeldet, dass in einem Hotel außerhalb der Stadt zwei Minderjährige abgestiegen seien. Ich fuhr bei der Polizeiwache vorbei, wo zwei Beamte in meinen Wagen stiegen: Die Polizei hat nicht genug Geld, um das Benzin für solche Touren zu bezahlen, also muss man sich arrangieren … Wir fuhren zunächst zu der Wache in der Nähe des Hotels, wo man Nicoleta und Ioana gesichtet hatte, und schlossen uns den dortigen Beamten an. So verließen die Mädchen reichlich eskortiert schließlich das Hotel. Ihre Wut über die unvermutete Entdeckung war nur allzu sichtbar. Vor allem Nicoleta war äußerst bissig. Mit einem Lächeln auf dem Gesicht stieg ich aus meinem Wagen.

»Guten Abend, ihr beiden, jetzt ist es aber wirklich Zeit, nach Hause zurückzukommen!«

»Das ist mir scheißegal! Wir haben gerade erst damit angefangen, unseren Spaß zu haben. Noch nicht einmal mit den Typen geschlafen haben wir!«

Ich lachte. Auf keinen Fall durfte ich mich auf ihr Spiel einlassen. Als sie im Wagen saßen und ein Fluch nach dem anderen über ihre Lippen kam, fuhr einer der Beamten sie an: »Passen Sie auf, was Sie sagen, mein Fräulein!«

»Ist mir doch scheißegal!«

»Wie bitte? Möchten Sie mir nicht vielleicht eine in die Fresse hauen? Es sieht ganz danach aus. Also, nur zu, schlagen Sie mich, das möchte ich gerne sehen!«

Die Mädchen auf dem Rücksitz zuckten nur mit den Schultern. Sie schienen sich jetzt wieder erholt zu haben und setzten eine provozierende Miene auf: »Leck mich doch! Wenigstens hatten wir genug Zeit, eine schöne Flasche Wein zu zischen!«

Am nächsten Morgen trug Nicoleta angeberisch ihren Knutschfleck am Hals zur Schau.

»Habt ihr den gesehen? Dieser Typ hat wie ein Gott geküsst! Ich rieche noch immer seinen Duft an mir.«

Verstehen Sie mich richtig: Das alles ist nicht ihr Fehler. Nicoleta ist wie alle Opfer des Sexhandels ein innerlich gebrochenes Kind. Diese Jugendlichen fühlen sich schmutzig und haben kein Gespür dafür, was ihnen zustoßen kann. Die Wertschätzung für sich selbst ist ihnen abhandengekommen, und sie zerstören sich jeden Tag ein wenig mehr, weil sie überzeugt sind, dass sie es eigentlich nicht verdienen, weiterzuleben. Wie oft hat Nicoleta mich gefragt: »Warum bringst du mich ins Frauenhaus zurück?«

»Weil ich mir Sorgen um dich mache.«

»Ist mir doch scheißegal! Ich verlange nicht von dir, dass du dir Sorgen um mich machst!«

»Du kannst mir nicht sagen, was ich tun oder denken soll. In meinen Augen bist du wertvoll, das ist eben so.«

Es ist wichtig, dass man ihnen in ihrem Leben einen festen Bezugspunkt, etwas Konstantes gibt. Das haben ihre Eltern nie getan. Diese Mädchen müssen wissen, dass man sie nicht aufgeben wird, dass man ihnen bis zum Schluss zur Seite steht. Bei Nicoleta kam es leider so weit. An Neujahr lief sie wieder davon, diesmal sprang sie aus dem Fenster ihres Zimmers in der ersten Etage. Wie immer stürzte sie sich direkt in die Höhle des Löwen. In der Nähe der bulgarischen Grenze stieß die Polizei von Călăraşi ein paar Wochen später auf eine Spur von ihr: Bei der Durchsuchung einer Wohnung, in der man Hehlergut vermutete, entpuppte sich der festgenommene Verdächtige als der tolle Freund von Nicoleta. Sie selbst fand man mit ihrer vom Sprung aus dem Fenster noch immer geschwollenen Wange in einem Zimmer der Wohnung eingeschlossen. Ihr reizender Prinz hatte sie ausgiebig geschlagen und mehrmals vergewaltigt. Als sie ins Frauenhaus zurückkam, war Nicoleta schwanger und fest entschlossen, das Kind zu bekommen.

Noch einen Monat zuvor hatte sie sich geweigert, jemals wieder ein Wort mit ihrer Mutter zu wechseln. »Der Tag, an dem sie stirbt, wird der schönste Tag in meinem Leben sein! Und genau das werde ich auf ihren Grabstein schreiben!«, hatte sie verkündet. Jetzt, da sie um ihre Schwangerschaft wusste, begann Nicoleta jedoch davon zu träumen, dass ihre Mutter bei der Nachricht, sie werde nun bald Großmutter, sie wieder bei sich aufnehmen würde.

Ich mahnte Nicoleta zur Vorsicht: »Du weißt, was ich darüber denke: Bei deiner Mutter wird sich dadurch nichts ändern.«

»Du hast ja keine Ahnung, wovon du sprichst. Ich bin sicher, dass sie mein Baby sofort lieben wird, wenn sie es erst einmal sieht.«

Fürs Erste blieb sie in meiner Obhut: Sie wäre nicht das erste Mädchen, das sein Kind im Frauenhaus aufzieht. Aber ich hatte ihren Eigensinn unterschätzt. Von einem Tag auf den anderen beschloss Nicoleta, dass ihr Zustand die Verrichtung von Hausarbeiten nicht mehr zuließ. Den ganzen Tag lang drehte sie Däumchen und hing vor dem Fernseher. Drei Monate später versuchte Nicoleta wieder davonzulaufen – gemeinsam mit Ioana, die stets bereit war, bei ihren Dummheiten mitzumachen. Diesmal gelang es mir, ihr Vorhaben zu vereiteln. Das verdächtige Klingeln eines Telefons hatte mich hellhörig gemacht: Um die Kontakte mit der Außenwelt überblicken zu können, darf keines der Mädchen ein Handy haben. Trotzdem gelingt es ihnen bisweilen, sich eines zu beschaffen. Sofort hatte ich Nicoleta im Verdacht, die noch immer unter dem Einfluss dieses Freundes stand.

Eines Abends bat ich die Männer des Sicherheitsdienstes, die Schlafzimmer zu durchsuchen, während die Mädchen im Wohnzimmer waren. Im Zimmer von Ioana fanden sie ein Telefon, einen Rucksack mit ein paar Habseligkeiten, darunter auch ein Schlafanzug und ein Messer. Ioana gestand sofort alles ein. Die Idee stammte von Nicoleta: Ihre Freunde hatten Ioana nach der Schule das Telefon zugesteckt. Jetzt warteten die beiden auf einen Anruf, bei dem ein Treffpunkt vereinbart werden sollte. Mit dem Messer sollte das Fenster geöffnet werden.

Diesmal hatte Nicoleta das Leben eines anderen Mädchens in Gefahr gebracht. So durfte es nicht weitergehen: Man kann nicht alles akzeptieren mit der Erklärung, dass diese Mädchen Opfer sind. Es war Frühsommer, und während ich noch darüber nachdachte, Nicoleta in ein staatliches Haus für junge Mütter zu überführen, plante sie einen erneuten – noch schlimmeren – Ausbruchversuch. In ihrer Tasche fanden wir drei Flugtickets nach Spanien, die auf ihren Namen und auf die Namen von zwei unserer Mädchen, Ioana und Andrea, ausgestellt waren. Dort unten sollte sie dann die Bande ihres Freundes in Empfang nehmen …

Nicoleta war auf die andere Seite gewechselt. Das Opfer, das irgendwann für einen Menschenhändler »Ware« rekrutiert, stellt ein klassisches Muster dar, aber ich hatte es in unserem Frauenhaus noch nie erlebt. Sie wurde sofort von unserem Programm ausgeschlossen, und ich erstattete Anzeige gegen sie und ihre Freunde. Meine Aufgabe ist es, die Opfer zu schützen – auch gegen andere Opfer, wenn es sein muss. Ihre Großmutter erklärte sich bereit, Nicoleta vorerst bei sich aufzunehmen. Eine Woche später machte sie sich mit den Ersparnissen ihrer Großmutter aus dem Staub. Es heißt, sie sei immer noch flüchtig.

# Zerbrochene Puppen

Unter ihrer harten Maske, die die Opfer des Sexhandels nach außen zur Schau tragen, verbergen sich gebrochene, innerlich tief verwundete Kinder. Wie bei zerbrochenen Porzellan-Puppen muss man ihnen helfen, die Teile wieder richtig zusammenzusetzen, manchmal auf ganz brutale Weise. So verhielt es sich bei Miruna, einer kleinen, sehr lebhaften Blondine, die für ihre zwanzig Jahre allerdings sehr unreif war. Ich würde sogar sagen, dass sie als geistig leicht zurückgeblieben eingestuft werden müsste.

Ursache dafür war vermutlich ihr gewalttätiges familiäres Umfeld. Als Kind wurde sie von ihrem alkoholsüchtigen Vater aufs Schlimmste geschlagen. Ihre Mutter, ebenfalls Opfer der Handgreiflichkeiten ihres Mannes, besaß nicht die Kraft, Miruna zu schützen. Sie kam aus Moldawien, einer Region im Nordwesten Rumäniens, nicht zu verwechseln mit der Republik Moldawien. In dieser von Landwirtschaft geprägten Gegend ist die Arbeitslosigkeit sehr hoch. Miruna nahm eine Stelle an, die ihr ein flüchtiger Bekannter aus dem Dorf angeboten hatte. So landete sie in einem Bordell etwa 40 Kilometer entfernt von ihrem Zuhause. Nach ein paar Monaten gelang Miruna die Flucht. Auf dem Polizeikommissariat wurde ihr gesagt, dass man nichts für sie tun könne; immerhin schickte man sie zu mir.

Miruna war im fünften Monat schwanger. Die Schwierigkeiten begannen mit der Geburt ihrer kleinen Tochter Crina. Miruna weigerte sich von Anfang an, die Ratschläge zu beherzigen, die wir ihr gaben. Der Arzt im Krankenhaus versuchte, ihr begreiflich zu machen, dass sie ihr Baby in regelmäßigen Abständen an die Brust legen sollte. Aber Miruna tat es nur dann, wenn es ihr gerade in den Sinn kam. Sie stillte ihr Baby ein paar Sekunden und legte es beim ersten Anzeichen seines Einschlafens weg. Da bei Crina nach einem Monat keine Gewichtszunahme zu verzeichnen war, empfahl man der jungen Mutter das Fläschchen. Aber das lehnte sie ab.

Zu diesem Zeitpunkt setzte sie sich in den Kopf, das Baby vor das offene Fenster des Wohnzimmers zu legen, damit es frische Luft bekäme – mitten im Winter! Alle redeten auf sie ein, wie dumm es wäre, ein Neugeborenes einer solchen Kälte auszusetzen. Miruna zuckte nur die Schultern. Wie vorauszusehen, bekam ihre Tochter eine Erkältung und zudem heftige Durchfälle. Der Arzt verschrieb eine Mixtur auf der Basis von Reis. Als die Erzieherin das Pulver in der Küche anrührte, reagierte Miruna sehr aggressiv: »Dieses Zeug werde ich meinem Baby niemals verabreichen! Ich weiß, was gut für es ist, ich bin seine Mutter!«

»Miruna, du hast gar keine andere Wahl. Du musst tun, was der Arzt gesagt hat. Er weiß besser Bescheid als du.«

Schimpfend ging Miruna in ihr Zimmer nach oben, um Crina zu füttern. Ein paar Minuten später hörte die Erzieherin das Baby schreien und stürzte nach oben, wo Miruna vollkommen außer sich und fluchend Crina schüttelte wie einen Pflaumenbaum.

»Bist du verrückt geworden, Miruna?«

»Sie will nicht essen!«

»Es bringt aber nichts, wenn du so herumfluchst, schließlich ist es ein Baby!«

Wir brachten das Baby sofort ins Krankenhaus, wo ich eine Sozialarbeiterin der Kinderstation um Rat fragte. Diese führte ein langes Gespräch mit Miruna, beobachtete ausgiebig, wie sie mit dem Baby umging, und entschied schließlich, dass das Kind vorübergehend in einer Pflegefamilie untergebracht werden sollte. Miruna würde es dort besuchen können, wenn sie dies wollte, und könnte so lernen, sich um ihr Baby zu kümmern. Es war nicht leicht, Miruna diese Entscheidung beizubringen. Sie begriff nicht, was sie falsch gemacht hatte, und weigerte sich, Verantwortung zu übernehmen.

»Frische Luft hat noch niemandem geschadet!«

»Ein Baby reagiert auf Temperaturschwankungen ganz anders als du, Miruna!«

»Dafür kann ich doch nichts, das wusste ich nicht.«

»Wir haben es dir gesagt, aber du wolltest nicht auf uns hören.«

»Weil ihr euch über mich lustig gemacht habt. Ihr habt mir nicht vertraut und habt so getan, als sei ich unfähig, mein Kind aufzuziehen.«

»Du besitzt keinerlei Erfahrung. Da ist es ganz normal, dass du nicht weißt, wie du manches anpacken sollst. Wir geben dir keine Ratschläge, um dich lächerlich zu machen, sondern um dir zu helfen.«

»Es ist unmöglich, sich im Frauenhaus um ein Baby zu kümmern.«

»Warum? Wir geben dir alles, was du brauchst.«

»Es ist auch die Schuld von Sorina. Wenn sie sich immer gewaschen hätte, hätte ich nicht all diese Probleme bekommen.«

Sorina war eine junge Frau, die derzeit im Frauenhaus wohnte. Sie war sechsundzwanzig Jahre alt und vernachlässigte sich selbst vollständig. Wenn sie mich um eine Zigarette bat, musste ich sie regelrecht erpressen: Eine Zigarette geht in Ordnung, aber nur unter der Bedingung, dass vorher geduscht wird. Jetzt aber konnte ich keinen Zusammenhang zwischen Sorina und Mirunas Baby erkennen.

»Was hat denn Sorina mit dieser Geschichte zu tun?«

»Ihre Beinverletzung hat sich entzündet, weil sie sich nicht wäscht. Ich wollte sie unbedingt davon überzeugen, dass sie sich duschen muss, und da konnte ich mich nicht um mein Baby kümmern.«

»Du bist aber für dein Baby verantwortlich, nicht für Sorina. Niemand verlangt von dir, dass du dich um sie kümmerst. Wenn du aber dein Baby nicht richtig ernährst, bist allein du es, die getadelt wird.«

»Was muss ich tun, damit man es mir nicht wegnimmt?«

»Jetzt ist es zu spät. Das Jugendamt hat die Unterbringung von Crina beschlossen, und wir können nichts mehr tun, um das zu verhindern. Wenn du dein Kind wiederhaben willst, liegt es jetzt an dir, uns zu beweisen, dass du eine verantwortungsbewusste Mutter bist. Wir werden eine Arbeit für dich suchen, denn du musst erst lernen, Aufgaben zu übernehmen, bevor du ein Kind aufziehst.«

Mein Herz zog sich zusammen, als ich Mirunas verzweifeltes Gesicht sah. Ich selbst war einmal drei Monate und siebzehn Tage lang von meinem kleinen Sohn getrennt gewesen, und ich wäre gestorben, wenn ich ihn nicht wiederbekommen hätte. Leider konnte ich es mir nicht gestatten, derlei Überlegungen in Betracht zu ziehen.

Als der Arzt ihr verbot, im Krankenhaus bei ihrem Baby zu übernachten, brach Miruna in Schluchzen aus. »Ich will bei meinem Baby bleiben! Sie haben nicht das Recht dazu!«

Es war herzzerreißend. Miruna fühlte sich ungerecht behandelt und konnte diese Trennung nicht akzeptieren. In den darauffolgenden Tagen verhielt sie sich gegenüber den anderen Mädchen sehr aggressiv. Mehrmals ging sie ins Krankenhaus, um ihr Baby zu sehen. Eines Nachmittags erhielt ich einen Anruf von der Erzieherin auf der Kinderstation. Sie hatte ein Gespräch mit Miruna geführt, und diese war am Ende zusammengebrochen.

»Sie hat mir gestanden, dass sie ihr Baby geschlagen hat, Iana. Sie hat es geohrfeigt und auf den Po geschlagen.«

»Das erstaunt mich im Grunde nicht sonderlich. Ich hatte sie bereits in dieser Hinsicht zur Rede gestellt. Da hat sie aber alles heftig abgestritten. Allerdings weinte ihr Baby so sehr, dass es mir verdächtig vorkam. Dem Baby fehlt doch hoffentlich nichts?«

»Nein, der Arzt hat es untersucht und lediglich ein Hämatom an der Hüfte gefunden.«

Es musste also dringend eine Pflegefamilie für die kleine Crina gefunden werden, wir konnten nicht zulassen, dass Miruna ihr Leid zufügte. Die Trennung würde zum Vorteil ihrer Tochter geschehen, aber auch zu ihrem eigenen. Es ist schrecklich, wenn es so weit kommt. Aber in diesem Fall blieb uns nichts anderes übrig, um den Teufelskreis zu durchbrechen. Miruna ist nicht böse und hatte nie die Absicht, ihrem Baby Schaden zuzufügen. Es hat ihr nur nie jemand den Weg gezeigt, den sie nun gehen musste. Sie orientierte sich an den Verhaltensweisen, die sie selbst erfahren hatte. Von ihrem Vater bis zu den Menschenhändlern hatte sie stets in einem Umfeld gelebt, in dem Gewalt an der Tagesordnung war. Sie kannte nur diese Sprache. Dazu kommt, dass sie nicht in der Lage ist, irgendeiner Person Vertrauen zu schenken, da sie von ihr nahestehenden Menschen so oft auf furchtbare Weise verraten worden ist.

Vertrauen schenken … das ist oft die erste Sache, die die Opfer des Sexhandels wieder erlernen müssen. Wenn die Mädchen bei den NGOs von meinem Frauenhaus hören, wird bei ihnen zunächst einmal Misstrauen wach. Die bloße Möglichkeit, dass es einen Ort geben könnte, an dem man sich um sie kümmert, sie in einem richtigen Zimmer unterbringt, sie mit Nahrung versorgt und in die Schule schickt, sie an eine Ausbildung heranführt, ohne ihnen das geringste Leid zuzufügen, scheint ihnen im besten Fall vollkommen unangemessen, im schlechtesten Fall höchst verdächtig. Denn genau mit dieser Vorgehensweise haben die Menschenhändler sie geködert: »Komm mit mir, bei mir wirst du ein Dach über dem Kopf haben, und es wird immer warme Mahlzeiten geben. Du wirst schon sehen, dass ich mich gut um dich kümmern werde.«

Hinzu kommt außerdem, dass sie überzeugt davon sind, sie hätten es nicht verdient, glücklich zu sein, und taugten zu nichts anderem, als auf der Straße anzuschaffen. Sie sehen dieses Dasein gewissermaßen als ihr Schicksal an. Manche Mädchen haben mir Wochen nach ihrer Ankunft gestanden, dass sie anfangs auch mich für eine Zuhälterin hielten und unser Frauenhaus für ein etwas ansehnlicheres Bordell, als sie es bisher kennengelernt hatten.

Es ist nicht einfach, das Eis zu brechen. Von mir aus stelle ich ihnen nie Fragen über das, was ihnen widerfahren ist. Ich warte, bis sie zu mir kommen. Manche möchten alles auf einmal loswerden: die Schläge, die Vergewaltigungen, die Qualen … Dabei möchten sie vielleicht auch testen, wie ich auf ihre Erzählungen reagiere. Andere benötigen mehrere Wochen, manchmal sogar Monate, um sich zu öffnen. Verschlossen tragen sie ihre Scham und Demütigung mit sich herum und tun sich schwer damit, sich jemandem anzuvertrauen. Es kommt auch vor, dass die Mädchen untereinander ihre Erlebnisse und auch die Menschenhändler vergleichen, aber ins Detail gehen sie dabei nicht. Mit den Erzieherinnen führen sie schmerzliche Gespräche, in denen sie manchmal unter haltlosen Tränen alle erlittenen Qualen noch einmal durchleben, bevor sie sich endlich öffnen können.

Oft ist es der gequälte Körper, der sich zuerst äußert. Die physischen Nachwehen der erlittenen Wunden sind vielfältig. Ich denke an die arme Constanta, eine sechsundzwanzigjährige junge Frau, die vor ein paar Monaten zu uns kam: Sie war in Deutschland von ihrem eigenen Vater missbraucht worden, der sie beinahe täglich schlug. Sie war von Kopf bis Fuß mit blauen Flecken übersät, hatte einen gebrochenen Knöchel und wies die Spuren mehrerer alter Frakturen an den Armen auf. Bevor sie zu uns kam, musste sie einige Tage im Krankenhaus verbringen. Dort wurde eine Schizophrenie bei ihr festgestellt. Eine Folge ihres Leidensweges? Das wird man niemals herausfinden. Aber man übersteht solche Jahre, in denen man wie ein Stück Vieh behandelt wird, nicht unbeschadet.

Syphilis und andere Geschlechtskrankheiten stellen nicht einmal die schlimmsten physischen Spätfolgen dar: Von diesen Krankheiten kann man durch die entsprechenden Medikamente meistens geheilt werden. Durch Mangelernährung hervorgerufene Magenprobleme oder Infektionen im Hals-, Nasen- und Ohrenbereich, die oft durch wiederholte Schläge hervorgerufen werden, erweisen sich auf lange Sicht als viel problematischer. Da die Mädchen tagelang nur dürftig bekleidet in kalten Wohnungen ausharren müssen, treten auch oft Blasen- und Nierenprobleme auf. Besonders schlimm jedoch sind die

Verletzungen im Genitalbereich, die bei dem übermäßigen und oft brutalen Geschlechtsverkehr unausweichlich sind. Zur Empfängnisverhütung zwingen viele Zuhälter die Mädchen zu einer Methode, die ebenfalls große gesundheitliche Risiken birgt: Sie überreden die Mädchen, dass sie zu ihrem eigenen Schutz vor jedem Geschlechtsverkehr ein kleines Stück Schwamm tief in die Vagina einführen. Natürlich ist diese Technik im Hinblick auf Verhütung von keinerlei Nutzen! Das Problem ist, dass sich beim Einsetzen und Entfernen des Schwammstückes kleine Partikel an den Wänden des Gebärmutterhalses absetzen können. Wenn die Mädchen Glück haben, können diese durch eine Ausschabung entfernt werden. Manchmal sind aber auch mehrere Arztbesuche erforderlich, um die Reste per Laser zu entfernen.

Ganz besonders wütend, aber auch hilflos und traurig macht es mich, wenn ich Mädchen begegne, die Gebärmutterhalskrebs entwickeln, auch eine Folge vorzeitigen Geschlechtsverkehrs mit viel zu vielen Partnern. Niemals werde ich den Leidensweg von Violeta vergessen, einem hübschen blonden Mädchen mit zarter, durchscheinender Haut. Sie war siebzehn, als man Gebärmutterkrebs bei ihr diagnostizierte. Als sie ihren achtzehnten Geburtstag bei uns im Frauenhaus beging, konnte sie bereits nicht mehr aufstehen und war ständig an ein Transfusionsgerät angeschlossen. Wenige Tage später starb sie. In meinem Büro erinnert mich ein großes Porträt von Violeta an all die Gräueltaten, zu denen diese brutalen Menschenhändler imstande sind.

Gott sei Dank ist dieser Todesfall der einzige, den ich bis heute zu beklagen habe, aber wie viele tragische Fälle habe ich bereits erlebt! So auch denjenigen einer kleinen, fünfzehnjährigen Mazedonierin, die bei einer Polizeirazzia in dem Bordell, wo sie arbeitete, verletzt wurde. Der Zuhälter eröffnete das Feuer, und die Polizei erwiderte es. In diesem Schusswechsel durchschlug eine Kugel ihren Oberschenkel und drang in ihre Vagina ein. Sie musste mehrere Operationen im Genitalbereich durch einen plastischen Chirurgen über sich ergehen lassen, die zum Glück erfolgreich verliefen: Heute ist die junge Frau verheiratet und hat zwei Kinder.

Auf psychischer Ebene zeigen sich die Folgen oft erst sehr viel später, und manchmal sind sie nicht heilbar. Sehr häufig neigen die Mädchen zu Selbstverletzungen: Da sie es nicht schaffen, ihr Unbehagen auf andere Weise auszudrücken, tun sie sich selbst mit Glasscherben oder brennenden Zigarettenstummeln Gewalt an. Dieses Verhaltensmuster muss ganz behutsam aufgebrochen werden. Um zu überleben, haben sie notgedrungen alles getan, was ihnen ihr Zuhälter befahl. Das empfinden sie als eine große Schuld. Ich erinnere sie immer wieder daran, dass sie gar keine andere Wahl hatten, dass sie keinesfalls zur Prostitution »geschaffen« oder »bestimmt« waren. Es ist sehr schwer für sie, sich in eine andere Welt einzufinden als in diejenige, die sie bisher kannten. Ein schwieriger Lernprozess liegt vor ihnen, und oft geraten sie in dieser Zeit in Versuchung, sich entmutigt aufzugeben und sogar ihrem früheren Leben nachzutrauern, in dem sie keine Entscheidungen treffen mussten: Sie reden sich ein, dass sie doch eigentlich gar nicht so unglücklich dabei waren.

Das ist schlicht und einfach Regressionsverhalten, eine ganz natürliche Reaktion in solchen Fällen. Während sie zur Prostitution gezwungen wurden, mussten sie sich unterwerfen und anpassen. Sie waren viel zu sehr damit beschäftigt, am Leben zu bleiben, als dass sie an eine Flucht denken oder sich gar fragen konnten, ob ihr Tun moralisch sei oder nicht. Ganz zu schweigen von der ständigen Drohung, die die Menschenhändler ihnen einhämmerten: »Wenn du dich nicht anstrengst, verkauf ich dich an einen anderen Händler, der nicht so freundlich ist wie ich!«

Verlangt der Weg, den sie bei uns im Frauenhaus einschlagen, zu große Anstrengungen, dann neigen manche Mädchen dazu, den Mut zu verlieren: »Ich will mein früheres Leben zurück!«

»Warum? Dein Zuhälter hat dich schon für ein bloßes ›Ja‹ oder ›Nein‹ geschlagen! Fehlen dir diese Schläge ins Gesicht so sehr?«

»Es stimmt, er hat mich geschlagen, aber im Grunde hatte er ein gutes Herz.«

»Ach ja?«

»Jedes Mal, wenn er mich bestrafte und ich in meiner Ecke weinte, gab er mir hinterher ein Bonbon, um mich zu trösten. Er sagte zu mir: ›Warum zwingst du mich, dich zu bestrafen? Siehst du nicht, wie mich das schmerzt?‹«

Es stellte für sie einen Überlebensmechanismus dar, etwas Gutes in ihren Peiniger hineinzudenken. Diesen Mechanismus galt es zunächst einmal zu identifizieren, um das Denkschema anschließend aufbrechen zu können.

»Glaubst du wirklich, dass er sich um dich kümmern wollte, wenn er dir ein Bonbon gab?«

»Ja.«

»Glaubst du nicht, dass er vielleicht eher versuchte, dich zu besänftigen, damit du dich fügst? Glaubst du nicht, dass er vielleicht Angst hatte, was du der Polizei erzählen könntest? Er wusste ganz genau, dass du ihn ins Gefängnis bringen konntest, wenn du dich tatsächlich gegen ihn auflehnen würdest. Das ist dir doch klar, oder?«

»Ja …«

Die Aufarbeitung all dieser Fragen steht im Mittelpunkt der Gespräche, die die vier Sozialarbeiterinnen des Frauenhauses mit den Mädchen führen. Tagsüber unterstütze ich sie bei ihrer Arbeit, aber ab 17 Uhr bleiben sie bis zum nächsten Morgen allein mit den Mädchen. Ich bin die einzige Psychologin in unserem Team. Die Erzieherinnen besitzen keine spezielle Ausbildung dieser Fachrichtung. Als ich nach der Eröffnung des Frauenhauses die ersten Bewerbungsgespräche führte, kam es zu bizarren Situationen. Als ich den Kandidatinnen darlegte, worum es hier ging, sahen sie mich staunend an.

»Verstehen Sie, was ich meine? Missbrauchte Kinder sind besonders verletzliche Wesen, zudem handelt es sich um eine in hohem Maße marginalisierte Gruppe. Sie wissen doch, was ich meine, oder?«

»...«

»Sie besitzen wohl keine psychologischen Grundkenntnisse, oder?«

»Äh ... nein.«

Meine Bewerberinnen hatten Recht studiert, Theologie oder irgendetwas anderes, aber nicht eine einzige von ihnen hatte auch nur einen Grundkurs in Psychologie besucht! Ich fiel aus allen Wolken, denn in Australien, wo ich meine Ausbildung gemacht hatte, gehört dies zwingend zur Ausbildung jedes Sozialarbeiters. Es erwies sich nicht nur als schwierig, eine Bewerberin mit geeigneter Qualifikation ausfindig zu machen, diese musste dann auch noch für die Arbeit gewonnen werden, denn wenn ich glücklich meine Wahl getroffen hatte, schreckte manchmal die Bewerberin zurück, sobald sie erfuhr, worin ihre Arbeit bestand.

»Sie meinen also, dass diese Mädchen gewalttätig sein könnten?«

»Sie werden Ihnen nichts antun! Sie fügen sich selbst

Gewalt zu. Ihre Aufgabe ist es, wachsam zu sein und zu verhindern, dass sie sich selbst verletzen. Und es zählt auch zu Ihren Aufgaben, sie voneinander zu trennen, wenn sie sich untereinander streiten.«

»Es tut mir leid, aber unter diesen Bedingungen kann ich die Stelle nicht antreten.«

Bei anderen war es ein Problem, dass sie im Frauenhaus schlafen sollten. Oder es waren ganz einfach Vorurteile im Spiel: »Ich habe mit meinem Ehemann gesprochen. Es stört ihn, dass ich den ganzen Tag über mit Prostituierten zusammen bin. Und dann auch noch mit ihnen im gleichen Haus übernachten ...«

Letztlich habe ich selbst meine Erzieherinnen ausgebildet, so gut es ging. Heute sind sie zu viert: Mariana, eine ausgebildete Erzieherin, Ana, Staluja und Raluca. Neben den allgemeinen Aufgaben übernimmt jede von ihnen die besondere Verantwortung für vier Mädchen, solange diese im Frauenhaus sind. Sie bringt sie ins Krankenhaus, wenn es erforderlich ist, sucht eine Beschäftigung für sie und steht ihnen bei all ihren Entscheidungen beratend zur Seite. Das Frauenhaus ist ein intimer Raum, in dem es natürlich durch die unterschiedlichen Persönlichkeiten zu Animositäten kommen kann. Jede Erzieherin hat zu manchen Mädchen ein engeres Verhältnis als zu anderen.

Für Raluca ist die Situation besonders schwierig: Sie ist meiner Meinung nach viel zu sanft für diese Arbeit. Die Mädchen nutzen das oft aus, binden ihr einen Bären auf und bringen ihr nicht den angemessenen Respekt entgegen. Wenn Raluca dann überreizt im Büro in Tränen ausbricht, rede ich ihr gut zu: »Du weißt, dass ich es absolut verstehen würde, wenn du gehen willst. Wenn die Arbeit zu hart für dich ist, dann sag es mir ruhig.«

»Nein, nein, ich will ja bleiben ... ich bin es den Mädchen schuldig.« Raluca hat ein so gutes Herz ... Immer findet sie einen Grund, warum sie ihnen vergeben kann.

Das Schwierigste für die Erzieherinnen ist es, die richtige Distanz zu finden und zu wahren. Ein großer Fehler wäre es, sich emotional zu sehr in die Probleme hineinziehen zu lassen: Eine Erzieherin übernimmt nicht die Mutterrolle. Sie ist lediglich da, um ein Opfer zu unterstützen und ihm die Kraft zu geben, seinen Weg in die richtige Richtung selbstständig weiterzugehen. Wir sind nicht Eltern, sondern Erzieher, selbst wenn es manchmal schwierig ist, diese Grenze zu ziehen.

Wenn die Mädchen ihre Mutter brauchen, so muss das nicht zwangsläufig ihre leibliche Mutter sein, sondern eine mütterliche Bezugsperson, die sich um sie kümmert. Allerdings ermuntern wir die Mädchen immer, in Kontakt mit ihren Eltern zu bleiben. Diese können sie im Frauenhaus auch besuchen. Viele Mädchen hoffen, dass sie eines Tages gemeinsam mit ihren Eltern in ein normales Leben zurückkehren können. Dazu kommt es allerdings nicht: Oft lehnen es die Eltern selbst ab, ihre Töchter wieder zu sich zu nehmen, aber sonst widersetzen auch wir uns einer solchen Zusammenführung. Die Schatten der Vergangenheit werden die Familie wieder einholen, und die Probleme werden wieder auftauchen. Es handelt sich nicht um einen Mangel an Liebe bei den Eltern, sondern um eine Unfähigkeit, diese zu zeigen und zu leben.

Vor zehn Tagen rief mich der Kinderschutz an, um Camelia, ein sechzehnjähriges Mädchen, bei mir unterzubringen. Ich besuchte das zarte Mädchen mit den dunklen kurzen Locken im Kinderkrankenhaus, wo sie nach einem Selbstmordversuch nun lag. Ich erzählte ihr nur kurz etwas über das Frauenhaus, aber wir fanden nicht die Zeit für ein richtiges Gespräch. Ich erfuhr lediglich, dass

sie Opfer einer kollektiven Vergewaltigung geworden
war. Schon im Krankenhaus entstand jedoch bei mir der
Verdacht, auch ihr Vater könnte sie sexuell missbraucht
haben. Zu diesem Zeitpunkt wusste ich noch nicht, dass
er sie tatsächlich vergewaltigt hat, seit sie sieben Jahre
alt war, und dass ihre Mutter sie für fünf Zigaretten verkauft hat, als Camelia dreizehn war. Mit vierzehn ist das
Mädchen von zu Hause weggelaufen, ein Jahr später aber
schwanger zurückgekehrt. Ich wusste auch noch nicht,
dass die gute Mama es ins Krankenhaus brachte, um eine
Abtreibung vornehmen zu lassen, bevor sie Camelia erneut an einen Menschenhändler verkaufte – diesmal für
eine Flasche Wodka. Bei diesem ersten Gespräch wusste
ich nur, dass Camelia vollkommen allein war.

Man erzählte mir, dass sie bereits im Rahmen eines Re-
gierungsprogramms von einer Erzieherin betreut worden ist, aber die Beziehung hatte eine ungute Wendung
genommen: Camelia klammerte sich an die Erzieherin wie an einen Rettungsanker, nannte sie »Mama« und
wollte sie jeden Tag sehen. Als die Erzieherin ein wenig
mehr Distanz zwischen sich und ihren Schützling bringen
wollte, hatte sich Camelia die Pulsadern aufgeschnitten.
Aus diesem Grund hatte man sich jetzt dazu entschieden,
Camelia in einer anderen Einrichtung unterzubringen.
Ich leg wahrlich keinen Wert darauf, dass sich ein solcher
Vorfall wiederholt, aber leider scheint Camelia sich auch
hier im Krankenhaus auf eine bestimmte Sozialarbeiterin der Kinderstation, Mihaëla, zu fixieren. Auch diesmal
nennt Camelia sie »Mama«, ohne dass diese etwas dagegen unternimmt. Ich habe versucht, Mihaëla, die ich gut
kannte, darauf anzusprechen, aber sie wollte mir nicht zuhören. Ab jetzt wird sich Camelia in meiner Obhut befinden, und ich muss entscheiden, was gut für sie ist. Ich

werde also gezwungen sein, Mihaëla die Besuche bei Camelia zu untersagen. Das mag grausam erscheinen, aber ich bin überzeugt davon, dass dieses Mädchen niemals einen wirklichen Schritt vorwärts machen kann, wenn man durch unklare Beziehungen zusätzlich Verwirrung stiftet.

Unser Ziel ist es, die Mädchen so weit zu bringen, dass sie ohne uns leben können und gut gewappnet auf die Welt da draußen zugehen. Aber man muss sich nur die Probleme ansehen, denen sie in der Schule ausgesetzt sind, um zu wissen, dass sie es nicht leicht haben werden.

Vor einem Monat habe ich die fünfzehnjährige Ioana, die ebenfalls bei uns lebt, am Gymnasium von Pitești angemeldet. Am zweiten Schultag beklagte sich einer der Lehrer über ihr Verhalten: Sie hatte die Jungen in der Klasse beleidigt. Ich sprach mit Ioana darüber, die behauptete, dass die Jungen ihr nachgestellt und sich über sie lustig gemacht hatten. Ich nahm an, das Problem würde sich von selbst erledigen.

In der folgenden Woche rief mich der Schulleiter ziemlich verärgert an: »Hören Sie, Frau Matei, es tut mir leid, aber Ioana sucht weiterhin mit allen anderen Streit. Unter diesen Umständen können wir sie nicht hierbehalten.«

»Gut, ich werde sehen, was ich tun kann.«

Am nächsten Tag begleiteten zwei Sozialarbeiter Ioana in die Schule. Alle Schüler waren bereits in der Klasse und warteten auf den Lehrer. Die Sozialarbeiter blieben draußen vor der Tür und belauschten, was im Klassenzimmer vor sich ging. Sie hörten, wie die Jungen loslegten: »Los, Ioana, blas uns doch mal einen!«

Als sie diese Sprüche hörten, betraten die »Lauscher« das Klassenzimmer, baten Ioana hinaus und richteten das Wort an die Schüler.

»Jetzt hört ihr uns mal zu. Solche Bemerkungen sind

Ioana gegenüber vollkommen fehl am Platz. Sie ist so alt wie ihr und ein Kind wie jedes andere auch. Sie ist zum Opfer von Verbrechern geworden und hat einfach weniger Glück im Leben gehabt als ihr. Ihr solltet ihr lieber beistehen und ihr helfen, anstatt sie so in die Enge zu treiben.«

Danach nahm Ioana wieder ganz normal am Unterricht teil. Am nächsten Tag kam sie weinend ins Frauenhaus zurück.

»Was ist denn geschehen?«

»Drei Mädchen in meiner Klasse haben mich beleidigt und gesagt, dass sie nicht in einer Bank mit mir sitzen wollen.«

Ich ging zu dem Lehrer, der mir versprach, mit den Schülern zu reden. Viel mehr kann ich leider nicht tun. Ich habe Ioanas Mutter gebeten, sie wieder zu sich zu nehmen, damit sie eine andere Schule besuchen kann, aber die Mutter lehnte dies kategorisch ab: »Es kommt überhaupt nicht in Frage, dass Ioana wieder bei uns lebt! Dieses Mädchen bereitet mir nur Probleme. Das Gartentor ist immer noch kaputt, weil die Menschenhändler einfach bei uns ins Haus gestürmt sind, um sie zu suchen.«

Das ist alles sehr, sehr traurig, denn Ioana geht sehr gern in die Schule. Wenn sie nicht in Ruhe lernen kann, wie soll sie sich da aus ihrer Situation befreien? Sie ist zwar ein ziemlich lustiges Mädchen mit einem gesunden Selbstbewusstsein und einem wachen Verstand, aber sie bleibt dennoch sehr verletzlich. Neulich brach sie vor mir in Tränen aus: »Ich will nicht mehr in die Schule gehen, ich bin einfach nicht für dieses Leben gemacht!«

»Du musst durchhalten, Ioana, und ihnen zeigen, dass du es schaffst.«

»Ich weiß nicht …«

Arme Ioana! Es ist so schwer, das Denken der anderen zu ändern. Wir können zwar immer wieder in die Schulen gehen und dort über das Problem des Sexhandels sprechen, also gewissermaßen Präventionsarbeit leisten. Wenn die Eltern zu Hause jedoch nichts Besseres zu tun haben, als die jungen Zwangsprostituierten schlechtzumachen, werden ihre Kinder in der Schule das gleiche Verhalten an den Tag legen, und es wird sich nichts bessern. Man muss einen anderen Weg finden, um den Blick zu verändern, den die Gesellschaft auf die Opfer des Sexmarktes wirft.

Im letzten Sommer habe ich die Mädchen zum Zelten in die felsigen Schluchten von Rosia im Bihor-Gebirge mitgenommen. Eine großartige Landschaft! Zwei Führer, der eine für Klettertouren, der andere für Erkundungen in die umliegenden Höhlen, begleiteten uns. Eine befreundete Künstlerin übernahm die Leitung des Projektes: »Wir geben euch einen Fotoapparat, mit dem ihr das ganze Wochenende unterwegs sein könnt. Das Thema lautet: ›Die Natur ist großartig!‹ Habt einfach Spaß an dieser Aufgabe!«

Obwohl die Mädchen keinerlei Erfahrung besaßen, entstanden wunderschöne Aufnahmen. Beim Anblick der drei von Miruna fotografierten Heuhaufen konnte ein befreundeter Fotograf kaum glauben, dass es sich um eine Amateuraufnahme handelte! Meine Freundin behielt mit ihrem Fotoapparat ihrerseits die ganzen zwei Tage lang die Mädchen im Blick: Sie machte keine Porträts, sondern Detailaufnahmen von Händen, Mündern, Blicken … All diese Photos möchte ich gerne im Rahmen einer Ausstellung in Bukarest zeigen. Am liebsten würde ich für jedes Mädchen einen bekannten Künstler oder einen Star des Showbusiness finden, der bereit ist, sein »Held« zu sein und den Traum seines Schützlings vor der Presse darzulegen. Es ist traurig, dass die Fürsprache von öffentlichen Persönlichkeiten in Rumänien so wichtig ist, aber ohne sie wird niemand jemals positiv über die Opfer des Sexhandels reden …

Die Mädchen haben noch nicht entschieden, wie ihre Träume aussehen werden, aber ich denke, es wird sich um ganz einfache Dinge handeln. Manche haben mir zum Beispiel anvertraut, dass ihr größter Wunsch darin besteht, mit einem Schauspieler zu reden und ihm dabei in die Augen zu sehen. Diese Mädchen haben sehr oft nicht den Mut, einem Erwachsenen in die Augen zu sehen, wenn sie das Wort an ihn richten. Wie sollen sie aber ihr Leben leben können, wenn sie dieses nicht direkt ansehen können?

# Es kann jeder Frau passieren

Ganz im Gegensatz zu den üblichen Vorstellungen sind die gegen ihren Willen prostituierten Mädchen nicht zwangsläufig kopflose junge Dinger, die einfach Opfer ihrer Naivität geworden sind. Im Frauenhaus kümmerte ich mich beispielsweise auch um eine dreiundzwanzigjährige, verheiratete Frau. Mihaëla lebte in der Nähe von Pitești. Ihr Ehemann arbeitete als Bauarbeiter, aber sein Lohn reichte nicht aus, um ihnen ein angemessenes Leben zu ermöglichen. Da Mihaëla arbeitslos war, ließ sie sich auf eine Beschäftigung als Köchin in einem Restaurant in Deutschland ein. In Rumänien herrscht ein so furchtbarer Stellenmangel, dass die Auswanderung aus ökonomischen Gründen absolut üblich geworden ist. Diese geringfügigen Beschäftigungen, die noch dazu oft schwarz ausgeübt werden, werden per Mundpropaganda unter die Leute gebracht: Immer gibt es irgendeinen, dessen Cousin oder Freund von einer freien Stelle in diesem oder jenem Land Europas gehört hat. Schlägt man einem jungen Mädchen vor, für 800 Euro im Monat Erdbeeren in Spanien zu pflücken, so zögert es nicht eine Sekunde!

Wie so viele andere war Mihaëla einfach nicht misstrauisch genug. Auch ihr Ehemann ließ sie ohne Einwände gehen: Es handelte sich schließlich nur um eine Trennung für ein paar Monate, in denen seine Frau etwas Geld verdienen konnte. Gleich nach ihrer Ankunft musste Mihaëla es sich gefallen lassen, dass der Leiter des angeblichen Restaurants ihre Papiere an sich nahm. Als sie protestieren wollte, trat er mit den Füßen so lange auf sie ein, bis sie den Mund hielt, und sperrte sie in ein Zimmer.

»Gleich bekommst du Herrenbesuch. Sei freundlich zu dem Herrn, sonst wirst du deinen Ehemann niemals wiedersehen.«

Als der erste Kunde vor ihr stand, weigerte sich Mihaëla und ließ sich nicht von ihm berühren. Diesmal gingen die Menschenhändler zu zweit auf sie los, um ihren Widerstand zu brechen. Sie verprügelten sie so sehr, dass sie halb ohnmächtig zu Boden ging. Stundenlang blieb sie so geschunden allein, ohne dass jemand sich um sie kümmerte. Am nächsten Morgen betrat ein zweiter Kunde das Zimmer. Verängstigt und noch immer geschwächt fügte sich Mihaëla. Was hätte sie sonst tun können?

Ihre Leidenszeit dauerte mehrere Monate. In regelmäßigen Abständen gestatteten ihr die Menschenhändler, ihren Ehemann anzurufen und ihm zu versichern, dass alles in Ordnung sei. Überwacht von ihren Peinigern erzählte sie ihm von ihrer Arbeit oder kündigte ihm die nächste Geldüberweisung an.

»Ich werde dir eine Überweisung von 50 Euro schicken. Ich weiß, das ist recht wenig, aber diese Woche gab es nicht viel Trinkgeld, und ich konnte nicht viel beiseitelegen.«

Die Menschenhändler sind geschickt: Niemals unterbinden sie den Kontakt eines Mädchen zu seinen nächsten Familienangehörigen, wenn es welche hat. Die Geldsendungen an den Rest der in der Heimat zurückgebliebenen Familie ist ein übliches Vorgehen: So bleiben sie in der Deckung und ziehen keinerlei Verdacht auf sich. Irgendwann gelang es Mihaëla, gemeinsam mit ein paar anderen Mädchen aus dem Restaurant zu fliehen. Sie waren bei einer örtlichen NGO vorstellig geworden und hatten eingewilligt, eine Aussage bei der Polizei zu machen. Man nahm Kontakt zu mir auf, um die Rückführung nach Rumänien zu organisieren.

Allerdings gab es einen Haken bei der Sache: Mihaëla sollte als Zeugin gegen ihren Zuhälter aussagen, aber die Vorstellung, ihr Ehemann könnte erfahren, was ihr zugestoßen war, versetzte sie in Angst und Schrecken. In ihrem heimatlichen Umfeld hätte niemand verstanden, wie es dazu kommen konnte, dass eine ehrbare Frau sich prostituiert. In Rumänien haben Prostituierte ein sehr schlechtes Ansehen, es wird kaum ein Unterschied zwischen einer berufsmäßigen Hure und einem Opfer des Sexhandels gemacht. Jetzt fürchtete Mihaëla, man könne mit dem Finger auf sie zeigen oder noch schlimmer: ihr Ehemann könne sie verlassen. Und das Furchtbare ist, dass sie mit ihren Befürchtungen vermutlich recht hatte. Wie dem auch sei, sie musste die erlittene Demütigung ganz mit sich allein ausmachen.

Die Mitarbeiterin der NGO fragte mich am Telefon nun, wie wir vorgehen sollten: »Mihaëla wird zum Prozess noch einmal nach Deutschland kommen müssen, um ihre Zeugenaussage zu machen. Die deutsche Polizei hat daher die rumänische Polizei und auch die rumänische Behörde gegen den Sexhandel verständigt. Wie können wir die Anonymität von Mihaëla gewährleisten?«

»Vor allem soll sie keinerlei Dokumente unterzeichnen! Ihr Name darf nicht in den Verzeichnissen der Behörde auftauchen, denn dort gibt es immer irgendwelche undichten Stellen …«

Dann kehrte Mihaëla wie geplant nach Hause zurück. Wir beide einigten uns auf eine Geschichte, die sie ihrem Mann erzählen sollte: In dem Restaurant, wo sie beschäftigt war, hatte ein Dieb ihre auf dem Tresen liegende Handtasche gestohlen, in der sich all ihre Papiere befanden. Bei dem Dieb handelte es sich um einen von der Polizei gesuchten Gewaltverbrecher. Als Hauptzeugin würde sie also nach Deutschland zurückkehren müssen, um ihn vor Gericht zu identifizieren. Ich selbst habe der deutschen Polizei diese Geschichte so weitergegeben, und man willigte ein, Mihaëla zu decken. Aber ach! Ein paar Wochen nach der Rückkehr der jungen Frau nach Rumänien rief ein Beamter der örtlichen Polizei bei ihr zu Hause an und bat sie zu einer Zeugenaussage aufs Revier.

Der Ehemann schöpfte sofort Verdacht: »Warum ruft dich die rumänische Polizei wegen einer in Deutschland gestohlenen Handtasche an?«

»Ich weiß nicht …«

Vollkommen aufgelöst rief Mihaëla mich an: »Sie haben mir gesagt, dass niemand Bescheid weiß! Das war gelogen!«

»Beruhige dich, Mihaëla, ich werde die Sache klären.«

Unverzüglich rief ich den Beamten der deutschen Polizei an, der mit dem Fall beauftragt war. Er zeigte sich sehr verständnisvoll. Er versicherte mir, dass er nichts mit diesem Ausrutscher zu tun hatte. Er hatte seine rumänischen Kollegen ins Bild gesetzt, aber diese schienen seine Ratschläge nicht beherzigt zu haben. Es blieb nur eine einzige Lösung, um das drohende Unheil zu beheben, und dieser kooperative Beamte musste mir dabei helfen.

»Ich muss Sie um Ihre Unterstützung bitten.«

»Wie soll das aussehen?«

»Wenn Sie Mihaëla wieder anrufen, um Sie vorzuladen, dann sagen Sie mir bitte vorher Bescheid. Ich werde bei ihr sein, wenn Ihr Anruf kommt. Sie wird Ihnen dann ihren Ehemann geben, und Sie werden die von uns erfundene Geschichte wiederholen. Er spricht kein Englisch, aber ich werde ihm Ihre Ausführungen übersetzen. Packen Sie ruhig noch ein bisschen Dramatik oben drauf. Sie können ja beteuern, dass es sich um einen äußerst gefährlichen Mann handelt, dass seine Frau sehr mutig war und dass ihre Zeugenaussage sehr wichtig ist, um den Angeklagten ins Gefängnis zu bringen ...«

Unser Plan ging wunderbar auf. Der Ehemann glaubte unsere Geschichte voll und ganz. Die Tatsache, dass ein deutscher Polizist sie ihm persönlich darlegte, räumte seine letzten Zweifel aus. Nach dem Gespräch begab ich mich aufs Kommissariat von Pitești, um mit dem von der Behörde gegen Sexhandel beauftragten Mitarbeiter zu sprechen.

»Hören Sie zu, Mihaëla wird keinerlei Aussage unterschreiben. Sie will auf keinen Fall in Ihrer Zeugendatei auftauchen. Verstehen Sie, was ich sagen will?«

»Ja, aber wir benötigen die Informationen von ihr, um gegen den Menschenhändler vorgehen zu können, der sie nach Deutschland verkauft hat.«

»Gut, aber sie wird ihre Aussage nicht offiziell machen. Sie wird Ihnen mündlich alles sagen, was Sie benötigen, aber sie wird keinerlei schriftliches Dokument unterzeichnen. Nur unter diesen Bedingungen ist sie zur Zusammenarbeit bereit. Sie haben sie bereits in große Bedrängnis gebracht.«

»In Ordnung.«

Um ihren Ehemann weiterhin in Sicherheit zu wiegen, gab ich vor, Mihaëlas Hilfe für einen Brief nach Deutschland zu benötigen. Sie kam allein zu mir, und ich begleitete sie aufs Kommissariat, wo sie alle Fragen beantwortete, jedoch nichts unterschrieb. In Deutschland sagte sie später gegen den Menschenhändler aus und trug damit ganz wesentlich dazu bei, dass er hinter Gitter gebracht werden konnte. Ihr Ehemann hat niemals etwas erfahren.

Mihaëlas Fall soll zeigen, dass es jeder Frau passieren kann, verkauft und gegen ihren Willen zur Prostitution gezwungen zu werden – nicht nur Mädchen, die angeblich »darauf aus waren«. Leider ist der Sexhandel bei uns noch ein weitgehend tabuisiertes Thema. Die meisten Leute begreifen nicht, dass man seinen Körper überhaupt gegen seinen Willen verkaufen kann. Als hätte ein fünfzehnjähriges Mädchen tatsächlich eine Wahl, wenn solche Typen sie mit ihren Tricks überrumpeln! Und auch eine unbescholtene verheiratete Frau kann in die Fänge solcher Verbrecher geraten.

In meinem Frauenhaus sind mir die unterschiedlichsten Frauentypen begegnet: Mädchen aller Altersstufen, von denen manche in einem wohlhabenden und gebildeten Umfeld aufgewachsen waren. Gemeinsam war allen, dass sie aus einem schlecht funktionierenden familiären Gefüge kamen: Oft hatten sie eine konfliktreiche Scheidung der Eltern miterlebt oder Alkoholsucht, Gewalttätigkeit, Inzest oder Kriminalität in der Familie kennengelernt und damit eine schwere Jugend gehabt. Diese Erschütterungen machen sie anfällig für Begegnungen, deren Tragweite sie nicht überschauen. Sie schenken ihr Vertrauen dem Erstbesten, der sich für sie zu interessieren scheint. Ich habe zwar auch Entführungen auf offener Straße erlebt, aber meistens werden die Mädchen mit einem Stellenangebot geködert. Bedienung, Babysitter, Putzfrau … hat das Mädchen erst einmal angebissen, so ist es ein Leichtes, sie zur Sklavin zu erniedrigen. Denn so viel steht fest: Die Unfähigkeit der Sexsklavinnen, sich ihrem Menschenhändler zu widersetzen, kann nicht etwa auf Charakterschwäche oder persönliche Unzulänglichkeiten zurückgeführt werden. Auch das soziale Niveau oder die Intelligenz spielen dabei keine Rolle. Es geht einfach ums nackte Überleben. Niemand kann dem Druck standhalten, den ein Menschenhändler ausübt, niemand wagt es, »Nein« zu sagen, wenn das Gegenüber zuschlägt und bei Ungehorsam mit dem Tod droht. Die stärksten Charaktere werden zuallererst unterworfen: Die Menschenhändler machen rasch ausfindig, welches unter den Mädchen eine Art Anführerin ist. Ganz bewusst greifen sie sich dieses Mädchen heraus und »brechen« seinen Willen vor den anderen. Dabei schrecken sie nicht davor zurück, übelste Demütigungen, erniedrigende und brutale Praktiken anzuwenden: Sie pinkeln auf das Mädchen, vergewaltigen es zu mehreren, manchmal auch mit einem Stab oder einer Plastikflasche, um den anderen zu zeigen, was sie erwartet, wenn sie es wagen, aufmüpfig zu sein.

Bei den Jüngsten ist es oft nicht einmal »erforderlich«, physische Gewalt anzuwenden. Sie sind leicht einzuschüchtern und zu manipulieren. Ich erinnere mich immer noch an jenes sechzehnjährige Mädchen, das bereits mit dreizehn Jahren prostituiert wurde und das man tagelang nur mit ein paar Wasserflaschen in einen Kofferraum eingesperrt hatte. Oft reicht es, wenn die Schurken einfach ihre Knarre auf den Tisch legen, so wie andere Menschen ein Handy. Der bloße Anblick dieser Waffe genügt, um die Unfolgsamen zu bändigen. Vor ein paar Jahren erzählten mir die Mädchen von einem mazedonischen Menschenhändler, der einen Tiger besaß. War ein Mädchen ungehorsam, so zeigte er ihm nur seinen Käfig …

Im Ausland sind die Mädchen noch wehrloser: Von ihrer Familie getrennt und ihrer Ausweispapiere beraubt, fehlen ihnen zudem jegliche Bezugspunkte des gewohnten Umfeldes. Sie sprechen die Sprache des fremden Landes nicht und wissen nicht, an wen sie sich wenden können. Manche werden tagelang in armseligen Räumen schäbiger, leer stehender Gebäude eingesperrt, oder man verfrachtet sie in Elendsquartiere am Stadtrand, wo niemand jemals ihre Schreie hören würde. Natürlich wagen sie es nicht, sich bei ihren Kunden zu beklagen, denn sie haben viel zu große Angst vor Repressalien. Auch denjenigen, die auf der Straße arbeiten, geht es nicht besser. Wie sollen sie fliehen? Und wohin sollen sie gehen? Ohne Geld können sie nicht einmal in den nächsten Bus steigen.

Und was ist mit der Polizei? Sie steckt reichlich oft mit den Zuhältern unter einer Decke, denn diese sind stets darauf aus, sich das Wohlwollen der Beamten auf allen Ebenen zu sichern. Ich kann die Mädchen gar nicht mehr zählen, die mir berichtet haben, dass sie in den Clubs, in denen sie arbeiteten, auch mit Polizisten in Uniform schlafen mussten. Und dabei ist nicht die Rede von Mazedonien, sondern von Spanien oder Großbritannien! Diese Mädchen wissen nicht, an wen sie sich wenden können, und lernen nur, dass sie niemandem vertrauen können.

Oft schicken die Menschenhändler die Mädchen außerdem quer durch Europa, um zu vermeiden, dass sie zu lange in einem Land bleiben. So können sie sich nicht mit den Gegebenheiten vertraut machen, tiefer gehende Kontakte knüpfen oder sich gar Informationen über die jeweilige Gesetzgebung beschaffen. Im Frauenhaus haben mir viele Opfer anvertraut, dass sie am Ende überzeugt waren, für dieses Leben geboren zu sein: Es war einfach ihr Schicksal, und sie konnten nichts dagegen tun. Das ist gewiss eine, vielleicht sogar die einzige Deutung, die ein Überleben möglich macht …

Wo liegt also der Fehler? Sicher nicht bei den Jugendlichen. An erster Stelle sind die Eltern verantwortlich, die ihre Aufgaben nicht wahrnehmen. Aber sie sind nicht die einzigen Schuldigen. Ganz allgemein müsste die Prävention in allen rumänischen Institutionen Einzug halten, angefangen vom Erziehungssystem, denn nur durch entsprechende Maßnahmen auf dieser Ebene kann eine angemessene Erziehung gewährleistet und den Kindern die Möglichkeit gegeben werden, später einen richtigen Beruf zu ergreifen. Ein solches System ist aber nicht vorhanden. Die Schule ist zum Beispiel nur theoretisch kostenfrei. Der Kauf von Büchern, Heften und Schuluniformen bleibt den Familien überlassen. Für manche sind diese Dinge unerschwinglich, ganz zu schweigen von den Bestechungsgeldern an die Lehrer, die recht gern ihr niedriges Gehalt aufbessern.

In Rumänien ist der 8. März, der internationale Frauentag, in der Schule zu einer richtiggehenden Institution geworden. An diesem Tag schenken alle Eltern den Lehrern ihrer Kinder etwas. Jeder bringt sich mit einem bestimmten Beitrag ein, damit etwas wirklich Großes gekauft werden kann. Zieht man in Betracht, dass jeder Schüler eine ganze Reihe von Lehrern hat, so kommen noch einmal beträchtliche Summen zusammen! Der Nachhilfeunterricht reißt ein weiteres Loch in den Familienhaushalt. Nach der vierten Klasse muss eine Prüfung abgelegt werden, um zu den weiterführenden Schulen zugelassen zu werden. Um dieses Jahr zu schaffen, wird dringend zu privatem Nachhilfeunterricht bei den Lehrern der Schule geraten. Letztere empfehlen diese Stunden mit ganz besonderem Nachdruck: Nicht selten fallen die Noten eines Schülers im Laufe des Jahres ab, um sich sofort wieder zu bessern, wenn der angeblich so schlechte Schüler sich auf Nachhilfeunterricht eingelassen hat! Angesichts der 300 Leu, umgerechnet 75 Euro, für eine wöchentliche Stunde, die man noch mit der Anzahl der Lehrer multiplizieren muss, bekommen die Noten einen bitteren Beigeschmack …

So ermutigt das System nicht gerade dazu, die Kinder in die Schule zu schicken, auch wenn in Rumänien Schulpflicht herrscht. Wenn ein Kind allerdings mehr als zwei Jahre nicht zur Schule gegangen ist, verliert es das Recht, wieder ins Schulsystem integriert zu werden. Und der Unterricht zu Hause ist nicht gestattet. Dabei würde diese Methode mir bei den Mädchen sehr helfen, die lieber darauf verzichten, in die Schule zu gehen, als jeden Tag das Frauenhaus verlassen zu müssen. Ohne Bildung sinken jedoch die Zukunftschancen, die Jugendlichen ohne Schulabschluss sind also versucht, die erstbeste geringfügige Arbeit anzunehmen.

Die Rolle der Schule ist umso vorrangiger, als die Opfer des Sexhandels immer jünger werden. Als ich mein Frauenhaus eröffnet habe, waren 20 Prozent der Mädchen minderjährig und 80 Prozent immerhin älter als achtzehn Jahre. Heute haben sich diese Zahlen genau umgekehrt. Auf den Straßen sieht man mittlerweile bereits zwölfjährige Mädchen, die auf den Strich gehen. Das zuletzt bei uns eingetroffene Mädchen, Ruxandra, ist gerade einmal vierzehn Jahre alt. Kann man so jungen Prostituierten überhaupt einen Vorwurf machen? Vor ein paar Jahren habe ich eine Dreizehnjährige aufgenommen: Sie war eine echte Schönheit – und wurde von ihrer eigenen Mutter verkauft. Die Frau kleidete ihre Tochter stets ganz in Schwarz, um sie etwas älter wirken zu lassen, und verschacherte sie an den Meistbietenden in verschiedenen Wohnungen, die sie in einem Wohnblock besaß. Mit dem von ihrem eigenen Kind »angeschafften« Geld ließ sie dann ihre Immobilien renovieren!

Auch in diesem Bereich halten sich Tabus in unserem

Land mit außerordentlicher Hartnäckigkeit, und die Politik tut sich schwer damit, einzusehen, wie leicht es ist, ein Kind auf die Straße zu schicken. Im Jahr 2007 drehte ein englischer Journalist einen Dokumentarfilm über den Sexhandel in Rumänien, Ungarn und der tschechischen Republik. Er gab sich als Kaufinteressent aus und schleuste sich so in mehrere Netzwerke ein, vor allem in Iaşi, einer Stadt im Norden von Rumänien, unweit der Grenze zu Moldawien. Es gelang ihm letztlich, Anca, ein sechzehnjähriges Mädchen, zu »kaufen«, die bereits als Neunjährige zur Prostitution gezwungen worden war. Da er nicht wusste, was er nun mit ihr anfangen sollte, nahm er Kontakt zu mir auf und bat mich, sie bei mir unterzubringen. Nach drei Wochen teilte Anca mir mit, dass sie nicht für ein solches Leben geschaffen sei und lieber mit einer Freundin in Iaşi leben wollte. Ich kaufte ihr eine Zugfahrkarte und bat sie, in Kontakt mit mir zu bleiben. Ich bat auch die Polizei von Iaşi darum, ein Auge auf sie zu haben. Vergeblich. Ein paar Monate lang rief Anca mich regelmäßig an. Sie war schwanger gewesen und hatte ihr Baby gesund zur Welt gebracht. Alles schien gut zu werden. Dann hörte ich von einem Tag auf den anderen nichts mehr von ihr. Die einzige Gelegenheit, bei der ich sie noch einmal sah, war im Fernsehen: Sie beantwortete die Fragen eines rumänischen Journalisten, gab vor, neunundzwanzig Jahre alt zu sein, und behauptete, der englische Reporter hätte sie gegen ihren Willen entführt! Antworten, die man ihr ganz offensichtlich vorgegeben hatte ...

Während die Ausstrahlung der Dokumentation in Ungarn und Tschechien eine Reihe von Verhaftungen auslöste, hatte die rumänische Polizei nichts Besseres zu tun, als den Regisseur wegen Entführung zu verklagen! Zwar hatte Letzterer in seiner Reportage Menschenhändler mit versteckter Kamera gefilmt, aber er konnte dennoch sein Material für eine offizielle Zeugenaussage zur Verfügung stellen. In England erhielt er daraufhin Todesdrohungen und wurde samt seiner Familie unter Polizeischutz gestellt. Betroffen forderte die Europäische Union die nationale rumänische Behörde gegen den Sexhandel auf, eine Erklärung zu diesem seltsamen Vorgehen abzugeben. Es wurden sogar Vertreter der rumänischen Behörde vor eine Sonderkommission vorgeladen. In Wirklichkeit jedoch wollte Rumänien, das gerade seine Integration in die europäische Gemeinschaft vollzogen hatte, schlicht und ergreifend das Problem der Kinderprostitution innerhalb seiner Landesgrenzen unter den Teppich kehren. Das liegt jetzt drei Jahre zurück …

# Journalisten

Der englische Journalist ist bei Weitem nicht der Einzige, der sich in den Sexmarkt eingeschleust hat. Im Lauf der letzten Jahre machte sich eine ganze Menge ausländischer Journalisten nach Rumänien auf, um verdeckt zu ermitteln. So auch der Journalist Peter Van Sant, der Anfang 2005 für den amerikanischen Sender CBS ins Land kam. In Bukarest heuerte er zwei Journalisten des rumänischen Zentrums für investigativen Journalismus an, Paul Radu und Daniel Neamu. Gemeinsam mit ihnen wollte er sein Vorhaben nun durchführen. Sie sollten die Rolle der Vermittler und Übersetzer spielen, während er selbst als Ausländer auftreten wollte, der ein Mädchen kaufen möchte.

Ausgerüstet mit versteckten Mikrofonen und Kameras zogen sie durch das Matasari-Viertel in der Nähe des Stadtzentrums und nahmen Kontakt zu verschiedenen Menschenhändlern auf. Dort unten floriert der Handel mit »Frischfleisch«. Man muss lediglich die dort ansässigen, geschäftstüchtigen Gauner ansprechen: »Ich suche ein Mädchen, am liebsten eine Minderjährige.« Vom Taxifahrer bis zum x-beliebigen Passanten auf der Straße – jeder weiß, wo man ein Mädchen findet. Verhandelt wird draußen, oft sogar unter den Augen von Polizisten, die im Viertel ständig auf Streife – und sehr oft Komplizen – sind.

Paul und Daniel, die schon seit mehreren Monaten Nachforschungen für die internationale Organisation

IWPR (Institute for Women's Policy Research) anstellten, kannten die Gegend bereits sehr gut. Alle Zuhälter, denen sie begegnet waren, hatten Mädchen zu verkaufen. Natürlich hatten sie sich auch schon Gedanken darüber gemacht, was sie mit den einmal käuflich erworbenen Mädchen anstellen würden. Anfangs hatte Peter erwogen, die im Laufe ihrer verdeckten Arbeiten befreiten Mädchen einfach nach Hause zurückzuschicken. Paul jedoch war überzeugt, dass dies nicht wirklich in Frage kam: Der Menschenhändler würde sofort dort eindringen und ihrer wieder habhaft werden. So nahmen sie Kontakt zu mir auf, und ich willigte ein, alle Mädchen bei mir aufzunehmen, die sie freigekauft hatten.

Ende Januar waren die drei in Geschäfte mit einem kleinen bärtigen Mann verwickelt, der den Spitznamen »Der Zwerg« trug. Er betrieb seinen Handel gemeinsam mit seiner Frau. Das Paar empfing sie zum ersten Mal in einem alten Gebäude mit eleganter Fassade und führte ihnen mehrere Mädchen vor, wobei sie die jeweiligen Vorzüge anpriesen: »Diese hier hat einen guten Ruf und ist vollkommen gesund.«

»Diese hier hat sehr pralle Brüste. Sag deinem Freund, er kann ihre Brüste ruhig einmal anfassen. Schau genau hin: Sie hat keine einzige Narbe.«

Wie viele andere Menschenhändler entblößte der Zwerg die jungen Mädchen, damit der Käufer genau sah, dass sie einen makellosen Körper hatten. Die Journalisten waren darum bemüht, diese Fleischbeschau abzukürzen, und der Zwerg jagte die Mädchen aus dem Raum, um das Gespräch ohne sie fortzusetzen. Er beantwortete alle Fragen der Journalisten, die sich als Neulinge im Frauenhandel ausgaben: »Wir sind Anfänger. Kannst du uns erklären, wie man sich einem solchen Mädchen gegenüber verhält?«

»Ganz einfach: Du sagst deinem amerikanischen Freund, dass er ihr zu essen geben soll, sonst nichts. Wichtig ist, dass er sie in seiner Wohnung behält und niemals allein ausgehen lässt. So habe ich nie Probleme gehabt, und das wird bei ihm genauso sein.«

»Und wenn die Polizei ihm Fragen über das Mädchen stellt?«

»Dann antwortet er, dass es achtzehn Jahre alt ist und seine Papiere gestohlen wurden.«

Die Journalisten verabschiedeten sich und kamen ein paar Tage später mit dem geforderten Geld wieder. An diesem Abend hatte der »Zwerg« kein verfügbares Mädchen da, aber er brachte sie zur Wohnung eines gewissen Buric. Dieser lag von seinem Heroinrausch benommen auf dem Sofa. Auch er arbeitete mit seiner Frau zusammen, die mit ihrem Baby auf dem Arm vollkommen unbefangen eine Unterhaltung mit den Besuchern begann: »Im Augenblick läuft es nicht gut für uns. Die Konkurrenz ist hart, wir werden geradezu überschwemmt von Frauen aus der Ukraine. Sie sind teurer, aber auch schöner, denn sie haben sehr lange Beine. Da will natürlich niemand mehr meine Mädchen haben. Ganz schön hart fürs Geschäft.«

Dann ging die Zuhälterin nach oben und holte eines ihrer Mädchen herunter. Im Wohnzimmer schob sie es schonungslos unter die Lampe.

»Bitteschön, sie ist neunzehn Jahre alt.«

Trotz ihres Minirocks und ihrer hohen Absätze wirkte die Kleine allerhöchstens wie sechzehn.

»Wie heißt sie?«

»Elisabeta. Was ist jetzt, wollen Sie sie haben oder nicht?«

»Ja, schon …«

»Sie ist nicht krank, aber ich warne Sie: Sie isst sehr viel.«

»Sie hat ja gar keine Strümpfe an. Haben Sie keine Jacke, die sie anziehen kann? Es hat draußen minus fünf Grad.«

»Eine Jacke? Von welchem Geld soll ich denn eine Jacke für sie kaufen? Machen Sie sich keine Sorgen, sie ist die Kälte gewöhnt.«

»Sehr gut, dann sind hier die tausend Euro, wie abgemacht.«

»Oh! Tut mir leid, die tausend Euro galten für den ›Zwerg‹. Bei uns kostet der Spaß achtzehnhundert Euro.«

»Äh … gut … einverstanden.«

Die drei Journalisten überraschte diese plötzliche Preissteigerung nicht. Der »Zwerg« musste geahnt haben, dass die Käufer vorhatten, dass Mädchen ins Ausland zu verfrachten. Und ein exportiertes Mädchen ist natürlich teurer. Elisabeta folgte ihnen, ohne zu murren, und rutschte auf dem verschneiten Gehweg unbeholfen bis zum Auto. Als sich die Tür hinter ihr geschlossen hatte, fing sie plötzlich an zu reden.

»Was haben Sie mit mir vor? Bringen Sie mich nachher zu Buric zurück?«

»Nein, nein, dahin musst du nicht mehr zurück.«

»Umso besser! Ich will nicht mehr dorthin. An Silvester haben sie mich vollkommen nackt draußen in einer Hundehütte eingesperrt. Sie schlagen mich ständig. Sie haben mich sogar mit einem Messer verletzt. Sehen Sie her!« Sie wies auf frische Schnittwunden auf ihrem Bauch.

»Hab keine Angst, wir bringen dich an einen Ort, wo man sich um dich kümmern wird.«

Die Journalisten machten sich auf den Weg nach Pitești. Während der Fahrt bombardierte sie die immer noch verängstigte Elisabeta unaufhörlich mit Fragen.

»Ich soll jetzt sicher einen von Ihnen heiraten, oder?«

»Nein, du musst niemanden heiraten, beruhige dich.«

»Aber Sie werden mich doch nicht zurückbringen, oder? Ich bin jetzt schon seit einem ganzen Jahr in dieser Wohnung eingesperrt.«

Es war nichts zu machen, Elisabeta weigerte sich, ihnen zu glauben. Auf der Autobahn hielt Peter einmal an, um ein Interview mit ihr zu führen, bevor er sie mir anvertraute. Während er aus dem Auto stieg, um eine Kamera aus dem Kofferraum zu holen, schlüpfte Elisabeta rasch auf die Rückbank. Paul, der als Übersetzer fungieren sollte, fragte sie staunend: »Warum machst du das, Elisabeta?«

»Die Rückbank ist für Sex viel praktischer.«

»Sex? Nein, nicht doch, Elisabeta! Diese Leute wollen keinen Sex mit dir.«

»Warum haben Sie mich denn dann gekauft?«

»Weil sie dir deine Freiheit zurückgeben wollen.«

»Sie wollen gar nicht mit mir schlafen? Ich gefalle ihnen nicht, ist es das? Sagen Sie ihnen, dass ich alles tue, was sie von mir verlangen. Ich werde ein braves Mädchen sein, versprochen!«

»Natürlich bist du brav! Aber diese Leute sind weder Menschenhändler noch Kunden. Sie sind Journalisten. Verstehst du?«

»Ich verstehe nichts. Ich bin ein braves Mädchen und werde keine Probleme machen.«

Vollkommen hilflos wiederholte Elisabeta diesen Satz immer wieder. Paul erklärte ihr geduldig, dass sie nichts von ihnen zu befürchten hätte, dass sie sich nicht mehr prostituieren müsste und dass man sie in ein Haus bringen würde, wo eine Frau sich um sie kümmern würde. Peter saß mittlerweile wieder auf seinem Sitz, richtete sein Objektiv auf Elisabeta und zoomte auf ihr Gesicht. Als das rote Aufnahmelicht anging, stellte Peter mit einem Mikrofon in der Hand reichlich geschwollen seine erste Frage: »Elisabeta, du bist jetzt frei. Kannst du uns sagen, was du in diesem Augenblick empfindest?«

Elisabeta drehte sich zu Paul um, der ihr die Frage übersetzte. Das schien jedoch nicht viel bei Elisabeta zu bewirken, die gleichermaßen verwirrt und verschreckt erneut ihren Satz wiederholte:„Ich werde ein braves Mädchen sein, ich werde alles tun, was Sie wollen.«

Paul versuchte noch einmal, ihr zu erklären, warum sie hier in diesem Auto saß, aber seine Ausführungen stürzten Elisabeta offenbar in nur noch größere Verwirrung. So musste Peter am Ende widerwillig seine Idee von einem Interview aufgeben. Was hatte er sich denn vorgestellt? Dass Elisabeta in Tränen ausbrach und ihm als ihrem Retter nun dankte?

All das hat Paul mir später im Frauenhaus erzählt. Sie trafen etwa gegen Mitternacht bei uns ein. Elisabeta, eine kleine Blondine mit kurzem Haar und blauen, rastlos wirkenden Augen, verschlang gerade gierig einen riesigen Big Mac. Kurz zuvor hatten sie an einer Raststätte Halt gemacht, um ihr »alles, was sie wollte« zu kaufen.

»Wirklich alles, was ich will?«, hatte sie ungläubig gefragt.

Entzückt über einen solchen Glücksfall, hatte sie Schokolade, Wasser und eine unbekannte Zigarettenmarke verlangt. Es war ganz deutlich, dass sie nicht rauchte, aber sie wollte unbedingt den guten Willen ihrer sogenannten Retter testen. Ich wartete, bis sie ihren Burger aufgegessen hatte, dann stellte ich mich ihr vor und richtete ein paar Fragen an sie. Elisabeta erzählte mir, dass es in ihrer Familie in Timișoara Probleme gegeben hatte, dass sie dann von ihrem Bruder und ihren Eltern getrennt worden war und seit mehreren Jahren auf der Straße lebte. Sie zeigte mir auch einige Abdrücke von Fesseln, die immer noch an ihrem Körper zu sehen waren.

»Buric und seine Frau haben mich die ganze Zeit über geschlagen«, beteuerte sie immer wieder.

Angesichts der verblüfften Miene der Journalisten hielt ich ein paar Erklärungen für angebracht: »Es ist gut möglich, dass sie ihre Geschichte übertreibt, aber das ist vollkommen normal. Sie ist so oft angelogen und ausgenutzt worden, sie braucht Beweise für unsere Aufrichtigkeit, bevor sie uns vertraut. Auch wenn die Mädchen manchmal ein bisschen lügen, was ihre Vergangenheit angeht, so sagen sie meistens die Wahrheit, was die Qualen angeht, die sie während ihrer Prostitution erlitten haben. Außerdem spricht ihr Körper für sich.«

Mir wurde rasch klar, dass Elisabeta geistig etwas zurückgeblieben war. Sie hatte auch noch nicht ganz verstanden, dass die Journalisten sie befreit hatten. Dennoch beobachteten diese Elisabeta bei jeder Bewegung mit ihrer Kamera. Ihre Verbissenheit bereitete mir großes Unbehagen: Natürlich ist es gut, ein Opfer des Sexhandels zu befreien, weniger gut ist es bereits, wenn man dem Menschenhändler Geld dafür bezahlt, und alles andere als gut ist es, wenn man Vorteil aus dieser Situation ziehen will und ein gebrochenes Mädchen ausquetscht wie eine Zitrone. Das nenne ich schlicht und ergreifend Ausbeutung. Wenn Peter sich aufrichtig Sorgen um das Schicksal des Mädchens machte, so hätte er nur die Polizei verständigen müssen. Seine mit versteckter Kamera gefilmten Aufnahmen lieferten eine ganze Reihe hinlänglicher Beweise, sodass der Staatsanwalt eine Überprüfung veranlassen konnte. Dieser Schritt war aber ganz offensichtlich weniger spektakulär als die live gefilmte Befragung des Mädchens selbst.

Zur Vervollständigung seiner Dokumentation wollte Peter mir gerne noch einige Fragen stellen. Um dem Gespräch eine größere Durchschlagskraft zu verleihen, wollte er das Interview an einem symbolträchtigen Ort in Rumänien führen. Also kehrten wir nach Bukarest zurück, wo Peter seine Kamera vor dem Athena Palace, einem alten luxuriösen Hotel im Stadtzentrum, aufstellte. Peter baute sich vor dem Objektiv auf und setzte mit melodramatischer Stimme zu seiner Einleitung an: »Wir befinden uns hier vor dem Hotel Athena Palace mitten in der Hauptstadt eines europäischen Landes. Gestern haben wir nur ein paar Schritte von hier entfernt ein menschliches Wesen gekauft. Wir leben im 21. Jahrhundert, wie ist da so etwas möglich? Was meinen Sie dazu, Iana Matei?«

»Ich weiß nicht. Sagen Sie es mir. Wie fühlt es sich an, der Besitzer eines jungen Mädchens zu sein?«

»Äh … Schnitt! Iana, das ist nicht gerade die Antwort, auf die ich gewartet habe.«

»Wirklich nicht?«

»Iana, ich bitte Sie …«

»Okay, okay.«

»Sehr gut. Noch einmal von vorn, bitte!«

Am Ende sagte ich ungefähr das, was man von mir hören wollte. In wenigen Minuten war meine Allerweltsantwort im Kasten. Bevor ich meiner Wege ging, wollte ich mich versichern, dass die ganze Angelegenheit nun nicht in Vergessenheit geriet.

»Was haben Sie jetzt vor?«

»Wir kehren in die Vereinigten Staaten zurück, um unser Vorhaben zu Ende zu bringen.«

»Nein, ich meine, was wollen Sie jetzt gegen die Menschenhändler von Elisabeta unternehmen?«

»Wie meinen Sie das?«

»Werden Sie Kontakt zur Polizei aufnehmen?«

»Aber natürlich, das haben wir fest vor! Es ist doch klar, dass wir ihr alles erzählen, was wir über diese Typen wissen. Und in ein paar Monaten kommen wir wieder hierher, um eine Art Fortsetzung der Dokumentation zu drehen.«

Ein paar Wochen nach ihrer Abreise erhielt ich den Anruf eines Polizeibeamten aus Bukarest. Offenbar war die amerikanische Dokumentation auf einem privaten Sender in Rumänien ausgestrahlt worden. Beim Anblick dieser Bilder waren manche hochgestellten Personen aus allen Wolken gefallen. Nun sollte der Polizist Bericht erstatten und rief mich deshalb reichlich verärgert an.

»Ist Ihnen klar, dass Sie sich zur Komplizin eines Verbrechens gemacht haben? Diese Journalisten haben ein Mädchen gekauft und es dann zu Ihnen gebracht – und niemand hielt es für notwendig, die Polizei darüber zu informieren!«

»Sie haben mir aber versichert, dass sie es tun würden!«

»Die Geschichte stimmt also?«

»Ich wusste darüber Bescheid, ja.«

»Nun, warum haben Sie uns dann nichts über die Menschenhändler gesagt?«

»Das ist nicht meine Aufgabe. Meine Arbeit besteht darin, die verzweifelten Mädchen bei mir aufzunehmen. Es waren die Journalisten von CBS, die die Nachforschungen angestellt haben, und sie hätten Sie auch unterrichten müssen.«

»Sie hätten uns aber trotzdem helfen können, denn dieses Mädchen, Elisabeta, kann uns doch sicher wesentliche Informationen geben.«

»Elisabeta ist leider nicht in der Lage, Ihnen zu helfen. Sie ist geistig etwas zurückgeblieben und versteht kaum, was mit ihr passiert ist.«

»In Ordnung, aber ich verstehe noch immer nicht, warum Sie sich nicht die Mühe gemacht haben, uns zu unterrichten.«

»Ich war überzeugt, dass die amerikanischen Journalisten mit Ihnen sprechen würden.«

Später erfuhr ich von Paul, dass die Polizei auch die beiden rumänischen Journalisten befragt hatte: In dem Film konnte man sehr gut erkennen, dass sie zwischen den Menschenhändlern und den »Käufern« als Vermittler fungiert hatten. Paul war wütend auf Peter, der nicht wie versprochen die Polizei informiert hatte. Als Paul die Dokumentation sah, stellte er noch dazu entsetzt fest, dass die Techniker keineswegs die Gesichter unkenntlich gemacht hatten. Wenn nun der Menschenhändler diese Bilder sah, würde er möglicherweise versuchen, Paul unter Druck zu setzen.

Sechs Monate später kamen Peter und seine Truppe wie angekündigt nach Rumänien zurück, um die Fortsetzung zu filmen, eine Art »Was aus ihnen geworden ist«. Sie wollten den Menschenhändler, den sie getäuscht und mit versteckter Kamera gefilmt hatten, mit den von ihnen gemachten Aufnahmen konfrontieren. Aber vorher wollten sie Elisabeta treffen und wieder ihre Stimmungslage aufzeichnen.

Am Telefon machte ich keinen Hehl aus meiner Verärgerung: »Sie wissen, dass ich durch Sie sehr viele Unannehmlichkeiten hatte, nicht wahr?«

»Das tut mir leid, Iana. Wir hatten wirklich vor, zur Polizei zu gehen, aber im letzten Augenblick haben wir unsere Meinung geändert, weil wir Angst hatten, uns Ärger einzuhandeln.«

Als Peter im Frauenhaus eintraf, war ich gerade dabei, mit Elisabeta Pfannkuchen zuzubereiten. Sie begrüßte ihn freudig: »Guten Tag! Ich erkenne Sie wieder. Sie sind doch derjenige, der mich hierhergebracht hat, nicht wahr?«

Ermutigt durch diesen Anfang, zückte Peter sogleich sein Mikrofon.

»Guten Tag, Elisabeta! Wie ist es dir in der Zwischenzeit ergangen?«

»Sehr gut.«

»Wir fahren gleich nach Bukarest, Elisabeta. In ein paar Stunden werden wir die Schurken treffen, die dich ausgebeutet haben. Sollen wir Ihnen eine Nachricht von dir überbringen?«

»Oh! Ja, sagen Sie ihnen doch, dass sie mir meine schwarze Hose zurückgeben sollen. Ich habe sie dort vergessen.«

Peter starrte sie verblüfft an. Offenbar hatte er auf sehr viel drastischere Worte gehofft, wie etwa: »Sagen Sie ihnen, sie sollen in der Hölle schmoren! Sagen Sie ihnen, dass ich endlich frei bin, weil es Leute wie Sie gibt!«

Bei dem fassungslosen Gesichtsausdruck des Journalisten gelang es mir nur mühsam, einen Lachanfall zu unterdrücken. Aber er war ein guter Verlierer, wenn man das so sagen kann, und steckte sein Mirkofon lachend weg. Er hatte begriffen, dass er von dem jungen Mädchen nicht bekommen würde, was er sich vorgestellt hatte. Ich war sehr glücklich über Elisabetas Antwort. Sie war eine sehr ruhige, brave Jugendliche. Hinter dem höflichen und naiven Auftreten handelte sie eher intuitiv.

Ich fühlte in gewisser Weise eine Genugtuung, wenn ich an das so häufig larmoyante oder aber sensationslüsterne Auftreten der Presse dachte, sobald das Thema des Sexhandels angeschnitten wird. Wenn sie diese Verbrecher nicht gerade bezahlen, habe ich nichts gegen ihre Methode der verdeckten Recherche einzuwenden. Was mir hingegen sehr missfällt, ist die Art, sich als Helden hinzustellen, weil man ein Mädchen aus den Fängen eines solchen Schurken befreit hat. Was nützt es, wenn man mit dem Finger auf den bösen Wolf zeigt, aber nichts tut, um ihn zu fangen? Es ist immer das Gleiche: Jedes Mal, wenn ich einen Artikel über das Thema lese, ganz gleich ob in der rumänischen Presse oder in ausländischen Zeitungen, bin ich empört über die schreckliche Herangehensweise. Die Journalisten wollen in ihren Interviews mit den prostituierten Frauen immer die allerschmutzigsten Details wissen: »Für welche Summe wurdest du verkauft? Wie viele Kunden hattest du? Mit wie vielen Männern musstest du in einer Nacht schlafen? Was musstest du tun? Wie viel Geld hast du für eine Fellatio bekommen? Hattest du Angst? Wie haben sie dich dazu gezwungen, dich zu prostituieren? Wurdest du geschlagen? Wurdest du vergewaltigt? Wie oft? Tat es weh? Hast du geblutet? Hast du Narben?«

Dieser Voyeurismus ist zum Kotzen. Warum lässt man die Mädchen nicht in Frieden? Das Leben in der Hölle liegt doch jetzt hinter ihnen. Meist sind sie gar nicht in der Lage, das fatale Räderwerk genau auseinanderzudividieren, das ihr Leben zerstört hat. Für alle ist es eine Qual, sich noch einmal an die schrecklichen Details erinnern zu müssen. Es liegt ihnen nichts daran, dass alle wissen, was sie erlitten haben – ganz im Gegenteil! Sie brauchen nicht das Mitleid der Leser und noch weniger die hinterhältigen Urteile jener, die in ihnen nur »arme Mädchen« sehen und damit suggerieren, dass die Menschenhändler sich nur an Mädchen vergreifen, die ohnehin schon verloren, naiv oder eben doch willig waren.

Seit zehn Jahren gibt es immer wieder herzerweichende Berichte, ohne dass das Problem tatsächlich angegangen würde. Hat der Sexhandel sich verringert? Keineswegs, ganz im Gegenteil! Warum wird über die Mädchen gesprochen, wo man doch die Menschenhändler ins Visier nehmen müsste? Warum stürzt man sich auf die Sensation, statt investigativ zu arbeiten? Wann wird endlich eine echte Untersuchung über den *modus operandi* dieser Schurken angestrengt? Ich möchte, dass man ihre Gesichter, ihre Häuser, ihre Autos und all das zu sehen bekommt, was sie mit dem durch Sexhandel gewonnenen Geld kaufen! Man soll Aufnahmen von ihnen machen, man soll zeigen, wie sie sich ihre Taschen mit Geld vollstopfen, man soll ihr Vermögen beziffern, man soll ihnen auf Schritt und Tritt folgen und ihre Verstecke und Kontakte aufspüren. Ich denke an jene Reporter, die wissen wollen, ob der Preis eines Mädchens sich nach dem Aussehen oder nach der Willfährigkeit beim Geschlechtsverkehr bemisst. Wir sprechen ganz einfach nicht die gleiche Sprache.

In Rumänien wird ein Mädchen ab zehn Leu, das sind nicht einmal drei Euro, verkauft. Ganz konkret bedeutet das, dass jeder einem Mädchen eine heftige Ohrfeige verpassen und es zwingen kann, mit ihm zu gehen, um es dann für weniger als drei Euro an irgendeinen kleinen Menschenhändler zu verkaufen. Dieser kleine Menschenhändler wird es dann für das Doppelte weiterverkaufen, und so geht es immer weiter. Wird das Mädchen innerhalb von Rumänien ausgebeutet, so kann der Preis bis auf 5000 Leu, also ungefähr 1200 Euro, steigen. Wird das Mädchen über die Grenze verfrachtet, so kostet es für den Käufer zwischen 800 und 2000 Euro. 2000 Euro – und man kann über Leben und Tod eines menschlichen Wesens bestimmen: Das ist doch nicht teuer! Außerdem hat man die Unkosten schnell wieder hereingeholt. Ein Mädchen kann für seinen Zuhälter in einer Nacht 500 Dollar verdienen. Eine sonderliche Begabung im Bett braucht es dazu nicht, denn die Summe hängt einfach von der Anzahl der Kunden ab, die der Zuhälter dem Mädchen aufzwingt. Schafft es die gewünschte »Stückzahl« nicht, so wird es ganz einfach durch ein anderes Mädchen ersetzt. Die Sexsklavin ist eine leicht verderbliche Ware, aber man findet sehr schnell Ersatz.

Die Nachforschungen müssen das ökonomische Modell in seiner Globalität ins Auge fassen, nicht nur den Rohstoff. In Rumänien interessieren sich die Journalisten nur für die schmutzigen Seiten des Systems, das verkauft sich gut. Im übrigen Europa richtet sich das Augenmerk der Regierungen vor allem darauf, dem Zustrom rumänischer Immigranten Einhalt zu gebieten, und nicht so sehr darauf, sich um Sexsklavinnen zu kümmern. Außerdem kommen tief im allgemeinen Bewusstsein verankerte und tagtäglich in den Medien geschürte Vorurteile gegen »Zigeuner« ins Spiel. Die Vertreibung der Roma, die in mehreren Ländern Westeuropas stattfindet, trägt zu einer allgemeinen Stigmatisierung der Rumänen bei. Die rumänischen Prostituierten – das sind doch Zigeunerinnen! Der Sexhandel – das ist doch ein Problem der Zigeuner! Sollen doch diese Diebe und Streithähne ihre schmutzige Wäsche in der eigenen Familie waschen! Dieser Rassismus ist in allen Bereichen des gesellschaftlichen Lebens spürbar.

Dies wird auch belegt durch die Probleme, denen sich viele Sozialarbeiter unterschiedlicher nichtstaatlicher Organisationen gegenüber sehen, mit denen ich zusammenarbeite. Sie haben beispielsweise die Erfahrung gemacht, dass es für ein Mädchen rumänischer Abstammung sehr viel schwieriger ist, einen Termin bei einem für eine soziale Einrichtung tätigen Arzt zu erhalten, als für ein Mädchen anderer Nationalität.

Es stimmt tatsächlich, dass Roma oft in den Sexhandel verwickelt sind, aber nur selten handelt es sich dabei um die Opfer … Einmal nahm eine internationale Organisation, die sich dem Kampf gegen den Sexhandel verschrieben hatte, Kontakt zu mir auf und unterbreitete mir ein Programm zur Aufklärung über die Diskriminierung der Roma. Ich bat mein Gegenüber, mir genauer auszuführen, welche Gedanken sie sich zu dem Thema gemacht hatte: »Was verstehen Sie unter ›Diskriminierung der Roma‹? Von welchen Roma sprechen Sie?«

»Ich spreche von den Opfern des Sexhandels: Man muss doch klarstellen, dass die als Prostituierte verkauften Roma-Mädchen genauso Opfer sind wie alle anderen«, antwortete sie mir.

»Aber das stimmt nicht!«

»Wie bitte?«

»Das stimmt nicht: Ich arbeite seit zwölf Jahren mit den Opfern des Sexhandels, und ich versichere Ihnen, dass ich die Roma-Mädchen, die ich bei mir aufgenommen habe, an den Fingern einer Hand abzählen kann. Die Roma befinden sich meistens auf der Händler-Seite!«

Mein Gegenüber fiel aus allen Wolken. Aber meine Aussagen sind richtig und keineswegs erfunden. Wenn ich auf meine Erfahrungen zurückblicke, so möchte ich sogar behaupten, dass 80 Prozent der rumänischen Menschenhändler Roma sind. Ich weiß, dass man so etwas nicht gerne hört, leider ist es jedoch eine Tatsache. Wohlgemerkt, ich habe nichts gegen Roma, und natürlich behaupte ich nicht, dass alle Roma Sexhändler sind. Ich stelle lediglich fest, dass die meisten Sexhändler Roma sind. Nur klingt dies in einer Zeit, in der man sich gern den Schutz ethnischer Minderheiten auf sein Banner schreibt, politisch nicht korrekt. Die europäischen Medien bleiben allerdings auch sehr oberflächlich, wenn sie beim Thema des Frauenhandels nicht einmal die Unterscheidung zwischen einem Rumänen und einem rumänischen Roma treffen. Selbst in Rumänien äußert sich die Polizei dazu nicht.

Die Mädchen, die ich bei mir im Frauenhaus aufnehme, wurden fast immer von Roma an andere Roma verkauft: Es sind Familien oder weit ausgedehnte Netzwerke, die sich über mehrere Länder Europas erstrecken. Meine Darlegungen haben schon einige hohe Polizeibeamte in helle Empörung versetzt!

»Nein, Iana, das können Sie nicht sagen! Es gibt keinerlei offizielle Statistiken, die solche Prozentzahlen bestätigen!«

Wie soll man das Problem beim Schopfe packen, wenn man nicht einmal wagt, ihm ins Gesicht zu sehen? Jeder weiß, dass niemand sich für die Geschichte der Roma interessiert. Sollen sie doch ihre Probleme unter sich regeln – so denken die meisten Leute. Anstatt das wirkliche Problem anzugehen, breiten die Medien lieber schmuddelige Details aus, um die Emotionen der Leser oder Zuschauer zu wecken. Nachdem ich den *Reader's Digest Award* erhalten hatte, riefen mich Journalisten aus allen möglichen Ländern an, um eine Reportage über meine Arbeit im Frauenhaus zu verfassen. Die Schamlosigkeit mancher Medienvertreter verblüffte mich zutiefst: »Wir kommen morgen zu Ihnen, Frau Matei. Wir kommen direkt ins Frauenhaus und würden dann auch gerne mit ein paar Mädchen sprechen.«

Für die Journalisten war das gar keine Frage. Sie erkundigten sich nicht etwa, ob ein Besuch überhaupt möglich war, und zogen nicht einen Augenblick in Betracht, dass die Mädchen nicht einverstanden sein könnten. Da war meine Entschlossenheit gefragt: Genauso wenig, wie ich es zulasse, dass die Polizei meine Schützlinge ohne ihre Zustimmung befragt, lasse ich die Reporter in die Nähe der Mädchen, ohne zuvor in Erfahrung zu bringen, wie sie darüber denken. Wie ich es schon vorausgesehen hatte, war kein einziges Mädchen bereit, auf die Fragen der Journalisten zu antworten. Habt Mitleid und lasst diese Mädchen doch in Ruhe, ihr lieben Reporter! Zwingt sie nicht, ihren Leidensweg noch einmal mehr zu durchleben, nur damit ihr die voyeuristischen Begierden des breiten Publikums befriedigen könnt! Lasst sie in Ruhe ihr Leben neu ordnen! Ein für allemal: Traktiert die Menschenhändler, nicht ihre Opfer!

# Rumänische (Un)gerechtigkeit

Von den mehr als vierhundert Mädchen, um die ich mich gekümmert habe, mussten fast alle vor Gericht aussagen, sei es in Rumänien oder im Ausland. Der längste Prozess wurde gegen den Clan von Ioan Clamparu geführt, der mit Spitznamen »Papa« oder auch »Schweinskopf« hieß. Noch heute gilt er bei der spanischen Guardia Civil als einer der »größten Menschenhändler weltweit«. Er hat Hunderte von Rumäninnen in ganz Europa verkauft, vor allem nach Spanien und Italien, wo er sich von den Methoden eines Al Capone, der sein großes Vorbild war, inspirieren ließ und ein Schreckensregiment führte. Über drei Jahre hinweg musste ich immer wieder mit dreien meiner Schützlinge von Pitești in die Stadt Sibiu fahren, wo der Prozess stattfand.

Zwei von ihnen, Stela und Mirela, die siebzehn und neunzehn Jahre alt waren, hatten in ihrem Unglück letztlich unglaubliches Glück gehabt. Man sperrte sie zusammen in der gleichen Wohnung ein, sie konnten von dort fliehen und suchten die nächste Polizeiwache auf. Die Beamten nahmen ihre Aussage zu Protokoll und ließen die beiden Mädchen wieder laufen. Daraufhin versteckten sie sich im Dorf von Stelas Großmutter. Am nächsten Tag fielen die Schergen von Clamparu bei der alten Dame ein und stellten alles auf den Kopf. Es musste eine undichte Stelle bei der Polizei gegeben haben. Stela und Mirela wurden nach Ungarn verschleppt, wo man sie erneut einsperrte, diesmal im Haus der Schwester von Clamparu, die ebenfalls als Zuhälterin fungierte. Da sie wussten, was sie erwartete, wollten die beiden Gefangenen der Zuhälterin zuvorkommen und überzeugten sie schlau von ihrem guten Willen: »Warum sollen wir denn hier herumsitzen und nichts tun, wenn wir doch draußen genauso gut schon Geld verdienen können?«

Entzückt von dem Vorschlag, schickte die Zuhälterin sie bereits eine Stunde später auf die Straße. Stela und Mirela flohen wieder. Vollkommen mittellos gelangten sie per Autostopp an die ungarische Grenze, wo sie die letzten sieben Kilometer im strömenden Regen zu Fuß zurücklegten. Dann wurden sie von der Grenzpolizei aufgegriffen, die mich verständigte, damit ich die beiden abholte.

Das dritte Mädchen, Oana, ist angesichts der schlimmen Umstände auch noch recht glimpflich davongekommen. Sie stammte ebenfalls aus der Gegend von Sibiu. Ihre Eltern hatten ein Waisenkind bei sich aufgenommen. Als dieses Kind nun ein junger Mann geworden war, überredete er Oanas Mutter, ihre Tochter mit einem Freund von ihm nach Spanien zu schicken, damit sie sich dort Arbeit suchen konnte. Die Mutter wusste zwar, dass die Mädchen dort manchmal auf der Straße landeten, aber sie vertraute ihrem Adoptivsohn blind: »Ich habe schreckliche Geschichten von dort gehört ... Du passt doch gut auf meine Tochter auf, nicht wahr?«

»Mach dir keine Sorgen, wir werden ihr nicht von der Seite weichen.«

Am Flughafen übergab er die vierundzwanzigjährige Oana dem erwähnten »Freund«. Er arbeitete als »Materialbeschaffer« für einen der Bosse von Clamparu. Oana hegte keinerlei Verdacht.

»Das ist ein Freund von mir, Oana. Du reist jetzt mit ihm weiter. Wir sehen uns dann in Spanien wieder.«

Ihre weitere Geschichte habe ich bereits erzählt: Die Ankunft in Madrid, das von zwei Zuhälterinnen bewohnte Appartement, die Konfiszierung der Ausweispapiere und die Fahrt zu dem berühmten Parkplatz Casa del Campo, ihrem künftigen Arbeitsplatz. Die schockierte Oana war unter den saftigen Ohrfeigen ihrer Peinigerinnen zusammengebrochen. Man hatte sie eingeschüchtert und den Arbeitsbeginn auf den nächsten Tag verschoben. Wieder in der Wohnung, hatte das junge Mädchen abends seine Fassung wiedergewonnen. Um das Misstrauen der beiden Aufpasserinnen zu zerstreuen, hatte es vorgetäuscht, sich für ihre lukrative Tätigkeit zu interessieren. Es fragte, welche Summen man denn pro Nacht verdienen könnte, und erkundigte sich sogar nach Fallen, in die man nicht tappen sollte. Als die beiden schließlich eingeschlafen waren, stand Oana heimlich auf und zog sich im Dunkeln an. Ganz leise zog sie die Schublade des Nachttisches auf, in dem sie ihren Ausweis hatte verschwinden sehen. Neben ihren Papieren fand sie ein Bündel mit 800 Euro. Sie zögerte, denn es bereitete ihr Gewissensbisse, den Lohn eines anderen Mädchens zu stehlen. Am Ende nahm sie das Geld aber doch: Für ihre Rückkehr nach Rumänien würde sie Geld brauchen, es blieb ihr keine andere Wahl. Sie fand die Wohnungsschlüssel, schloss die Tür auf und stahl sich leise davon.

Am frühen Morgen hatte sie schließlich den Weg in die rumänische Botschaft gefunden, wo sie ihre Geschichte erzählte. Der Beamte schickte sie unbarmherzig wieder fort: »Und was nun? Letztlich ist Ihnen doch nichts zugestoßen. Dann können wir auch nichts für Sie tun.«

Ohne weiter zu insistieren, sprang sie in ein Taxi zum

Flughafen, wo sie ein »Ticket nach Rumänien« verlangte. Am Abend war sie wieder in Bukarest, hatte Geld in der Tasche und doch nicht eine einzige Stunde gearbeitet! Sie ging auf direktem Weg zur Polizei, die ihre Aussage aufnahm und mich anrief, um Oana in meine Obhut zu geben. Zwei Tage später tauchten zwei Galgenstricke bei der Mutter von Oana auf und holten zu wilden Drohgebärden aus: Wenn sie nicht sofort sagte, wo sich ihre Tochter versteckt hielt, würden sie sie umbringen. Den Diebstahl der 800 Euro hatten sie natürlich noch nicht verdaut. Angesichts dieser Drohungen befürwortete der mit dem Fall beauftragte Richter, dass Oana und ihre Familie in das Zeugenschutzprogramm aufgenommen wurden.

Clamparu, der Kopf des ganzen Netzwerkes, ist nie gefasst worden. Zwei seiner wichtigsten Handlanger und auch mehrere seiner »Materialbeschaffer«, darunter auch diejenigen von Stela, Mirela und Oana, kamen in den folgenden Monaten jedoch vor Gericht. Der Prozess begann im Jahr 2005 in Sibiu, das 200 Kilometer nördlich von Pitești liegt. Insgesamt mussten sechs Mädchen als Zeuginnen aussagen. Drei wohnten bei mir, drei kamen aus Sibiu.

Bei meinem ersten Auftritt im Gerichtssaal begegnete mir der Anwalt der Angeklagten sehr aggressiv: »Wer ist diese Frau und was tut sie hier?«

Die Richterin forderte mich mit einem Blick zur Antwort auf.

»Ich bin Iana Matei, Präsidentin der NGO *Reaching out*, die sich dem Schutz der Opfer des Sexhandels verschrieben hat. Ich stehe der Zeugin bei, so wie es das Recht ihr zubilligt.«

Unbeeindruckt entgegnete der Anwalt: »Haben Sie eine Vollmacht?«

»Eine Sekunde bitte …«

Ich drehte mich um und bat eine Frau im Publikum hinter mir um ein Stück Papier. Hastig kritzelte ich die erforderlichen Worte: »*Reaching out* beauftragt Iana Matei damit, der vorgeladenen Zeugin vor Gericht Beistand zu leisten, etc.« Darunter setzte ich den Stempel unserer Vereinigung, den ich stets in meiner Tasche trage, und damit war die Sache erledigt.

Mit den Worten »Bitte schön!« und einem schelmischen Lächeln legte ich mein Blatt auf den Tisch.

Die Richterin nahm die Erklärung wortlos zur Kenntnis, und die Anhörung wurde fortgesetzt. Immer wieder erlebe ich es, dass man mir auf plumpe Weise Knüppel zwischen die Beine werfen will. Es ist vollkommen unangebracht, eine solche Vollmacht von mir zu verlangen. Die Verteidigung des Menschenhändlers ist jedoch immer darauf aus, die Zeuginnen zu isolieren: Je schwächer sie sind, desto weniger werden sie dem Druck standhalten. Vor Gericht ist es ein Leichtes, eine ehemalige Prostituierte in Bedrängnis zu bringen. In besonderen Fällen verlange ich zudem eine polizeiliche Eskorte, die uns bis in den Gerichtssaal begleitet, da kein Sicherheitskorridor für Minderjährige vorgesehen ist. Alle Prozesse werden am gleichen Ort geführt, und die Gänge sind oft überfüllt. Vor dem Gerichtssaal treffen die Opfer unmittelbar auf die Menschenhändler und ihre Verbündeten. Diese Nähe ist für die Mädchen nur schwer auszuhalten: Man weiß nie, was Sexhändler unternehmen, um die Zeuginnen einzuschüchtern.

Aus diesen Gründen ist es außerordentlich wichtig, dass ich die Mädchen begleite. Ihre Gefühlslage bewegt sich zwischen der Angst und Scham, ihren Leidensweg nun öffentlich erzählen zu müssen, der Furcht, eine falsche Antwort zu geben, und dem Schrecken, denjenigen wiederzusehen, der sie so gequält hat ... Oft sitzen sie wie gelähmt auf der Zeugenbank. Ich weiche den ganzen Prozess über nicht von ihrer Seite und halte stets den Blickkontakt zu ihnen. Sie müssen wissen, dass sie nicht allein sind, dass ich sie unterstütze, was auch geschehen mag. Es ist eine harte Prüfung für sie, ihrem Peiniger ins Gesicht sehen zu müssen. Nach den Lügen der Menschenhändler, den ungläubigen Polizisten und den gleichgültigen Richtern bin ich für diese Mädchen die einzige Person, der sie vertrauen.

Stela war an dem entscheidenden Tag ganz besonders nervös. Sie wusste, dass die Befragung keine angenehme Sache werden würde. Ich bereite die Mädchen gemeinsam mit dem für *Reaching out* arbeitenden Anwalt stets sorgfältig auf das vor, was sie im Gericht erwartet: die Fangfragen, die Präzision bei den Angaben und die Brutalität der Anwälte. Manche Richter bieten der Verteidigung der Angeklagten Einhalt, wenn sie zu weit geht, aber diese gewissenlosen Anwälte sind arrogant und scheuen keine Diskussion mit den Richtern, um sie umzustimmen.

»Der Anwalt des Menschenhändlers wird dich vermutlich fragen, ob du schon als Prostituierte gearbeitet hast, bevor du nach Ungarn geschickt wurdest. Er wird versuchen, dich so weit zu bringen, dass du zugibst, es für Geld getan zu haben, ohne dass dich jemand dazu gezwungen hat. Er wird sogar behaupten, dass dich jemand auf der Straße beim Anschaffen gesehen hat. Lass dich davon nicht beirren. Die Angeklagten werden wahrscheinlich auch mehrere Anwälte haben. Sie werden die gleichen Argumente wiederholen und so versuchen, dich aus der Fassung zu bringen. Sie werden auch versuchen, dir durch gemeine Fragen zuzusetzen. Das ist ihre Arbeit. Ihr

Ziel ist es eben, ein gutes Bild von dem Menschenhändler zu liefern. Sie werden behaupten, dass du Arbeit gesucht hast, dass du bereit warst, für Geld alles zu tun, dass der Menschenhändler dir einen Gefallen getan hat und dir nur helfen wollte. Zu solchen Behauptungen gibst du keinen Kommentar ab. Was sie auch sagen, sieh ihnen nicht in die Augen, auch den Menschenhändlern nicht. Sieh immer den Richter an, bevor du antwortest: Er wird dir bedeuten, ob du antworten musst oder nicht.«

Vor der Anhörung verabreichte ich Stela eine Pille, die ich allen Mädchen als das »wirksamste Medikament der Welt gegen Stress« anpreise. In Wirklichkeit handelt es sich lediglich um ein Vitaminpräparat, aber meine Placebo-Methode wirkt im Allgemeinen wahre Wunder. Stela verhielt sich der Richterin gegenüber vorbildlich. Ich sah, wie sie mehrmals schwankte, aber es gelang ihr, ruhig zu bleiben und auf alle Fragen zu antworten.

Am Ende der Vernehmung fragte die Richterin sie, ob sie noch etwas hinzuzufügen hätte. Stela schüttelte den Kopf und antwortete tonlos: »Nein, das ist alles. Ich möchte jetzt gerne gehen.« Leichenblass verließ sie eiligen Schrittes den Saal. Ich folgte ihr besorgt. Draußen eilte Stela zu den Toiletten und schaffte es gerade noch, sich über die Kloschüssel zu beugen, bevor sie sich übergab. Der Stress war zu viel für sie gewesen.

Bei Oana verlief die Sache anders. Da sie in das Zeugenschutzprogramm aufgenommen worden war, musste ihre Anonymität gewahrt werden. Alle persönlichen Informationen über den Zeugen werden dann in einem versiegelten Umschlag im Büro des Staatsanwalts hinterlegt. Der Zeuge macht seine Aussage unter einer anderen Identität, und zwar in einem Nebenraum des Gerichts. Seine Aussagen werden gefilmt und über eine Kamera zeitgleich in den Gerichtssaal übertragen. Oana versteckte ihre Haare unter einer Kappe, ihre Stimme wurde technisch verzerrt, das Licht war auf ihren Rücken gerichtet, sodass nur ihre Umrisse erkennbar waren. Der auf der Anklagebank sitzende »Materialbeschaffer«, der sie nach Spanien gebracht hatte, konnte sie also nicht identifizieren. Außer einem Polizisten war auch ich bei ihr in dem Nebenraum, was das Gesetz gestattete.

Als der Anwalt des Menschenhändlers das Wort ergriff, um über die Kamera mit der Befragung zu beginnen, fiel ihm sein Mandant ins Wort, was die Richterin zunächst erboste: »Warten Sie bitte! Warum lassen Sie nicht Ihren Anwalt für Sie sprechen?«

Der Anwalt erwiderte: »Da mein Mandant der direkt Betroffene ist, kann er die Fragen besser selbst stellen, Euer Ehren.«

»In Ordnung, fahren Sie fort.«

Das ging schlecht los: Wie konnte die Richterin sich darauf einlassen? Der Menschenhändler kam jetzt langsam in Fahrt. Als Oana seine Stimme hörte, begann sie zu zittern. Schon bei den ersten Fragen wurde mir klar, dass etwas nicht stimmte.

»Sie behaupten also, dass ich Sie nach Spanien gebracht habe.«

»Ja.«

»Wie viele Mädchen waren mit Ihnen unterwegs?«

Panik lag in dem Blick, den Oana mir nun zuwarf. Was sollte sie antworten? Diese Frage konnte nur ein Ziel haben: Die Zeugin sollte identifiziert werden. Oana war während der Reise allein gewesen. Wenn sie nun die Wahrheit sagte, würde ihr damaliger Begleiter sofort wissen, wer sie war. Die Richterin schritt in keiner Weise ein und wartete darauf, dass Oana antwortete. Es war ein

Skandal! Ich murmelte: »Lüg nicht, aber antworte auch nicht auf die Frage.«

Oana antwortete zögernd: »Es tut mir leid, aber ich erinnere mich nicht mehr.«

Sofort sprang der Angeklagte auf.

»Lügnerin! Ich weiß, wer du bist! Du heißt Oana!«

Oana war so schockiert, dass sie beinahe zusammenbrach. Triumphierend fuhr der Angeklagte fort: »Du bist eine dreckige Lügnerin! Am 28. Januar hast du der Bewährungshelferin erklärt, dass du dich nicht mehr daran erinnerst, wer dich nach Spanien begleitet hat. Und heute behauptest du, dass ich dich dorthin gebracht habe. Ist deine Erinnerung so plötzlich wiedergekommen? Wie soll man dir denn da noch glauben?«

Die schockierte Oana brachte keinen Ton mehr heraus, und ihre Aussage musste vertagt werden. Ich kochte vor Wut: Woher wusste der Menschenhändler, dass Oana am 28. Januar bei der Bewährungshelferin gewesen war? Und schlimmer noch: Woher wusste er, was sie bei diesem angeblich vertraulichen Gespräch gesagt hatte? Ich musste unverzüglich mit dieser Beamtin sprechen.

Es war eine Frau, die ich bei Stela und Mirela im Raum für die Zeugen gelassen hatte, wo die beiden auf ihre Anhörung warteten. Ich eilte zu ihnen und knöpfte mir die Frau vor: »Können Sie mir erklären, was das zu bedeuten hat? Wie kann der Angeklagte von dem Gespräch am 28. Januar wissen?«

»Nun, ich habe alles in einem Bericht festgehalten, den ich ihm auf Antrag der Richterin gegeben habe.«

»Wie bitte? Wie ist denn so etwas rechtlich möglich?«

»Ich bin auch die Bewährungshelferin des Angeklagten.«

»Was?«

So etwas hatte ich bisher noch nie erlebt! Man muss wissen, dass unser Rechtssystem seit dem Eintritt Rumäniens in die Europäische Gemeinschaft durchsetzt ist mit Bestimmungen, die aus den Vereinigten Staaten und auch anderen Ländern stammen, hier aber dann mit lokalen Gegebenheiten vermengt werden. Jenseits des Atlantiks soll ein Bewährungshelfer sich ausschließlich um Kriminelle bemühen und diese möglichst vor Rückfällen bewahren, wenn sie auf Bewährung freigelassen werden. Hier bei uns hat man verfügt, und ich weiß wirklich nicht, warum, dass auch die Opfer vor einem Prozess einen Bewährungshelfer zu Rate ziehen müssen, der ihnen kostenfrei zur Verfügung gestellt wird. Die Regierung ist immer noch sehr zurückhaltend, was die Einschaltung von NGOs angeht, auch wenn diese keine Kosten verursacht. Nur hatte ich bisher noch nie gehört, dass der gleiche Bewährungshelfer Opfer und Angeklagte im gleichen Fall betreut! Wie war eine solche irrsinnige Konstellation überhaupt möglich?

»In Ordnung, Sie betreuen also alle beide. Aber wie konnten Sie nur Clamparu berichten, was Oana gesagt hat?«

»...«

Was sollte die Frau darauf schon antworten? Ohne ihr weitere Beachtung zu schenken, wandte ich mich an den wachhabenden Polizisten auf dem Gang.

»Es gibt ein Problem. Ich muss mit dem Staatsanwalt sprechen.«

Wir begaben uns in das Büro der Richterin, wo auch die Staatsanwältin und die Bewährungshelferin waren: alles nur Frauen. Ich fragte: »Wer bestimmt, dass ein Opfer zu einem Bewährungshelfer geschickt wird?«

»Das tue ich«, erwiderte die Richterin. »So will es das Gesetz.«

»Aber warum haben Menschenhändler und Opfer in diesem Fall die gleiche Bewährungshelferin?«

»Hmm ... Das ist formal nicht untersagt ...«

»Na gut, aber warum hat die Bewährungshelferin Oanas Bericht an den Menschenhändler weitergegeben?«

»Die Richterin hat mich gebeten, ein psychologisches Profil des Opfers und des Angeklagten zu erstellen«, brachte die Bewährungshelferin vor. »Ich muss beide in der gleichen Weise betreuen.«

»Aber wie können Sie zwei Profile erstellen, wenn Sie von zwei vollkommen widersprüchlichen Versionen ausgehen?«

Die Staatsanwältin, die die Berichte gelesen hatte, warf freundlich ein: »Sie haben das Profil des Angeklagten doch gar nicht gelesen. Wenn man seinen abschließenden Worten glaubt, so handelt es sich um einen in jeder Hinsicht tugendhaften Mann, ein wahres Geschenk des Himmels für alle Frauen auf der Erde!«

Das Kind war in den Brunnen gefallen, aber die Ironie der Staatsanwältin tat mir gut. Sie war auf unserer Seite, das spürte ich. Die Richterin hingegen verschanzte sich hinter Phrasen wie: »So will es das Gesetz, da kann man nichts machen.« Sie scherte sich nicht darum, welche Konsequenzen ihr Verhalten hatte. Noch heute bin ich fest davon überzeugt, dass sie auf der Gehaltsliste der Menschenhändler stand. Einige Zeit später habe ich in einer Zeitung gelesen, dass Clamparu insgesamt beinahe eine Million Dollar an Bestechungsgeldern gezahlt hatte, um sich in Europa die Gunst von einigen Leuten zu erkaufen, die mehr oder weniger direkt mit seinem Prozess befasst waren. Mehr als ein rumänischer Richter befand sich unter ihnen.

Mein Verdacht wurde zusätzlich dadurch genährt, dass

die betreffende Richterin drei Jahre später verfügte, die Angeklagten bis zum Urteilsspruch auf freien Fuß zu setzen. Das nahm sogar unseren Präsidenten Traian Basescu gegen sie ein. Bei einer Pressekonferenz richtete er das Wort an den Obersten Gerichtshof: »Ich verstehe nicht, wie unser Rechtssystem verfügen kann, dass so gefährliche Personen auf freien Fuß gesetzt werden, wo es doch zu ihrer Verhaftung der polizeilichen Zusammenarbeit von drei verschiedenen Ländern bedurfte!«

Natürlich machten sich die Angeklagten sofort aus dem Staub. Die Mädchen waren außer sich: Alle Anhörungen, alle ihre Wege waren umsonst gewesen! Stela, auf die ich mit Engelszungen eingeredet hatte, bis sie überhaupt zu einer Aussage bereit war, machte mir große Vorwürfe: »Ich habe es dir ja gesagt. Die Menschenhändler, die Polizisten, die Richter – sie stecken alle unter einer Decke! Die Menschenhändler haben Geld, und deshalb wird das Gesetz auch immer auf ihrer Seite stehen, da kann man machen, was man will.«

Da mochte ich ihr noch so inständig erklären, dass nicht alle Polizisten bestechlich waren, dass es Richter gab, die ihrer Arbeit gewissenhaft nachgingen – sie war von ihrer Einschätzung nicht mehr abzubringen. Ich konnte sie nur zu gut verstehen. Wie sollte sie ihr Leben wieder in den Griff bekommen, wenn man wusste, dass Clamparu oder einer seiner Handlanger sie irgendwann vielleicht ausfindig machen würden? Die Mädchen werden ihr ganzes Leben mit diesem Damoklesschwert über ihrem Haupt leben müssen. Ich weiß nicht einmal, ob dieser Fall abgeschlossen wurde. Eines stand jedoch fest: Oana, Stela und Mirela beschlossen alle drei, niemals wieder vor einem Gericht zu erscheinen.

In Rumänien wird ein Mädchen stets mehrmals in den

Zeugenstand gerufen. Manchmal einfach nur, weil einer der Verteidiger der Angeklagten krank geworden ist. Der Richter vertagt die Anhörung dann, ohne zu berücksichtigen, dass die Zeuginnen einen weiten Weg auf sich genommen haben, ganz zu schweigen von einer Rücksicht auf ihre Gefühlslage zwischen schrecklichen Erinnerungen, Erschöpfung und Angst. Fällt hingegen der Anwalt des Opfers aus, so bestellt der Richter schlicht einen Pflichtverteidiger, der den Fall auf der Stelle übernimmt und nicht einmal die Aktenlage kennt. Ich habe sogar schon erlebt, dass für Opfer und Menschenhändler der gleiche Pflichtverteidiger eingesetzt wurde! Dieser Idiot sagte dann einfach gar nichts. Am Prozesstag selbst erschien er, als ginge ihn alles gar nichts an.

Im Übrigen legen die Menschenhändler es darauf an, möglichst oft Berufung einzulegen, und sie scheuen sich auch nicht, ihren Fall bis vor den Obersten Gerichtshof zu bringen. Das Ergebnis: Der Prozess zieht sich in die Länge, und zwar über drei, vier, ja manchmal sogar fünf Jahre. Ist endlich das Ende des Tunnels in Sicht, so haben die Zeuginnen das Frauenhaus längst verlassen. Sie arbeiten oder haben ein Universitätsstudium aufgenommen, haben geheiratet oder Kinder bekommen und wollen im Grunde nur eines: dieses düstere Kapitel hinter sich lassen und etwas anderes aus ihrem Leben machen. Also werfen sie das Handtuch … Als Stela uns verließ, stellte sie halb provozierend, halb ernst fest: »Ich hätte vielleicht besser selbst Menschenhändlerin werden sollen. Dann würde man mich nicht mehr belangen.«

Als ich das letzte Mal von Stela hörte, war sie Striptease-Tänzerin in einem Club. Aber darum geht es eigentlich nicht. In Wirklichkeit geht es vielmehr darum, wie schwach das gesamte rumänische Rechtssystem ist. Die

Korruption durchzieht alle Räderwerke der lokalen Institutionen. Europa wiederum betreibt eine Vogel-Strauß-Politik, indem es trügerische Regierungsprogramme subventioniert und sich mit bekanntermaßen falschen Zahlen zufriedengibt. Und wenn nicht die Korruption am Werke ist, so klappt die Kommunikation zwischen den verschiedenen Parteien nicht.

Für die NGOs hat beispielsweise das Misstrauen der Polizisten gegenüber den Opfern etwas Verbissenes. Wenn die Polizisten die Aussage einer jungen Zwangsprostituierten aufnehmen, so bombardieren sie sie mit demütigenden, meist überflüssigen Fragen. Ich weiß, dass es ihre Arbeit ist, zu überprüfen, ob das Mädchen die Wahrheit sagt, aber sie tun das manchmal auf regelrecht brutale Weise. Wenn ein Mädchen Details durcheinanderbringt, Angaben wiederholt, Daten, Namen oder Orte verwechselt, bezichtigen sie es der Lüge. Sie machen sich nicht klar, dass dieses Mädchen viel zu sehr damit beschäftigt gewesen ist, seine Haut zu retten, als dass es sich genau an ein Autokennzeichen erinnern könnte. Die Beamten denken selten daran, dass die Mädchen Traumatisches erlebt haben.

Befindet sich das Opfer erst einmal in der Obhut des Kinderschutzes oder einer NGO wie der meinen, so rufen die Beamten jeden Tag an, um zu hören, ob sich das Mädchen an neue Details erinnert. Sie verdächtigen uns, für die Aufklärung des Falles wichtige Informationen zurückzuhalten. Ich verstehe einfach nicht, wie man so versessen darauf sein kann, die anstößigsten Einzelheiten in Erfahrung zu bringen.

»Mit wie vielen Männern haben Sie geschlafen? Was haben Sie mit den Kunden gemacht? Oraler Sex? Vaginaler? Analer? Wie viel Geld haben Sie für eine schnelle Nummer bekommen? Und wie teuer war eine ganze Nacht?«

Aber diese Preisangaben für eine Fellatio, eine Sodomie oder eine Massage in einem Jacuzzi kümmern mich nicht sonderlich. Und wie schön wäre es, wenn die Richter den Opfern finanzielle Entschädigungen gewähren würden, die sich an dem orientierten, was die Mädchen als Prostituierte ihren Zuhältern einbrachten! Dann würden diese Fragen tatsächlich einen Sinn ergeben. Aber dieser entwürdigende Voyeurismus ist zu nichts weiter gut als dazu, die Opfer weiter zu demütigen: Sie sind eben nur Prostituierte, arme Mädchen, die keine Rücksicht verdienen …

Ich erinnere mich an einen Polizeibeamten, der mich eines Abends ansprach, als ich in meinem Wagen vor einem Nachtclub, der gleichzeitig ein Bordell war, in Wartestellung stand. Ein Mädchen, dem die Flucht gelungen war, hatte mir die Handynummer einer Freundin gegeben, die dort arbeitete: Die Prostituierten haben oft ein Telefon bei sich, damit sie für die Kunden erreichbar sind. Ich hatte Kontakt zu dem Mädchen aufgenommen, um ihm vorzuschlagen, es dort herauszuholen. Nun musste es nur noch einen Vorwand finden, um auf die Straße zu gelangen – zum Beispiel, um dort eine Zigarette zu rauchen – und dann so schnell es ging in mein Auto springen. Ich hatte in Fahrtrichtung auf dem Gehsteig geparkt und wartete. Die Lichter waren aus und der Motor lief, als ein Polizist auf seiner Runde vorbeikam und an meine Fensterscheibe klopfte.

»Was machen Sie hier?«

»Ich kümmere mich um Opfer des Sexhandels. Ich warte auf ein Mädchen, um es mitzunehmen. Verschwinden Sie, sonst machen Sie unseren ganzen Plan zunichte!«

»Ich bitte Sie! Sie wollen mir doch wohl nicht weismachen, dass dieses Mädchen Sie braucht! Wenn dieses Mädchen da drinnen ist, dann will es das auch! Ihr Zuhälter ist ein ganz schön gerissener Typ, aber er hat wenigstens den richtigen Dreh gefunden, um an Geld zu kommen!«

»Können Sie mir bitte Ihren Namen nennen?«

»Jetzt seien Sie aber nicht albern! Schon gut, ich lasse Sie in Ruhe, aber ich versichere Ihnen, dass Sie Ihre Zeit verschwenden!«

Es ist schwer, diese aus einer anderen Zeit stammenden Vorurteile zu bekämpfen. Gerade die hochrangigen Polizisten, die noch von der kommunistischen Arroganz geprägt sind und ihre Vorgesetzten mit fadenscheinigen Maßnahmen oder aufgeplusterten Berichten beeindrucken wollen, scheren sich nicht darum, was auf diesem Gebiet wirklich abläuft. Sie wollen lediglich sich selbst und ihre Arbeit in ein positives Licht rücken. Deshalb haben wir im Jahr 2000 mit Hilfe von europäischen Beratern und Experten des FBI eine Fortbildung für Polizisten und Sozialarbeiter organisiert. Wir wollten die beiden Berufsgruppen zusammenbringen, damit sie Verständnis füreinander entwickelten. Wir ermunterten sie, ihre wechselseitigen Klagen vorzutragen, um die Kooperation zu erleichtern. Als Moderatorin bat ich die Vertreter der NGOs, ihre fünf wichtigsten Erwartungen an die Vertreter des Gesetzes zu Papier zu bringen, und die Polizisten sollten genau das Gleiche in umgekehrter Richtung tun. Letztere waren sehr gut organisiert und erledigten die Aufgabe in einer Viertelstunde. Auf der anderen Seite war lange keine Einigung zu erzielen. Am Ende las ich die aufgeführten Punkte beider Seiten laut vor. Die Polizisten forderten zum Beispiel, dass die NGOs in vollem Umfang mit ihren Beamten zusammenarbeiteten und die Untersuchungsbeamten sofort anriefen, wenn ein Mädchen sich an ein neues Detail erinnerte. Die andere Seite äußerte vollkommen unrealistische Erwartungen: Manche forderten, dass sie ständig auf dem Laufenden gehalten wurden, was den Fortgang einer Ermittlungssache anging, dabei ist so etwas illegal. Andere wünschten, dass die Polizei jede Anzeige vor Gericht bringen sollte, dabei fällt dies in die Befugnisse des Staatsanwalts. Es war faszinierend, die verschiedenen Ansichten gegeneinanderzuhalten. Durch die wechselseitige Formulierung und Darstellung ihrer Arbeit und ihrer Ansprüche konnten viele Missverständnisse ausgeräumt werden.

Im Laufe der letzten zehn Jahre haben wir diese Veranstaltung mehrmals wiederholt und auch Staatsanwälte dazu eingeladen. Auch sie haben eine große Begabung dafür, den Opfern sehr unpassende Fragen zu stellen! In Piteşti gab es insbesondere einen Staatsanwalt, der jedes Mal das gleiche Theater bei der Zeugenaussage der Mädchen vollführte.

»Lassen Sie uns doch einmal sehen … welche Farbe hat Ihr Büstenhalter? Rot? Schwarz? Ist er aus Baumwolle? Er ist sicher ganz reizend, nicht wahr? Und nun sagen Sie uns doch einmal, meine Liebe, wie alt waren Sie, als Sie mit der Prostitution begannen? Das hat Spaß gemacht, nicht wahr?«

Will man mit solchen Vorurteilen aufräumen, so muss man alle Akteure zusammenbringen, die mit diesen Geschehnissen zu tun haben, und viel Aufklärungsarbeit leisten. Das ist in Rumänien besonders wichtig, da hier nur Minderjährigen ein Opferanwalt zusteht. Bei den anderen hält man das nicht für notwendig, während die Menschenhändler sich gleich mehrere der teuersten Anwälte leisten!

Bei diesen Seminaren kann die Stimmung bisweilen sehr hitzig werden. Ich erinnere mich besonders an eine Begegnung zwischen Vertretern der NGOs und der Grenz-polizei, die sehr ungut begann. Nicht bereit zu jeglicher Diskussion, eiferten sich die Polizisten: »Begreifen Sie denn nicht, dass diese Mädchen Huren sind? Was glauben Sie denn eigentlich? Diese Mädchen wissen doch ganz genau, dass sie sich prostituieren werden, wenn sie ins Ausland gehen! Sie haben sich diesen Beruf doch selbst ausgesucht!«

Ihre Selbstgefälligkeit war einfach empörend. Nach dem Mittagessen ging ich in mein Hotelzimmer und schrieb ein paar Zeilen in meinen Computer: »Die vielen Witze über die Bullen kommen zustande, weil alle Polizisten dieser Welt dumm sind. Warum soll man seine Zeit damit vergeuden, ihnen etwas zu erklären, was sie einfach nicht verstehen können?« Ich druckte meine kleine Botschaft aus, fertigte an der Rezeption etwa dreißig Kopien an und schob diese in Umschläge. Am Nachmittag verteilte ich die Umschläge an alle anwesenden Polizisten und warnte sie: »Ich will, dass Sie lesen, was auf dem Zettel im Umschlag steht, ohne dass Sie etwas dazu sagen. Dann schreiben Sie auf die Rückseite, was Sie von mir denken. Der Text stammt von mir.«

Als sie die Umschläge geöffnet hatten, sah ich, wie sie vor Wut schäumten. Alle kritzelten aufgebracht ein paar Worte aufs Papier und überreichten mir ihre racheerfüllten Eingebungen. Mit lauter Stimme las ich sie vor: »Sehr schön, ich bin also eine dumme Frau und – man höre und staune, ein dreckiges Flittchen! Gut … eine ignorante Frau, die keine Ahnung hat, worin die Arbeit der Polizei besteht! Gut! Jetzt sehen Sie mich bitte an. Wie Sie wissen, bin ich Psychologin. Es gibt ja auch sehr viele Witze über Psychologen. Ich möchte Ihnen begreiflich machen, dass wir alle zu einer mehr oder weniger diskriminierten

Gruppe gehören. Und jetzt möchte ich gern, dass Sie sich an die Stelle der Mädchen versetzen, die Sie auf dem Kommissariat befragen. Wenn Sie sie beleidigen, was glauben Sie, was die Mädchen dann über Sie denken?«

»Gut, wir haben Sie verstanden: Ein Prozent der Mädchen hat sich nicht freiwillig prostituiert. Aber die übrigen neunundneunzig Prozent haben sich ganz einfach dafür entschieden, ihren Körper zu verkaufen!«

»Das mag stimmen, aber wir sind heute hier zusammen, um einen Weg zu finden, um mit dem einen Prozent der Mädchen zu arbeiten, die eben gerade nicht selbst entschieden haben, auf die Straße zu gehen.«

Am Ende begriffen sie, worauf ich hinauswollte, und wir konnten mit der gemeinsamen Arbeit beginnen.

Vor Kurzem habe ich versucht, Fortbildungen für Richter zu organisieren … ein vergebliches Unterfangen, denn keiner war bereit, sich darauf einzulassen. Das ist bedauerlich: Nur sehr wenige Richter üben ihre Arbeit korrekt aus. Viele von ihnen führen sich wie Halbgötter auf, dabei haben sie keine Ahnung davon, wie der Sexhandel funktioniert. In Rumänien sind Richter nicht auf bestimmte Gebiete spezialisiert. Es gibt nicht einmal Richter für Prozesse, in denen es um Kinder geht. Jede Woche haben die Richter mit Minderjährigen zu tun, die von Zuhältern verkauft wurden. Sie behandeln diese Mädchen wie Fälle von professionellen Prostituierten und fertigen sie ab, ohne sich auch nur die Zeit zur Akteneinsicht zu nehmen. Gestützt auf ein Gesetz, das es untersagt, einen Beschuldigten vor der Urteilssprechung festzusetzen, lassen sie den Menschenhändler gleich wieder laufen, und dieser trachtet als Allererstes danach, die Zeuginnen unter Druck zu setzen. Und was ist, wenn eine Zeugin verschwindet? Dann sieht der Richter darin den Beweis, dass die Anklage unbegründet war: »Wir haben Ihnen ja gesagt, dass dieses Mädchen nicht aufrichtig ist!«

Hinsichtlich der Rechtssprechung gäbe es so viel zu tun ... Warum führen die Richter nicht die verschiedenen Bestimmungen des Strafgesetzbuches zusammen, um die Strafen für die Menschenhändler zu erhöhen? Zuhälterei oder Gewalt, sie werden immer nur für das eine oder das andere bestraft, nie für beides gleichzeitig! Bei einem Menschenhändler, der die Mädchen über mehrere Jahre ausbeutet, sollte man all die Verletzungen, Schläge, Selbstmordversuche als besondere Erschwernisse hinzurechnen und die Gefängnisstrafe obendrein um die Anzahl der von ihm verkauften Mädchen erhöhen. Es gibt mittlerweile eine ganze Litanei von europäischen Bestimmungen, die die rumänischen Gesetze ergänzen. Nur machen sich die Richter meist nicht die Mühe, sie zur Kenntnis zu nehmen!

Gemeinsam mit einer anderen NGO haben wir vereinbart, dass ich die Aussagen mancher Mädchen über ihre Erfahrung bei Gericht aufzeichne, um die Kassetten den Richtern vorführen zu können. Die NGO hat mir zugesichert, dass sie manche der Gesetzesvertreter an einen Tisch bringen will. Wir werden sehen, was daraus wird.

# Europäische Zusammenarbeit

Im Frauenhaus lebt ein kleiner, dreijähriger Junge. Das ist Nicolae, der Sohn von Aurelia. Ohne die Polizisten und Sozialarbeiter Dänemarks würde dieser wunderbare Sprössling jetzt wahrscheinlich in einem Waisenhaus vor sich hin vegetieren. Seine Mama Aurelia war zweiundzwanzig Jahre alt, als sie sich vorübergehend von ihm getrennt hat. Sie lebte im Süden Rumäniens, in einem Dorf in der Nähe von Constanta am Schwarzen Meer, wo sie seit ihrer Trennung von ihrem alkoholkranken Mann ihren Sohn alleine aufzog. Sie war ohne Arbeit, als sie einer Roma begegnete, die ihr die verheißungsvollen Aussichten einer Arbeit im Ausland anpries: »Mein Mann arbeitet in Dänemark auf dem Bau. Fahr zu ihm. Er wird dort unten eine gut bezahlte Arbeit für dich finden. Das Leben wird viel leichter für dich und deinen Sohn sein.«

»Ich weiß nicht ... Wer wird sich um Nicolae kümmern?«

»Hast du niemanden, der auf ihn aufpassen kann?«

»Nein. Meine Mutter ... sie trinkt.«

»Kein Problem. Überlass mir deinen Sohn für die Zeit, in der du ein wenig Geld sparen kannst. Schick mir dreihundert Euro pro Monat für die laufenden Kosten.«

»Das würden Sie wirklich tun? Vielen Dank!«

Fragen Sie mich nicht, wie diese junge Frau dazu kam, ihren Sohn einer Unbekannten zu überlassen. Wahrscheinlich befand sie sich in einer sehr heiklen finanziellen

Situation. Jedenfalls verschwand Aurelia nach Dänemark, wo der Ehemann und Menschenhändler sofort Klartext mit ihr redete: »Wenn du deinen Sohn wiedersehen willst, musst du tun, was ich dir sage. Und du musst härter arbeiten als die anderen, wenn du genug Geld verdienen willst, damit wir deinen Sohn großziehen.«

Aurelia saß in der Falle. Diese Leute hatten nun als Unterpfand, was ihr das Liebste im Leben war. Ihr blieb also keine andere Wahl. Nach einem Monat rief die Ehefrau des Menschenhändlers sie an: »Ich habe die dreihundert Euro nicht erhalten. Wie stellst du dir das mit deinem Sohn denn vor? Wie soll ich ihn versorgen?«

»Ich habe alles Ihrem Mann gegeben. Er hat mir gesagt, dass er Ihnen das Geld schicken wird.«

»Gib das Geld nicht ihm. Künftig schickst du die dreihundert Euro direkt per Postanweisung an mich.«

Das Leben wurde für Aurelia zu einem Albtraum. Der Menschenhändler fand, dass sie nicht genug Geld anschaffte, dass die Summe, die sie für ihren Sohn zur Seite legte, einen zu großen Anteil ausmachte. Um sie zu einer höheren Quote bei der Arbeit zu zwingen, drohte er unentwegt mit Schlägen. Eines Tages kam seine Frau zu einem Besuch nach Dänemark. Voller Hoffnung stürzte Aurelia auf sie zu: »Wo ist Nicolae? Haben Sie ihn denn nicht mit hierhergebracht?«

»Dein Sohn? Er ist an einem sicheren Ort bei meiner Mutter.«

»In Constanta?«

»Nein … im Norden von Rumänien.«

»Dazu hatten Sie kein Recht!«

»So ist es aber, meine Kleine, damit wirst du schon zurechtkommen müssen.«

»Wann werde ich ihn wiedersehen?«

»Lass das unsere Sorge sein. Wenn du gut arbeitest, wirst du ihn auch wiedersehen.«

An diesem Tag begriff Aurelia, dass Jahre verstreichen konnten, bis sie ihren Sohn wieder in die Arme schließen würde. Unter diesem Eindruck fasste sie unverzüglich einen Entschluss: Am nächsten Tag floh sie und suchte auf direktem Weg die Polizei auf. Am liebsten wäre sie sofort nach Rumänien zurückgekehrt, aber sie hatte keine Ahnung, wo sich Nicolae aufhielt. Sie benötigte Hilfe, um ihren Sohn zu finden. Die Polizei nahm ihre Anzeige auf, vertraute sie der Fürsorge einer örtlichen NGO an und kontaktierte die rumänische Polizei, um den Aufenthaltsort des Kindes ausfindig zu machen. Im Gegensatz zu Rumänien ist es in Dänemark so, dass man den Opfern des Sexhandels ohne Auflagen hilft. Man gewährt ihnen medizinischen, sozialen, juristischen und finanziellen Beistand, ganz gleich, ob sie nun bereit sind, vor Gericht auszusagen, oder nicht. Man geht hier – wie übrigens auch in Italien – davon aus, dass ein Opfer viel eher zu einer Kooperation bereit ist, wenn diese nicht erzwungen wird. Die dänische Polizei behauptet sogar, dass die Zahl der Prozesse, bei denen es um Sexhandel geht, um 80 Prozent gestiegen ist, seit ein entsprechendes Gesetz in Kraft ist.

Das Problem war in diesem wie in vielen anderen Fällen nur, dass die von Interpol und der dänischen Polizei erbetenen Auskünfte nicht erteilt wurden. Es ist immer die gleiche Geschichte mit der rumänischen Bürokratie, wo die Akten von einer Stelle zur nächsten geschickt werden und sich schließlich in den Untiefen der überlasteten Verwaltungsdienste verlieren. Die Anfrage einer ausländischen Institution muss über mehrere Personen laufen, bevor sie bearbeitet wird. Das ist einer der Gründe, warum eine Kooperation zwischen Rumänien und dem restlichen

Europa heute so gut wie nicht vorhanden ist. Aurelia war im Dezember 2008 in einem dänischen Frauenhaus aufgenommen worden. Im Juli 2009 hatte sie trotz zahlreicher Anfragen von Interpol immer noch nichts von ihrem Sohn gehört. Inzwischen schlummert ihre Akte vermutlich unter einem Stapel von einhundertfünfzig anderen Akten in irgendeinem Bukarester Büro.

Im Sommer 2009 erhielt ich einen Anruf von Anka, der Sozialarbeiterin des betreffenden Frauenhauses in Dänemark. Sie dachte, dass ich möglicherweise mehr Erfolg haben könnte, wenn ich selbst Nachforschungen anstellte. Sie besaß lediglich sehr magere Informationen, die sie mir gerne übermittelte: Nicolae war zunächst bei dieser Frau in der Nähe von Constanta gewesen, aber diese hatte behauptet, ihn zu ihrer Mutter in den Norden von Rumänien geschickt zu haben. Ich versuchte mein Glück und rief die Polizei von Constanta an, wo ich einen der Beamten kannte. Erstaunlicherweise wirkte dieser Polizist so, als sei er auf dem Laufenden. Er schien sogar sehr aufgebracht zu sein: »Man könnte beinahe annehmen, dass dieses Mädchen vergessen hat, Ihnen mitzuteilen, dass es seinen Sohn wieder zu sich geholt hat.«

»Wie bitte?«

»Ja, das hat es Ihnen wohl nicht gesagt, oder? Es ist im März hier gewesen und hat dann das Land verlassen.«

»Sehr gut, vielen Dank.«

Ich war wütend: Aurelia hatte die dänische Polizei belogen! Das war unbegreiflich! Unverzüglich verständigte ich Anka.

»Aurelia hat ihr Baby zu sich geholt! Es muss also in Dänemark sein.«

»Das ist unmöglich! Wann soll das gewesen sein?«

»Im März.«

»Das ist schlicht unmöglich, Iana. Aurelia kam im Dezember zu uns und hat das Frauenhaus seitdem nicht verlassen.«

Irgendeine Person hatte aber gelogen, das stand fest. Ganz offensichtlich besaßen die Menschenhändler Verbindungen zur Polizei. Ich beschloss, noch einmal meinen Kontaktmann in Constanta anzurufen.

»Hören Sie, Aurelia war nicht in Rumänien und hat ihren Sohn nicht geholt. Das können Sie bei Interpol überprüfen: Aurelia hat Dänemark nicht verlassen.«

»Ich weiß nicht, was ich dazu sagen soll …«

»Gut, übermorgen fahre ich nach Constanta. Ich werde diese Frau selbst treffen. Ich werde auch Ihren Kollegen aufsuchen, der Ihnen diese Informationen gegeben hat, um die Geschichte von der Mutter im Norden Rumäniens zu überprüfen.«

Welch erstaunlicher Zufall, dass der Polizist mich am nächsten Tag schon wieder anrief: »Sie werden es nicht glauben, Iana … Wir haben den Knirps wiedergefunden, auf der Straße. Können Sie ihn abholen kommen?«

Mein Verdacht hatte sich also bestätigt. Diese korrupten Polizisten hatten zweifelsohne die Menschenhändler darüber informiert, dass sie sie nicht weiter decken konnten. Später fand ich zudem heraus, dass die Mutter der Zuhälterin bereits drei oder vier Jahre zuvor gestorben war …

Als ich den kleinen Nicolae in einem Notaufnahmezentrum in Empfang nahm, war er zutiefst verängstigt. »Ich heiße Iana, Nicolae. Ich werde dich in dein neues Zuhause bringen. Deine Mama wird auch schon bald dort eintreffen.«

»Nein, ich will nicht dorthin!«

Nicolae hörte nicht auf zu weinen. Ich konnte nicht herausfinden, was ihm die Menschenhändler angetan hatten, aber zärtlich sind sie sicher nicht mit ihm umgegangen. Er würde Zeit brauchen, um sich an mich zu gewöhnen. Zwei Wochen später holte ich Aurelia am Flughafen in Bukarest ab. Als wir im Frauenhaus waren, rief ich Nicolae.

»Nicolae, deine Mama ist jetzt hier.«

Er weigerte sich, seine Mutter zu sehen, und wiederholte mit starr auf seine Schuhe gerichtetem Blick immer wieder: »Nein, nein, nein …« Es mussten erst ein paar Tage verstreichen, bevor er seine Mutter dann doch in die Arme schloss und sie wieder Mama nannte. Dann spielte er endlich auch mit den Geschenken, die sie ihm mitgebracht hatte, und ihre Beziehung normalisierte sich allmählich. Aurelia hatte in dem dänischen Frauenhaus eine sehr gute Behandlung erfahren. Es war ihr sogar noch etwas Geld von der Unterstützung geblieben, die sie in Dänemark erhalten hatte. Ebenso wie Italien oder Deutschland subventioniert auch Dänemark die NGOs und ihre Arbeit für die Opfer des Sexhandels, ohne ihnen bestimmte Auflagen abzunötigen. Warum orientiert sich Rumänien nicht an einem so gut funktionierenden System und übernimmt einiges davon für sich selbst?

Die Korruption treibt nach wie vor ihr Unwesen in Rumänien. Wie konnte die rumänische Polizei Interpol die Auskunft geben, dass der kleine Junge von seiner Mutter abgeholt worden sei? Wie konnte Interpol nur eine Sekunde lang nicht in Erwägung ziehen, dass diese Antwort nicht stimmte? Um den Informationsfluss zwischen den Ländern bei solchen Nachforschungen zu erleichtern, müssten alle beteiligten Stellen besser ausgebildet und grenzüberschreitende Seminare abgehalten werden. Bei einem Treffen, dem ich vor Kurzem in Deutschland beiwohnte, erwähnte ein Staatsanwalt die Geschichte eines rumänischen Botschaftsangehörigen, der in einen

Fall des Sexhandels in Deutschland verstrickt war. Meine deutschen Kollegen waren entsetzt und wollten es nicht glauben. Das Ausmaß der Korruption in Rumänien macht dem restlichen Europa Angst. Und das wiederum erschwert die legale Kooperation bei international zu verhandelnden Fällen.

Dabei ist diese Kooperation unbedingt notwendig. Grob geschätzt würde ich sagen, dass 70 Prozent der bei mir im Frauenhaus eingetroffenen Mädchen außerhalb unserer Landesgrenzen ausgebeutet wurden. Viele wurden zu ihren Aussagen vor Gericht noch einmal in die Länder gebracht, in die man sie verschleppt hatte. Jedes Jahr begleite ich Mädchen nach Dänemark, Italien, England oder auch Luxemburg, damit sie in den Zeugenstand treten. In Deutschland verhält es sich ein wenig anders: Die Zeugin braucht nicht persönlich erscheinen, sondern kann ihre Aussage schriftlich von Rumänien aus verfassen. Aber die Prozesse sind selten, wenn man die zunehmende Zahl der Menschenhändler betrachtet.

Die »Zielländer« sollten noch stärker in den Kampf gegen den Sexhandel eingebunden werden, und Anzeigen gegen Menschenhändler müssten noch viel häufiger erfolgen. Keines meiner Mädchen hat beispielsweise jemals ein Gericht in Spanien betreten, obwohl die ins Ausland verkauften Rumäninnen doch zu einem großen Teil gerade dort landen. Wie auch in Frankreich und Großbritannien ist die Hilfe für die Opfer, einschließlich einer oft auf die Dauer des Prozesses beschränkten Aufenthaltsgenehmigung, daran geknüpft, dass sie als Zeugin aussagen oder gegen die Zuhälter und ihre Netzwerke Anklage erheben. Die Mädchen haben jedoch zu niemandem mehr Vertrauen und zögern mit der Anzeige. Zudem wird die Aufenthaltsgenehmigung nur selten erteilt. Tatsächlich steht oft im Vordergrund, dass eine heimliche Einwanderung verhindert werden soll. So schickt man in Frankreich die Mädchen ohne Papiere gleich pulkweise in ihre Heimatländer zurück.

Bevor Rumänien dem Schengen-Raum angehörte, forderte Europa unsere Regierung im Grunde lediglich dazu auf, sich um die Roma zu kümmern, damit die illegale Einwanderung zurückgeht. Man versuchte, die Roma zu integrieren und sie dazu zu bewegen, ihre Kinder in die Schule zu schicken. Aber das funktionierte nicht. Heute betreiben andere Länder eine massive Rückführung der Roma und stellen damit unter Beweis, dass sie selbst ebenfalls nicht in der Lage sind, ihre Probleme mit dieser Minorität zu lösen. Mit dieser Vorgehensweise schütten sie zudem das Kind mit dem Bade aus. Denn unter den ausgewiesenen Menschen können sich gleichermaßen Menschenhändler und Opfer finden. Die Täter müssten von der Polizei festgesetzt werden; die Opfer müssten geschützt und ermuntert werden, gegen ihre Peiniger auszusagen. In Rumänien greifen die Mafia-Netze die ausgewiesenen Mädchen noch am Flughafen auf und verschicken sie sofort wieder in andere Länder. Selbst Italien, das den Mädchen keine Aussage abverlangt, um ihnen Hilfe und Schutz zu gewähren, weist die Mädchen ohne Papiere lieber aus, als ihre Geschichte anzuhören.

So kommt es dazu, dass die meisten rumänischen Menschenhändler, die durch ganz Europa ziehen, um ihre Geschäfte voranzutreiben, in Rumänien verhaftet werden, wo die dorthin zurückgekehrten Mädchen sie angezeigt haben. Es sind jedoch selten die Anführer der Netzwerke: Diese ziehen die Fäden lieber von einem anderen Land aus. Der Prozess findet also bei uns statt, und Europa lässt uns unsere schmutzige Wäsche allein waschen. Das ist ganz schön schäbig. Ich hadere sehr mit Brüssel, das die Gründung der nationalen Behörde Rumäniens gegen den Menschenhandel und die Einrichtung der Datenbank mit allen möglichen Angaben über die Opfer unterstützt hat, ohne jemals die Ergebnisse und die Handhabung der Datenbank vor Ort zu überprüfen. Außerdem werden die von der Behörde übermittelten Daten nicht hinterfragt. In Italien, Spanien oder den Niederlanden enthält diese Datenbank keinerlei persönliche Angaben. Die Mädchen fühlen sich dort viel besser geschützt und sind deshalb eher zu Aussagen bereit.

Manchmal wird argumentiert, dass man die Prostitution verbieten oder als strafbare Handlung definieren sollte, um den Frauenhandel einzudämmen. Tatsächlich ändert das aber nicht sehr viel. In den Ländern, in denen die traditionelle Prostitution geduldet wird – nämlich in Frankreich, Spanien, Italien, Portugal, Belgien, Luxemburg und Dänemark – oder sogar teilweise gesetzlich geregelt ist wie in Griechenland, entwickelt sich eine Form unsichtbarer Prostitution in privaten Clubs oder Wohnungen, die jeglicher Form des Menschenhandels sehr entgegenkommt und die Opfer noch wehrloser macht: Man kann ein Mädchen viel leichter hinter verschlossenen Türen zusammenschlagen als auf offener Straße. Diese versteckte Zuhälterei nimmt auch in den Niederlanden und in Deutschland zu, wo die Prostitution legalisiert ist. Oft wird das schwedische Modell als Beispiel zitiert, wo der Handel mit ausländischen Frauen seit dem Verbot der Straßenprostitution im Jahr 1999 so gut wie ganz unterbunden wurde. Norwegen und Island sind dafür in die Bresche gesprungen. Zudem wird oft unter den Tisch gekehrt, dass die Kunden in Schweden jetzt mit der Fähre nach Dänemark übersetzen, um dort Bordelle zu besuchen.

Ich will damit sagen, dass man bei allen rechtlichen

Maßnahmen stets die Kollateralschäden bedenken muss. Eine Prostituierte, die gegen einen gewalttätigen Kunden gerichtlich vorgehen könnte, wird lieber davon absehen, weil sie nicht auch noch ihre anderen Kunden verlieren will. So begünstigt die Kriminalisierung der Freier in gewisser Weise sogar die Gewalt gegen die Prostituierten. Natürlich bin ich auch der Meinung, dass der sexuelle Missbrauch von Minderjährigen verurteilt werden muss, aber wie soll man beweisen, dass ein Kunde über das Alter des Mädchens Bescheid wusste? Wie soll man einen Kunden auf frischer Tat ertappen? Man kann wohl kaum alle Autos kontrollieren! Selbst wenn sich die Polizei bemühen würde, was soll sie tun, wenn das Mädchen falsche Papiere vorzeigt, die es als volljährig ausweisen?

Zusammenfassend muss man einfach zugeben, dass es kein ideales Modell gibt. Auf jeden Fall muss aber die freiwillige Prostitution unbedingt von der sexuellen Ausbeutung von Frauen gegen ihren Willen unterschieden werden. Soll man den Frauen verbieten, öffentlich Kunden zu werben, wie es in Frankreich und Großbritannien der Fall ist? Oder soll man den Freier bestrafen wie in Schweden, Norwegen, Island und Großbritannien? Warum nicht? Aber solche Maßnahmen können eine globale Politik gegen den Menschenhandel auf keinen Fall ersetzen. Anstatt die Vorteile des schwedischen Modells gegenüber dem italienischen zu diskutieren, sollte man sich lieber auf die Menschenhändler konzentrieren und sie als allererstes hinter Schloss und Riegel bringen. Davon ist man in der Tat noch sehr weit entfernt, bedingt durch die mangelnde Zusammenarbeit zwischen den Ländern, aus denen die Mädchen kommen, und denjenigen, in die sie verschickt werden. Zwischen manchen Ländern wie beispielsweise zwischen den Niederlanden und Großbritannien klappt die Zusammenarbeit der nationalen Polizeibehörden sehr gut, aber in der Regel verhält es sich nicht so.

Es ist dringend notwendig, dass die Gesetze zwischen den Mitgliedstaaten der Europäischen Union aufeinander abgestimmt werden, um den Rahmen für eine Kooperation zu schaffen, bei der der Informationsfluss erleichtert wird und übergreifende Ermittlungen begünstigt werden. Die europäische Kommission besitzt die Mittel dazu, aber es fehlt am Willen. Man behauptet, das Problem lösen zu wollen, indem man hier und da ein paar Euro an Hilfsorganisationen vergibt. Aber das sind vereinzelte Aktionen, und wenn dies so bleibt und nicht irgendwie zentralisiert wird, kann sich letztlich nichts ändern.

Wenn man über die Prozesse gegen die Menschenhändler spricht, so muss man auch über ihre Gefängnisstrafen sprechen. Der Mann, der Aurelia ausgebeutet hat, wurde in Dänemark verurteilt und kam mit eineinhalb Jahren Gefängnis davon. Die Staatsanwältin, eine sehr freundliche Frau, teilte uns diese gute Neuigkeit damals hocherfreut mit. Eineinhalb Jahre … Hätte Aurelia geahnt, dass er so leicht davonkommt, so hätte sie sich nicht ins Flugzeug gesetzt, um gegen ihn auszusagen. Der Polizist, der uns begleitete, zuckte nur resigniert die Schultern: »So ist es eben: eineinhalb Jahre, wenn Sie eine Frau verkaufen, zehn Jahre, wenn Sie der Regierung Geld entwenden!«

Ganz allgemein lässt sich feststellen, dass die in Europa gegen Menschenhändler verhängten Strafen viel zu milde sind: Im Durchschnitt beträgt das Strafmaß nach meiner Erfahrung mit den Mädchen in meinem Frauenhaus ungefähr drei Jahre. Das ist schlicht und ergreifend inakzeptabel, und es müsste eine Lobby geben, die dies mit allem Nachdruck klarstellt. Ein Sklavenhändler gehört für zehn, zwanzig oder gar fünfzig Jahre hinter Gitter!

Die längste Strafe, die in einem Prozess verhängt wurde, bei dem eines meiner Mädchen als Zeugin aussagte, betrug neun Jahre Gefängnis. Sie wurde gegen jenen Lekul verhängt, dessen Prozess in Italien stattfand: Dort kumulieren die Richter die verschiedenen Straftaten: Gewalt, Missbrauch Minderjähriger, sexuelle Straftaten, Zuhälterei, Menschenhandel. Was bringt es, hier eine Hierarchie aufzustellen? Das Ganze zählt! Die einzelnen Strafen sollten zusammengezählt werden und die sich daraus ergebende Zahl an Jahren mit der Zahl der ausgebeuteten Mädchen multipliziert werden! So wurde Puja, ein besonders furchtbares Exemplar eines Menschenhändlers, in Abwesenheit zu siebzehn Jahren Gefängnis verurteilt. Bleibt nur zu hoffen, dass man ihn eines Tages aufspürt …

Aber auch das Gefängnis setzt dem Treiben dieser Kriminellen kein Ende. Ähnlich wie bei der Mafia sind sie so organisiert, dass sie ihre Geschäfte oft genug auch nach der Verhaftung aus ihrer Zelle weiterführen. Meist ist die ganze Familie involviert. Die Verbrecher haben Frauen, Brüder und Cousins, die als Handlanger fungieren. Man muss ihnen ihre Lebensgrundlage nehmen, um ihnen das Handwerk zu legen: Ohne Geld können sie keine Mädchen kaufen, und damit fehlt ihnen das »Ausgangsmaterial« für ihre Geschäfte. Vor Gericht belegt man sie zwar mit Bußgeldern, aber die Angeklagten sind meist mittellos, denn all ihr Hab und Gut läuft auf einen anderen Namen. Das muss sich ändern. Man muss ihre Bankkonten sperren, ihre Autos und ihren Besitz konfiszieren, auch wenn diese auf den Namen der Ehefrauen eingetragen sind. Bei den Roma sind die Frauen immer auch Komplizinnen: Die Ehefrau eines Menschenhändlers zählt zu Hause das Geld, seine Geliebte schafft selbst auf der Straße an, kassiert aber Geld dafür, dass sie sich um die anderen Mädchen kümmert und für Ordnung sorgt.

Das beschlagnahmte Geld müsste den Opfern zukommen. Lange Zeit wagte nicht ein einziger Anwalt, Entschädigungen und Rückzahlungen zu verlangen, da man der Verteidigung des Menschenhändlers auf keinen Fall Argumente liefern wollte. Denn die Anwälte des Angeklagten nutzten solche Forderungen aus, um die Zeuginnen unglaubwürdig zu machen.

»Euer Ehren, dieses Mädchen lügt, das ist doch offensichtlich! Sie sehen doch genau, dass sie einzig und allein auf Geld aus ist!«

Seit einigen Jahren verlangen die Opfer des Sexhandels jedoch trotzdem zunehmend finanzielle Entschädigungen für das erlittene Unrecht. Ihr Leben lang müssen die Mädchen die Last dieser Erfahrungen tragen. Dafür haben sie Schadensersatzzahlungen verdient, oder etwa nicht? Bisher hat nicht ein einziges meiner Mädchen auch nur einen Cent erhalten, aber ich habe von einem Opfer gehört, das in Deutschland einen Prozess gewonnen hat. Dort subventioniert die Regierung die Vereine, die die Rückkehr der ausländischen Prostituierten in ihre Heimatländer organisieren, und beteiligt darüber hinaus die Zuhälter durch hohe Bußgelder an den entstehenden Kosten. Das ist immer noch wenig, aber zumindest ein Anfang.

Offenbar ist es schwierig, die Höhe des Schadenersatzes zu bemessen. Ich persönlich fände es angebracht, den Gewinn des Menschenhändlers unter den Mädchen aufzuteilen, die er ausgebeutet hat. Geht man davon aus, dass ein Mädchen in einer Nacht mit etwa zehn Männern für jeweils 50 Euro schlafen kann und dies jede Woche sieben Nächte lang tut, so braucht man nur ein wenig zu rechnen. Der Sexhandel ist eines der einträglichsten Geschäfte der Welt. Die Arbeitskraft lässt sich beinahe umsonst beschaffen, wenn man sie in seinem Heimatland anwirbt. Unterhaltskosten fallen kaum an, denn man bringt die Mädchen in schäbigen Behausungen, ausrangierten Bahnwaggons oder sogar in Pappkartons unter, die beliebig oft wiederverwendbar oder ersetzbar sind. Und die Risiken in dieser Branche lassen sich durch Schmiergelder auf ein Minimum reduzieren. Selbst wenn man die Kosten des Menschenhändlers, die Miete für die Wohnung sowie die Kosten für die Lebensmittel, die Wachleute und die Schmiergelder an die Polizei mit einberechnet, bleibt ein erstaunlich üppiger Gewinn übrig. Mit vier Mädchen kann ein Menschenhändler mehr als 10 000 Euro pro Woche verdienen! Diese Leute sind reich, das muss man sich vor Augen halten. Selbst kleine, familiär aufgebaute Netze betreiben auf diese Weise ein einträgliches Geschäft. Auf den Straßen Rumäniens erkennt man sie sofort an den dicken Schlitten, die sie fahren, oder an den schweren Goldklunkern, die an ihren Fingern prangen.

Man könnte sogar noch weitergehen bei der Bestrafung eines Menschenhändlers und der Entschädigung des Opfers: Ich habe einmal gehört, dass die italienische Regierung Olivenhaine der Mafia beschlagnahmte, um sie ihren ehemaligen Opfern zu überlassen. Warum kann man bei Menschenhändlern nicht ähnlich vorgehen? Nicolae ist heute ein wunderbarer, sehr fröhlicher Junge. Aurelia verdient ihr Geld als Autowäscherin. Sie wird das Frauenhaus bald verlassen und mit ihrem Sohn in eine Wohnung ziehen, aber ihr Lohn wird ihr stets nur ein sehr kärgliches Leben ermöglichen. Mit einer finanziellen Entschädigung könnte ihr Leben um so vieles leichter sein. Und bei allem, was sie erlitten hat, wäre das kein unangemessener Luxus.

# Ein Leben nach dem Straßenstrich

Der Aufenthalt eines Opfers in meinem Frauenhaus ist zeitlich begrenzt: Manchmal dauert er nur ein paar Wochen, meistens ein Jahr, manchmal auch zwei oder sogar noch länger. Aber irgendwann ist für jedes Mädchen der Zeitpunkt gekommen, uns zu verlassen. Zunächst einmal deshalb, weil es mit mehr als zehn Bewohnerinnen sehr eng in unserem Haus wird, aber auch, weil man dann wieder Platz für andere Mädchen braucht. Unser Ziel ist es nicht, die Mädchen endlos zu verhätscheln, sondern ihnen die Wiedereingliederung in die Gesellschaft zu erleichtern.

Die ganz jungen Mädchen kehren zu ihren Eltern oder einem anderen Familienmitglied zurück, die anderen müssen eine Arbeit finden. Im Frauenhaus halte ich sie dazu an, arbeiten zu gehen, wenn sie siebzehn Jahre alt sind. Nur so können sie lernen, wie ein normales Berufsleben aussieht, und ein wenig Geld sparen, das ihnen dann später als Starthilfe zur Verfügung steht. Viele entscheiden sich für eine Ausbildung, machen Kochkurse, besuchen Erste-Hilfe-Seminare oder absolvieren bezahlte Praktika.

Ihr Lohn liegt bei 250 bis 300 Euro pro Monat. Dieser wird auf ein Bankkonto überwiesen, und ich lege den Mädchen dringend ans Herz, das Geld nicht anzurühren. Wenn sie uns dann verlassen, haben sie eine Summe angespart, die sich meistens auf ungefähr 2000 Euro beläuft. Damit haben sie die Möglichkeit, sich eine eigene Woh-

nung zu mieten oder mit anderen Mädchen zusammen-
zuziehen. In Rumänien kann man eine Dreizimmerwoh-
nung bereits für 100 Euro pro Monat mieten.

Im Augenblick ist die fünfundzwanzigjährige Doina auf Wohnungssuche. Diese hochgewachsene dunkelhaarige, junge Frau mit ihrem durchdringenden, scharfen
Blick ist eine sehr ernste Person. Sie arbeitet in einem Restaurant als Bedienung. Nach der Arbeit bleibt sie meist
auf ihrem Zimmer, meidet den Kontakt zu den anderen Mädchen und kommt nur zu den Mahlzeiten herunter. Sie bewegt sich wie ein Schatten – man sieht sie nicht,
man hört sie nicht. Doina ist auch nicht ihr richtiger Vor-
name. Als sie zu uns kam, wollte sie einen anderen Namen annehmen, da die Vorstellung, die Menschenhändler könnten sie ausfindig machen, sie nicht losließ. Was
ihr in England widerfahren war, wollte sie nie erzählen.
Ich weiß nur, dass sie in Rumänien adoptiert worden war,
sich aber von ihren Geschwistern, den leiblichen Kindern
des Ehepaares, abgelehnt fühlte. So ergriff sie die erstbeste Gelegenheit – die Aussicht auf einen Job als Bedienung in England –, um dem familiären Kokon zu entkommen. In England gelang ihr die Flucht vor ihren Peinigern,
und sie zeigte sie sogar an. Der Prozess ist immer noch
im Gange, und Doina muss noch einmal nach London reisen, um dort vor Gericht auszusagen. Immerhin verfügte
sie bei ihrer Rückkehr nach Rumänien über Ersparnisse,
denn sie hatte das von der NGO in England erhaltene Taschengeld eisern zusammengehalten. Bis heute hat sie keinen Cent für sich selbst ausgegeben. Sie ist sehr stark, und
ich glaube, dass sie bald auf eigenen Füßen stehen wird.

Der einzige Punkt, an dem sie jedoch vollkommen ihren kühlen Kopf verliert, sind die Jungen. Doina ist älter
als die übrigen Mädchen bei mir und hatte bereits einige

Freunde in Pitești. Für sie bezahlt sie alles, vom Benzin bis zur Kleidung ... Es ist offenbar für sie ein Weg, sich die Liebe zu kaufen, die sie niemals empfangen hat.

Für diese emotional so verunsicherten Mädchen ist es oft schwieriger, ihr Gefühlsleben neu zu ordnen, als eine Arbeit zu finden. Manche von denjenigen, die mittlerweile finanziell unabhängig sind, kommen immer noch zu mir und breiten ihr Seelenleben vor mir aus oder fragen mich um Rat.

Eine von ihnen, Adelina, hatte das Glück, einen Jungen kennenzulernen, der wirklich in Ordnung und aufrichtig in sie verliebt war, aber sie konnte sich nicht entschließen, ihm anzuvertrauen, was ihr widerfahren war. Sie hatte eine kleine Tochter, die von einem Menschenhändler stammte, der sie vergewaltigt hatte. Nun hatte sie Angst, ihre Aussicht, einen Ehemann zu finden, durch ein Geständnis zu mindern.

»Aber wenn er es von irgendjemandem erfährt, Iana? Er wird mich garantiert nie wieder sehen wollen!«

Der Gedanke, ihre Vergangenheit als Prostituierte könnte noch einmal auftauchen, quält die Mädchen sehr, und viele verbergen sie deshalb vor ihrem Umfeld. Ich versuchte, Adelina zur Vernunft zu bringen: »Wenn er dich wirklich liebt, wird er es verstehen. Sag es ihm, du wirst sehen, alles wird gut.«

Adelina ließ sich überzeugen und erzählte ihrem Verlobten schließlich alles. Schockiert sagte dieser, er bräuchte »eine Pause«. Adelina rief mich unter Tränen an: »Da siehst du es, ich habe es dir ja gesagt! Ich hätte nicht auf dich hören sollen!«

Eine Woche später rief der Junge sie wieder an. Er hatte lange nachgedacht: Die Vergangenheit war vergangen. Und ihn interessierte die Frau, die sie geworden war. Die beiden haben geheiratet, und der junge Mann adoptierte die kleine Bianca.

Alle Mädchen, die das Frauenhaus verlassen haben, wissen, dass sie mich im Notfall immer anrufen können. Erst vor Kurzem erhielt ich Nachricht von den drei Mädchen, mit denen ich mein Hilfsprogramm für Opfer des Sexhandels begonnen habe. Mariana hat ein oder zwei Jahre, nachdem sie das Frauenhaus verlassen hatte, geheiratet. Als ich das Haus auf dem Hügel baute, kam sie noch einmal zu mir und bat mich um Hilfe: Ihr Mann, im Grunde ein freundlicher Mensch, hatte zu trinken angefangen und sie dann auch geschlagen, um am Ende eine genaue Kopie von Marianas Vater zu werden. Als sich die Situation zuspitzte, zog sie noch einmal für ein paar Wochen ins Frauenhaus. Danach kehrte sie nach Hause zurück, um ihrer Ehe noch eine Chance zu geben. Drei Jahre später rief sie mich an und berichtete, dass ihr Mann sie gebeten hatte, ihre Arbeit aufzugeben und mit ihm aufs Land zu ziehen. Mariana bereitete es große Sorgen, nicht mehr zu arbeiten und damit ihre finanzielle Unabhängigkeit zu verlieren. Von Ilinca, dem zweiten Mädchen, habe ich im letzten Jahr jedoch erfahren, dass Mariana noch mit ihrem Mann zusammenlebt. Ilinca selbst hat geheiratet und zwei Kinder bekommen. Am Telefon sagte sie mir, dass sie Arbeit suche, aber sonst alles in Ordnung wäre.

Mit großer Befriedigung stelle ich fest, dass die meisten der vierhundertzwanzig Mädchen, die ich begleitet habe, ihren Erzählungen zufolge ihre Wiedereingliederung geschafft haben: Sie haben eine Arbeit gefunden, haben geheiratet und Kinder bekommen. Viele haben sogar studiert: Eine von ihnen ist Historikerin geworden, eine andere hat eine Handelsschule besucht und ist dann mit ihrer Mutter nach Italien gegangen.

Ein Mädchen wollte Psychologin werden, und immer wenn ich an sie denke, muss ich schmunzeln. Begeistert hatte ich ihr vorgeschlagen: »Nach deinem Abschluss könntest du dann hier im Frauenhaus arbeiten! Da du das Gleiche erlebt hast wie die Mädchen hier, würdest du sicher besser mit ihnen arbeiten können als ich!«

Sie sah mich an, als hätte ich ihr eine Arbeit auf dem Mars vorgeschlagen. »Was? Du willst, dass ich mit diesen Mädchen arbeite? Das geht ja wohl gar nicht! Sie sind überhaupt nicht gelehrig und fügsam! Wenn ich mir eine solche Arbeit aufhalsen würde, käme ich aus dem Maßregeln nicht mehr heraus! Nein, nein, ich will mit Kindern arbeiten.« Sie ist schließlich Psychologin für einen Bezirk in Bukarest geworden, wo sie sich um sozial schwache Menschen kümmert.

Die Journalisten fragen mich oft, wie die »Erfolgreichsten« der Mädchen heute leben. Dieses Kriterium ist jedoch fragwürdig, denn für mich geht es nicht um das Bildungsniveau oder das Gehalt. Ein Mädchen, das den Weg aus der Prostitution findet, hat bereits dadurch einen großen Sieg errungen. Für mich ist es eine wunderbare Erfahrung, wenn meine Schützlinge irgendwann das Ziel erreichen, das sie sich gesetzt haben.

Ich denke beispielsweise an jenes nach Deutschland verkaufte Mädchen, das noch minderjährig war, als es von seinen Peinigern reihum vergewaltigt wurde und dann mehrere Jahre ausgebeutet wurde. Es träumte wie die meisten Mädchen davon, Mutter zu werden und ein Heim zu haben. Es war erst achtzehn Jahre alt, als es zu uns kam, und ich dachte, dass es sich nie von seinen traumatischen Erlebnissen erholen würde. Aber heute ist es einundzwanzig Jahre alt, verheiratet, Mutter – und es ist glücklich.

Natürlich wird nicht allen dieses Glück zuteil. Von etwa 14 Prozent der Mädchen habe ich keinerlei Nachricht, und vermutlich sind einige wieder zu ihrer früheren »Beschäftigung« zurückgekehrt. Ich frage mich oft, was aus Elisabeta geworden ist, dem geistig zurückgebliebenen Mädchen, das der amerikanische Journalist seinem Menschenhändler abkaufte. Seine Fähigkeiten waren leider sehr begrenzt. Bei uns verbrachte es seine ganze Zeit in der Nähstube, wo es wie keine andere Stoffbahnen bügelte, die man noch für Geschirrtücher oder Topflappen nutzen konnte. Außer diesem Talent besaß es keine großartigen Fähigkeiten. Ein Jahr nach seiner Ankunft bei uns überredete ein anderes Mädchen es, einen Kurs in der Stadt zu besuchen. Nach dem Unterricht ließ das Mädchen Elisabeta allein an einem Bahnhof zurück, während es selbst ins Frauenhaus zurückkehrte. Als mir das am Abend zu Ohren kam, schimpfte ich: »Was ist denn in dich gefahren, sie allein zu lassen? Du weißt doch genau, dass sie sich alleine niemals zurechtfindet!«

»Es tut mir leid ... Elisabeta hat mir gesagt, dass sie ihre Tante in Brăila besuchen will, da habe ich sie zum Bahnhof gebracht.«

»Brăila? Das heißt also, dass sie einmal quer durchs Land fährt!«

Ich kannte den Namen dieser Tante nicht und habe niemals wieder etwas von Elisabeta gehört. Wenn sie einem Menschenhändler in Pitești in die Hände gefallen wäre, so hätte ich das erfahren, aber wer weiß schon, wen sie im Zug getroffen hat – wenn sie überhaupt in einen Zug eingestiegen ist.

Am schlimmsten war für mich jedoch die Erfahrung mit Ionela, dem Mädchen, das ich vor der Post in Călărași gewissermaßen entführte. Ich hatte gerade bei ihr keine

Mühen gescheut, und Ionela blieb fast zwei Jahre bei uns. In der Schule erreichte sie sehr gute Noten. Aber sie war unglücklich. Immer wenn sie sich besonders mutlos fühlte, wollte sie alles hinwerfen.

Sie war von der Idee besessen, eine eigene Wohnung zu haben. Peppi, die Spanierin, mit der Ionela in Kontakt geblieben war, lieh sich sogar Geld bei einer Bank, um ihr eine Wohnung zu kaufen. Ich erklärte mich einverstanden damit, dass sie dort wohnte – unter der Bedingung, dass sie ihre Schule fortsetzte. Ionela wollte Sozialarbeiterin werden. Ich wollte sie bei diesem Vorhaben unterstützen und stellte sie als Assistentin im Frauenhaus ein, als sie neunzehn Jahre alt war. Sie wusste, was diese Mädchen erlitten hatten, und konnte recht gut mit ihnen umgehen. Aber nach fünf Monaten gab sie auf: »Diese Arbeit ist viel zu schwer, Iana. Das ist nichts für mich.«

Ionela ging also fort. Kurz zuvor hatte sie ihre Wohnung verkauft, angeblich, um eine andere, kleinere zu kaufen und diese mit dem restlichen Geld einzurichten. Aber ich hörte, dass sie lediglich ein Zimmer im Stadtzentrum von Pitești gemietet hatte. Als ich sie zur Rede stellte, versicherte sie mir glaubhaft: »Im Augenblick ist meine Wohnung vermietet. Aber ich warte nur, bis der jetzige Mieter auszieht.«

Ich habe nicht einmal in Erwägung gezogen, den Wahrheitsgehalt ihrer Worte zu überprüfen … Nachdem sie uns verlassen hatte, meldete sie sich nicht mehr bei mir. Ein Mädchen aus dem Frauenhaus gestand mir irgendwann, dass Ionela in Italien war und dort als Hostess in einem Club arbeitete. Dagegen konnte ich nichts unternehmen: Sie war volljährig und für sich selbst verantwortlich.

Ein paar Monate später gelang es mir, telefonisch Kontakt zu ihr aufzunehmen. Es war noch schlimmer, als ich es mir vorgestellt hatte: In dem Club, in dem sie arbeitete, prostituierte sie sich auch. Sie hatte keinerlei Geld auf die Seite gelegt, sondern ihre Wohnung verkauft, um das Geld ihrem Freund zu leihen. Sie wollten eigentlich zusammenziehen, aber er hatte das Weite gesucht und ihr das Geld nie zurückgegeben. Mit dem Geld, das ihr vom Verkauf der Wohnung noch geblieben war, hatte sie sich am Bauch Fett absaugen lassen. Am Telefon erklärte sie mir Mitleid heischend: »Ich will mir eine andere Wohnung kaufen. Aber ich habe keine Ersparnisse mehr. Diese Arbeit ist meine einzige Chance, zu Geld zu kommen.«

Ich weiß nicht, was aus ihr geworden ist. Ich wette, dass sie immer noch in Italien ist. Vielleicht ist sie mittlerweile sogar wieder auf der Straße gelandet. Wahrscheinlich war sie einfach schon zu lange dort gewesen: Für Mädchen, die sich jahrelang aus Zwang prostituieren mussten, ist es oft zu spät, einen anderen Weg einzuschlagen.

Leider wissen die Mädchen oft nicht einmal, dass es Anlaufstellen und Frauenhäuser für ihresgleichen gibt. Solche Einrichtungen müsste es gerade in Rumänien noch viel häufiger geben. Es gibt viele Opfer, die nach ihrer Flucht aus den Fängen ihrer Peiniger lieber in dem Land bleiben, in das sie verschleppt wurden. Einerseits, weil sie Angst haben, nach Hause zurückzukehren, wo die Menschenhändler sie rasch wieder finden würden, andererseits, weil sie in Ländern wie Deutschland, den Niederlanden oder Italien eine sehr viel bessere Aufnahme in Frauenhäusern finden, sodass sie dort ein neues Leben beginnen wollen. Dort werden sie geschützt, erhalten eine Ausbildung und finden leichter Arbeit. Das geht so weit, dass bei all den Erasmus-Studenten, den ins Ausland abgewanderten Arbeitnehmern und den freiwilligen oder unfreiwilligen Auswanderern, die einfach nur finden, dass das Gras im restlichen Europa grüner ist, Rumänien eines Tages in nicht allzu ferner Zeit ein riesiges demographisches Problem haben wird.

# Ein Hotel in den Karpaten

Seit der Schaffung der Bundesagentur Rumäniens zum Kampf gegen den Sexhandel und dem Beitritt Rumäniens zur Europäischen Union sind die von der Regierung an öffentliche Einrichtungen gezahlten Gelder zur Hilfe für die Opfer beträchtlich erhöht worden. Heute gibt es dreiundzwanzig staatliche Frauenhäuser im ganzen Land. Da eine Aufnahme dort die Frauen jedoch per Gesetz zur Kooperation zwingt, stehen sie größtenteils leer. Aber was heißt das schon? Die Regierung hat ihre Pflicht getan und Europa bewiesen, dass sie aktiv an der Bekämpfung des Sexhandels mitwirkt.

Für unabhängige Frauenhäuser, so auch für meines, bleibt hingegen das Geldproblem und die Suche nach neuen Sponsoren das vorrangige Problem. Erstaunlicherweise habe ich beim Geldauftreiben am meisten Erfolg in den Vereinigten Staaten, obwohl sich mein Handlungsfeld doch auf Europa beschränkt. In den ersten beiden Jahren hat uns USAID, die Behörde der Vereinigten Staaten für Internationale Entwicklung, insgesamt fast 70 000 Dollar zukommen lassen. Die Hälfte davon erhielten wir über LIFT, einen amerikanischen Verein, mit dem wir mehrere Konferenzen organisierten, auf denen amerikanische Fachleute mit verschiedenen rumänischen Kollegen zusammentrafen, die jetzt neu auf diesem Feld arbeiteten. Anfangs kamen diese Treffen einem Kulturschock gleich. In der Vorbereitung auf die erste Konferenz im Jahr 2000 rief mich Katy, meine Ansprechpartnerin bei LIFT, an, um mir ihre Fragen durchzugeben. Es handelte sich im Wesentlichen um logistische Details. Aber sie behielt sich auch vor, die Gästeliste zu erstellen. Ich werde nie vergessen, wie Katy allen Ernstes vorschlug: »Iana, wir laden natürlich auch den rumänischen Premierminister ein.«

Den Premierminister! Heute noch muss ich darüber lachen. Die Amerikaner waren überzeugt, dass der Kampf gegen den Sexhandel bei uns ein Problem von höchster Priorität war und folglich auch die höchsten offiziellen Persönlichkeiten der amerikanischen Einladung Folge leisten würden. Was für eine Naivität! Eine Woche vor der Konferenz rief mich Katy aufgeregt und entsetzt an: »Iana, ich verstehe überhaupt nichts mehr, es hat mir noch niemand geantwortet!«

»Hmm ... Das erstaunt mich nicht wirklich.«

»Was soll ich jetzt tun? Wir werden alles absagen müssen.«

»Soll ich mich vielleicht um ein paar Gäste kümmern?«

»Nun ja, das wäre gut.«

Begeistert übernahm ich die unverhoffte Aufgabe. Im Lauf dieser Konferenz wollte ich unter anderem das Problem des Umgangs der Polizei mit den Opfern ansprechen. Deshalb schien es mir auch viel angemessener, Polizeibeamte zu unserem Treffen einzuladen, die ganz konkret mit dem Menschenhandel befasst waren, als mich um den Premierminister zu bemühen. Als es dann so weit war, kamen Vertreter mehrerer örtlicher NGOs und verschiedener Polizeibehörden zusammen.

Auch eine Expertin aus den Vereinigten Staaten, die, wie man mir gesagt hatte, eine Kapazität im Kampf gegen den Sexhandel war, hatte den Weg zu uns nicht gescheut. Eine halbe Stunde lang setzte uns diese reizende

Dame auseinander, wie die Amerikaner auf diesem Gebiet vorgingen. Sie erklärte uns, dass in den Frauenhäusern die Zimmer der Opfer mit Webkameras ausgestattet seien, deren Aufzeichnungen in einer Überwachungszentrale eingesehen werden können, von wo die Leiterin, bequem vor dem Bildschirm sitzend, alles im Blick hat und bei Bedarf durch einen einzigen Knopfdruck die Polizei alarmiert. Bei diesen Ausführungen konnten die rumänischen Polizisten nur noch staunen. Einer von ihnen raunte mir zu: »Das ist ja wie im Science-Fiction, Iana! Diese Frau macht sich über uns lustig. Haben Sie ihr nicht erklärt, wie es bei uns in Rumänien zugeht? Wissen die in den Vereinigten Staaten nicht, dass wir keinen Computer im Büro haben und manchmal nicht einmal Papier für die Schreibmaschine da ist? Wissen die nicht, dass kein Polizist ein Handy hat?«

Die Fachfrau hätte auch Chinesisch sprechen können, der Effekt wäre der gleiche gewesen. Es war beinahe schon wieder komisch! Diese so tatkräftigen Amerikaner hatten 30 000 Euro für eine Konferenz ausgegeben, während die rumänische Regierung nicht einmal das Benzin ihrer Polizeibeamten bezahlt. Seither habe ich an unzähligen Konferenzen teilgenommen, ohne dass diese jemals eine bemerkenswerte Änderung der Sachlage bewirkt hätten. Deshalb besuche ich solche Zusammenkünfte nur noch recht selten. Es ist jedes Mal das Gleiche: Ich nehme das Flugzeug, ich rede eine Stunde vor Mitgliedern der Europäischen Union, die sich zwar sorgfältig Notizen machen, aber nichts weiter unternehmen. Jedes Mal kehre ich noch ein bisschen frustrierter zurück. Immerhin nahmen die Amerikaner die Angelegenheit ernst.

Nach LIFT haben wir fast 70 000 Euro von der deutschen »Gesellschaft für Technische Zusammenarbeit«,

GTZ, erhalten, einer staatlich geförderten, international operierenden Entwicklungshilfegesellschaft. Etwa die gleiche Summe erhielten wir außerdem von UNICEF. Unseren letzten Sponsor, *Make Ways Partners*, fanden wir über die Ausstrahlung der Fernsehreportage des amerikanischen Journalisten von CBS. Diese private amerikanische Vereinigung präsentiert sich als christlicher Verbund und finanziert Projekte in der ganzen Welt mit dem Hauptanliegen, jede Form von Sklaverei zu bekämpfen. Im vergangenen September überwies sie uns die Summe von 83 000 Dollar – ungefähr das komplette Jahresbudget für mein Frauenhaus. Das bedeutet eine große Erleichterung für mich. Zudem fühle ich mich bei ihnen gut aufgehoben.

Jetzt, wo ich mich bis zum Ende des Jahres finanziell abgesichert weiß, kann ich mich endlich auf ein Projekt konzentrieren, das mir ganz besonders am Herzen liegt: Ich möchte ein Hotel in den Karpaten eröffnen, um dort die vielen Touristen empfangen zu können, die jedes Jahr diese großartige Bergregion erkunden. Mein Ziel ist es, Geld zu verdienen, mit dem ich das Bestehen des Frauenhauses langfristig sichern und vielleicht sogar neue Vorhaben umsetzen kann: Ich möchte ein richtiges Lagerhaus anbauen und die Nähstube wieder auf Vordermann bringen, oder auch einen kleinen Stall auf unserem Grundstück bauen, um Hühner und Schafe halten zu können ... An Ideen mangelt es wahrlich nicht!

Zu Beginn meines Unterfangens wollte ich gerne einen Bauernhof übernehmen, um meine Schützlinge für landwirtschaftliche Tätigkeiten auszubilden. Da ich in der Umgebung von Pitești keinen geeigneten Grund fand, suchte ich in einem größeren Radius, und so stieß ich über Mundpropaganda auf ein Stück Land in den Karpaten, unterhalb des 2543 Meter hohen Berges Moldoveanu. Es lag am Ufer eines Flusses, der sich mitten durch Waldgebiete schlängelt. Dieser Ort ist einfach wunderschön!

Darüber entstand bei mir die Idee eines Hotels: Die Mädchen könnten dort fern von Bukarest und allem möglichen schlechten Umgang als Bedienungen, Zimmermädchen oder Empfangsdamen arbeiten und bräuchten nicht für ein bisschen Geld zum Erdbeerpflücken nach Spanien fahren. Wir könnten Milch, Eier, Fleisch, Gemüse und Honig direkt bei den örtlichen Erzeugern kaufen und diesen dabei gleichzeitig helfen, ihre Produkte auf den Markt zu bringen und ihre Betriebe aufzuwerten. Es wäre ein Weg, die ökonomische Abwanderung wenigstens punktuell aufzuhalten. Eine großartige Idee, wie mir schien.

Im Jahr 2006 kaufte ich daher das wunderschöne Grundstück von 2500 Quadratmetern für die bescheidene Summe von 32 000 Euro. Für mich ist es zwar teuer, aber der Ort ist für touristische Zwecke ideal. In der Umgebung liegen viele touristische Anziehungspunkte. So gibt es beispielsweise viele alte Klöster in den Karpaten. Das berühmteste ist zweifellos Curtea de Arges. Das weiße Steingebäude birgt zahlreiche königliche Grabsteine. Es wurde 1875 vollständig renoviert, aber die bischöfliche Kirche stammt aus dem 14. Jahrhundert, als die Stadt zur Hauptstadt des Fürstentums der Walachei wurde. Eine Legende besagt, dass die Ehefrau des Baumeisters lebendig in eine Wand der Kirche eingemauert wurde und so dem Brauch Genüge getan wurde, demzufolge der Steinmetz eine ihm teure Person in seinem Gebäude »einarbeiten« muss, damit sein Werk Bestand hat. Heute ist das 30 Kilometer nördlich von Pitești gelegene Curtea de Arges das Zugangstor zu den Gipfeln des Fagaras-Gebirges. Über die großen Durchgangsstraßen ist die Gegend gut von Bukarest aus erreichbar. Im Winter wird die verschneite Straße zum Gipfel hinauf oft unpassierbar, denn er liegt auf mehr als 2000 Metern Höhe. Aber im Sommer ist der Weg dorthin sehr beeindruckend, und oben bietet sich ein atemberaubender Blick über die Karpaten.

Weiter oben im Tal trifft man auf die Burg von Poienari, dem »echten« Schloss Draculas! Der Prinz Vlad Tepes hat diese gotische Festung von den gefangenen Türken an einer strategisch wichtigen Stelle bauen lassen, denn von hier konnte er den Übergang von Transsilvanien ins Arges-Tal kontrollieren. Zwar finden sich nur noch die Ruinen, aber allein die Kletterpartie über die 1480 Stufen dort hinauf rechtfertigt die Reise. Mit den Mädchen bin ich mehrmals im Juli zum Zelten dorthin gefahren. Die Geschichte Draculas hat sie hier in dem natürlichen Umfeld sehr viel stärker beeindruckt als im Unterricht!

Einen Kilometer nördlich liegt die Vidraru-Talsperre. Hier nimmt die spektakuläre Transfogarasche-Passstraße ihren Anfang, die in kühnen Schleifen bis zu den höchsten Gipfeln der Karpaten führt. Hier, nur wenige Serpentinen oberhalb des Stausees, habe ich mein Stück Land gefunden.

Dank der staatlichen Organisation der GTZ, die mir insgesamt fast 120 000 Euro zur Verfügung stellte, konnte ich den Grund und Boden erwerben und mit dem Bau meines Hotels beginnen. Anfangs hatte ich ein Gebäude von recht bescheidenem Ausmaß im Sinn. Aber als ich dem von der GTZ zur Besichtigung geschickten Fachmann vor Ort erklärte, dass ich gerne einen Konferenzsaal unterbringen würde, um Fortbildungen von Unternehmen ausrichten zu können, überzeugte er mich, dass ich in größerem Maßstab planen müsste. Wenn alles fertig ist, wird es in dem Haus dreiundzwanzig Gästezimmer für Touristen geben, und dazu noch einmal sechs Zimmer für persönliche Belange, das heißt, für die Mädchen aus dem Frauenhaus und mich selbst.

Gegenwärtig stehen die Bauarbeiten bei der zweiten Etage. Leider fehlt aber auch hier wieder das Geld. Trotz der Unterstützung der GTZ und weiterer 150 000 Euro, die ich von Renovabis, einer karitativen katholischen Organisation in Deutschland, erhalten habe, ist eine abschließende Finanzierung der Bauarbeiten noch nicht in Sicht. Weitere 50 000 Euro hat mir Renovabis bereits für die Einrichtung des Hotels zugesagt. Zuvor aber benötige ich laut Bauleiter noch 600 000 Euro, um das Hotel fertigzustellen. Er hat mir übrigens vorgeschlagen, sie zu finanzieren, wenn ich ihn später am Gewinn beteilige: 87 Prozent für ihn, 13 Prozent für *Reaching out*. Ich brauche nicht weiter betonen, dass sein Vorschlag indiskutabel ist. Aber ich weiß wirklich nicht, wie ich eine solche Summe aufbringen soll. Vielleicht kann dieses Buch seinen Teil zu meinem Projekt beitragen.

Ich verstehe nicht, warum mein Hotelprojekt mögliche Partner so wenig interessiert. Weiter unten im Tal hat die EU vor einigen Jahren die Gründung eines hochwertigen Zentrums für Naturheilkunde finanziert. Ich bin sicher, dass die Sponsoren nie überprüft haben, was aus ihrem Geld geworden ist! Das Institut gleicht einem Bahnhof, der irgendwo im Niemandsland errichtet wurde. Das Gebäude liegt an einer von Fuhrwerken benutzten Straße, wo mit Sicherheit niemand auf die Idee kommt, sich erholen zu wollen. Mein Projekt hingegen folgt der Logik einer nachhaltigen Entwicklung. So möchte ich, dass mein zukünftiges Hotel seine Vorräte ausschließlich von Bauern der Umgebung bezieht. Eine solche Maßnahme wirkt letztlich auch dem Sexhandel entgegen, denn viele der Mädchen zieht es nach Westeuropa, weil sie dort eine besser bezahlte Arbeit finden. Die Rumänen müssen aber lernen, autonom zu werden und ihre Wirtschaft neu aufzustellen.

Vor drei Jahren habe ich mich sehr stark bei dem Entwurf eines neuen landwirtschaftlichen Programms für die Karpatenregion eingebracht. Dies geschah in Zusammenarbeit mit der Europäischen Union, und ich besuchte gemeinsam mit einem deutschen Experten die Bauern des Tals, um sie davon zu überzeugen, sich zu einer Kooperative zusammenzuschließen und die Produktionsabläufe zu verbessern. Die meisten dieser Landwirte besaßen ein paar Schafe, deren Milch sie an Händler in der Stadt verkauften. Wir legten ihnen nahe, einen gemeinsamen Schlachthof zu bauen, um Viehzucht betreiben und das Fleisch besser verkaufen zu können. Man entgegnete uns, dass das rumänische Schaf sehr viel Milch gäbe, aber nicht fett genug sei, um ausreichend Fleisch zu liefern. Wir leisteten Überzeugungsarbeit, indem wir gemeinsam mit dem deutschen Experten den Besuch eines Hofes organisierten, der eine deutsche Schafrasse für die Milchproduktion und eine norwegische Rasse für die Fleischproduktion hielt. Erst als sie das wuchtige Tier mit seinen vierzig Kilogramm sahen und sich mit eigenen Händen vergewisserten, dass sie nicht träumten, wurde unseren Schafzüchtern, die bisher nur ihre Federgewichte von höchstens zwölf Kilogramm kannten, klar, dass es von Vorteil ist, wenn man sein Vieh sehr gut aussucht.

Das touristische Potenzial der Karpaten muss ich nicht besonders hervorheben. Ich habe den Einheimischen immer wieder bei von mir organisierten Versammlungen im Tal nahegelegt, Gästezimmer anzubieten, und es gibt bereits einige davon. Ferien auf dem Bauernhof sind gegenwärtig sehr angesagt, und das sollte man ausnutzen! Ich werde mich immer an den verblüfften Gesichtsausdruck des deutschen Experten erinnern, als ich ihm sagte, dass es hier in der Gegend keine Fahrräder zu leihen gab. Warum sollte man nicht Fahrräder verleihen, um es den Touristen zu ermöglichen, ihre Lieblingslandschaft auf diese Weise zu erkunden? Warum kann man nicht Landkarten verkaufen, auf denen zahlreiche Wanderwege in den Bergen verzeichnet sind? Warum keine geführten Touren anbieten? Warum nicht sogar ein Fest organisieren, wenn die Schafe geschoren werden?

Leider verändert sich das Denken der Leute nur langsam. Ganz allein kann ich Dinge kaum in Gang bringen. Das ist schade, denn es gäbe so viel zu tun ... Sogar mein Sohn ist überzeugt davon. Nachdem er sein Abitur in Rumänien abgelegt hatte, nahm Stefan sich eine Auszeit, bevor er vor drei Jahren nach Australien zurückkehrte, um dort Wirtschaftsmanagement zu studieren. Natürlich könnte er eine gut bezahlte Stelle in Perth finden, wo er ja schließlich aufgewachsen ist, und dann für immer in Australien bleiben. Aber erstaunlicherweise scheine ich ihm meine soziale Ader vererbt zu haben ...

So hat mir Stefan schon jetzt verkündet, dass er vorhat, nach seinem Abschluss in Rumänien zu arbeiten, wo er Projekte zur Wiedereingliederung von Jugendlichen entwickeln will. Er erzählte mir, dass so viele seiner Schulfreunde dem Alkohol verfallen, von zu Hause weggelaufen waren oder die Schule nicht beendet hatten, dass er etwas für Jugendliche ohne Perspektive tun will.

Auch wenn ich liebevoll spotte, lässt er sich nicht von seinen Plänen abbringen.

»Es könnte doch auch sein, dass du in Perth ein Mädchen kennenlernst und beschließt, in Australien zu bleiben ...«

»Kommt nicht in Frage! Die Frau, die ich irgendwann heirate, wird mein Projekt natürlich unterstützen. Sie wird mit mir nach Rumänien kommen, das ist doch klar!«

Im Grunde macht mich sein Vorhaben glücklich. Ich frage mich oft, was ich hier tue, in diesem Land, das ich so lange abgelehnt habe. Mein Leben in Australien war doch wirklich sehr angenehm ... Aber dann motiviere ich mich stets auf Neue, erinnere mich an meine Arbeit und daran, dass irgendjemand sie schließlich tun muss: Es gibt so viele Kinder, die Hilfe benötigen. Wenn nun noch mein Sohn an meiner Seite arbeiten könnte, wäre ich die glücklichste Frau auf der Welt!

# Alltag

Wieder ein schlimmer Tag ... Heute Morgen bin ich wieder in große Zeitnot geraten, wie jeden Morgen, seit ich Andrea und Catalina, meine dreijährigen Zwillingsmädchen großziehe. Ich habe sie gleich nach ihrer Geburt adoptiert. Ich vergöttere sie, aber es ist nicht immer einfach, meine Verantwortung als Mutter mit dem Leben zu vereinbaren, das ich führe. Als ich die beiden einmal im Kindergarten abholte, bemerkte ich einen Mann in einem geparkten Wagen. Er sah zu, wie ich aus meinem Auto stieg, ohne Anstalten zu machen, selbst auszusteigen.

Es ist mir zu einer zweiten Natur geworden, solche Details zu bemerken: Mir ist vollkommen klar, dass meine Arbeit mit den Opfern des Sexhandels so manchem ein Dorn im Auge ist, und deshalb bin ich stets auf der Hut. Diesen Kerl hatte ich noch nie zuvor gesehen, und deshalb schloss ich, dass er nicht etwa hier war, um sein Kind abzuholen wie andere Eltern.

Erstaunlicherweise war er auch immer noch da, als ich wieder aus der Krippe herauskam. Ich setzte meine Mädchen ins Auto und fuhr los, sah aber immer wieder in den Rückspiegel und bemerkte, dass auch der Mann sein Auto gestartet hatte und die gleiche Richtung einschlug wie ich. Vier oder fünf Kilometer weit folgte er mir. Dass ich verfolgt wurde, hatte ich schon erlebt, aber niemals mit meinen Mädchen. Dieser Umstand und die bereits einbrechende Dunkelheit gaben mir ein Gefühl der Schwäche. Ich fühlte mich angreifbar. Da ich kein Risiko eingehen wollte, fuhr ich an meinem Haus vorbei und steuerte eine Tankstelle an, wo ich vor einer Zapfsäule anhielt. Der Wagen hinter mir fuhr geradeaus weiter. Sicherheitshalber ließ ich fünf Minuten verstreichen, bevor ich wieder aufbrach. Als ich vor meinem Gartenzaun angekommen war, hielt ich an, machte die Lichter aus, den Motor aber ließ ich laufen. Zehn Minuten später, als ich nichts Verdächtiges in der Straße hatte entdecken können, ging ich ins Haus. Ich werde nie herausfinden, ob mir der Mann an diesem Tag wirklich folgte, aber eines steht fest: Ich werde keine Bedrohung auf die leichte Schulter nehmen, wo ich jetzt zwei Kleinkinder bei mir habe.

Heute früh also geriet ich wieder in Zeitnot, denn Andrea schmollte, weil ich sie zurechtgewiesen hatte, und Catalina wollte nicht von ihrem Töpfchen herunter. Es war bereits nach neun Uhr, als wir das Haus endlich verließen.

Unterwegs erhielt ich einen Anruf des Kinderschutzbundes. »Es gibt eine schlechte Neuigkeit, Iana …«

»Ach!«

»Ruxandra ist fort.«

»So ein Mist, das fehlte gerade noch!«

Ruxandra sollte morgen in unser Frauenhaus umziehen. Es ist noch nie vorgekommen, dass ein Mädchen unter meiner Verantwortung steht und davonläuft, bevor es überhaupt bei mir eingetroffen ist! Ruxandra ist vierzehn Jahre alt und kommt aus einem staatlichen Aufnahmezentrum. Als man mich vor zehn Tagen bat, sie aufzunehmen, so deshalb, weil sie sich beim geringsten Anlass aus dem Staub machte. Armes Mädchen: Ihr ganzes Leben lang war sie von einem Heim ins nächste gewandert. Ihre Mutter hatte sie fortgegeben, als sie drei Jahre alt war.

Ihr Vater fühlte sich außerstande, sie großzuziehen, und überließ sie seiner eigenen Mutter. Nach eineinhalb Jahren wurde der Großmutter klar, dass sie zu alt war, um sich um ein Kind zu kümmern, und so brachte sie Ruxandra bei ihrer Tochter unter. Jahrelang erniedrigte diese Tante ihre Nichte und ließ keine Gelegenheit aus, sie daran zu erinnern, dass ihre Mutter einen schlechten Lebenswandel geführt hatte.

Als Ruxandra dreizehn Jahre alt war, lief sie weg und fand Unterschlupf bei dem Freund einer Freundin. Dieser nette Junge nannte sie »meine Prinzessin« und überhäufte sie mit kleinen Geschenken. Irgendwann machte er seiner Prinzessin dann klar: »Du musst für mich arbeiten. Wenn du das nicht tust, kann ich dich nicht mehr verwöhnen.«

Damit war Ruxandras Schicksal besiegelt. Zwischenzeitlich hatte die Tante den Kinderschutzbund kontaktiert – allerdings nicht, um Ruxandra wieder zu sich zu nehmen, sondern um sich der unbequemen Last endlich zu entledigen.

»Ich schaffe es nicht, dieses Gör kann man nicht erziehen. Übernehmen Sie diese Aufgabe ...«

Die Sozialdienste konnten Ruxandra schließlich ausfindig machen und brachten sie in einem staatlichen Heim unter. Bei der ersten Gelegenheit lief sie davon, um wieder zu ihrem Roman zurückzukehren, einem kleinen Menschenhändler, dem sie in jeder Hinsicht hörig war. Wieder spürte die Polizei sie auf, Roman wurde angezeigt und Ruxandra musste erneut in ein anderes Heim. Auch dort hielt sie es nicht lange aus. Deshalb schickte der Kinderschutzbund sie zu einer Unterredung zu mir. Als ich sie traf, um ihr mein Programm zu erklären, setzte mir Ruxandra in ihrer hautengen Markenjeans und einer stolz getragenen nagelneuen, engen schwarzen Jacke eine Stunde lang auseinander, wie wichtig ihr die Mode war und welch großen Wert sie auf ihr Aussehen legte. Es war ein Problem für sie, dass ich den Mädchen kein Taschengeld gab. Auch das Ausgangsverbot gab ihr zu denken. Aber es gelang mir dennoch, sie zur Vernunft zu bringen. Am Tag darauf bestätigte ich ihr die Aufnahme in unser Haus, wie ich es mit dem Kinderschutzbund vereinbart hatte. Dieser war nur allzu froh, einen so unbequemen Fall rasch wieder loszuwerden.

Ruxandra brach in Tränen aus: »Warum weinst du denn?«

»Ich will nicht zu euch kommen …«

»Warum?«

»Das Haus ist so weit weg von der Schule.«

»Mach dir keine Sorgen, du wirst in eine andere Schule gehen.«

»Das ist es ja gerade! Wie soll ich dann noch meinen Freund sehen? Kann ich ihn wenigstens in der Stadt treffen?«

»Ich fürchte, nein.«

»Dann will ich nicht zu euch kommen.«

»Du willst nicht zu deiner Großmutter zurück, Ruxandra, du lehnst jedes Heim ab, das man dir vorschlägt, und jetzt willst du auch nicht bei uns leben. Es ist dir nirgendwo recht, was sollen wir da tun?«

»…«

»Willst du in einem anderen Heim leben?«

»Nein.«

»Gut, dann ist ja alles klar.«

Gestern habe ich eineinhalb Stunden im Gericht verbracht, um die Überführung genehmigen zu lassen. Offiziell steht Ruxandra damit unter meiner Obhut, selbst wenn sie noch nicht bei uns eingetroffen ist. Ich muss unbedingt Mariana unterrichten, die heute den ganzen Tag vor Ort ist.

»Andrea, Catalina, die Mama muss noch einmal telefonieren. Ihr seid schön brav, ja?«

»…«

Ich habe Glück, denn meine Mädchen sind recht pflegeleicht. Sie sind es gewohnt, mich mit einem Handy am Ohr zu sehen.

»Mariana? Ich bin's. Ruxandra ist davongelaufen. Kannst du dich schon einmal informieren, wie man in einem solchen Fall nun vorgeht? Ich denke, wir müssen den Richter verständigen.«

»In Ordnung, wann kommst du?«

»Ich bringe die Mädchen in die Krippe, dann mache ich mich sofort auf den Weg zu dir.«

Als ich Mariana erreichte, war es bereits zehn Uhr. Im Wohnzimmer herrschte eine Eiseskälte.

»Jetzt sag mir nicht, dass die Gasheizung immer noch nicht läuft.«

»Äh, nein, da hat sich noch nichts getan.«

»Das gibt es doch nicht! Sie hatten mir versprochen, innerhalb von vierundzwanzig Stunden Abhilfe zu schaffen!«

Zum dritten Mal war in diesem Jahr die Heizung ausgefallen. Erst am Sonntag hatte der Gaslieferant GDF (Gaz de France besitzt das Monopol in Rumänien) ohne Vorankündigung das Gas abgestellt. Am Telefon sagte man uns, wir hätten die Rechnung des letzten Monats noch nicht beglichen. Gestern schickte ich Mariana in aller Herrgottsfrühe zu dieser Gesellschaft, damit sie den entsprechenden Kontoauszug vorlegte. Zunächst hatte ich sie tatsächlich verdächtigt, die Bezahlung vergessen zu haben, dabei weiß ich nicht, was ich ohne Mariana täte. Sie ist weitaus mehr als meine rechte Hand, sie ist auch zu einer Freundin geworden. Oft hütet sie Andrea und Catalina, wenn ich zu einer Konferenz ins Ausland muss. Wenn ich nicht da bin, begleitet sie unsere Mädchen auch zu den Gerichtsverhandlungen. Manchmal holt sie sogar die Zwillinge von der Krippe ab, denn sie ist die einzige Erzieherin, die einen Führerschein besitzt. Die Gasgesellschaft bemerkte, dass der Fehler auf ihrer Seite lag, und versprach, das Gas nachmittags wieder anzustellen. Gestern Abend warteten wir allerdings immer noch darauf.

Wütend rief ich bei der GDF an: »Was ist Ihr Problem? Heute Morgen haben wir Ihnen den Zahlungsbeleg vorgelegt. Sie haben versprochen, das Gas wieder anzustellen!«

»Es tut mir leid, Frau Matei, auf dem Bildschirm kann ich das nicht nachvollziehen.«

»Ihr Bildschirm ist mir vollkommen egal! Das ist jetzt schon das dritte Mal! Ich habe meine Rechnungen bezahlt und erwarte, dass Sie Ihre Arbeit tun! Es ist Winter, draußen hat es zwei Grad, und Sie wagen es, das Gas in einem Frauenhaus abzustellen, wo Jugendliche wohnen!«

»Es tut mir leid … Wir werden uns um das Problem kümmern.«

»Wann, bitte schön?«

»Noch heute Abend.«

»Das hoffe ich.«

Offenbar hatte mich die Gesellschaft aber weiterhin nicht ernst genommen. Gestern Abend mussten die Mädchen in ihre Mäntel gehüllt zum krönenden Abschluss eines eisigen Tages kalte Speisen essen! Ich werde persönlich bei der Gasgesellschaft auftauchen müssen …

Als hätte ich Zeit für derlei Ärgernisse! Leider musste ich auch noch rasch zum Notar, wo ich um elf Uhr einen Termin hatte, um ein Problem zu regeln, das sich bei meinem Grunderwerb in den Karpaten ergeben hatte. Es sieht ganz so aus, als hätte der Eigentümer mir Land verkauft, ohne es klar abzustecken. Das Fundament des Hotels ragte nun ein Stück weit in die benachbarte Parzelle. Damit alles seine Richtigkeit hatte, musste ich das angrenzende Land dazukaufen. Diese Unachtsamkeit kostete mich lächerliche 19 000 Euro. Ich dachte, dass sich dies in einer halben Stunde abwickeln lassen müsste. Aber ich hatte nicht bedacht, dass alle Seiten des Vertrages laut vorgelesen werden müssen! Als ich aus der Kanzlei kam, war 13 Uhr bereits vorbei. Bei der Gasgesellschaft konnte ich jetzt nicht mehr vorbeischauen. Aber zur Bank schaffte ich es noch. Am Freitag hatte die Vertreterin von *Reader's Digest* in Rumänien mich angerufen und mir die Überweisung von 5000 Euro meines »Preises« bestätigt. Die Bank hatte mir gestern jedoch beteuert, dass kein Geld auf meinem Konto eingegangen sei. Ich musste jetzt wissen, woran ich war. Ich hatte Mariana bereits gebeten, mir das Geld für das Gas vorzustrecken, und das wollte ich eiligst zurückzahlen.

Bei der Bank musste ich eine ganze Reihe von Formularen bei meiner Sachbearbeiterin unterzeichnen. Am Ende machte sie ausfindig, welchen Weg die Überweisung genommen hatte. Sie war fälschlicherweise auf einem anderen Konto gelandet ... Der Fehler wurde behoben, aber wieder hatte ich eine Stunde verloren.

Mein Magen knurrte, ich rannte in einen Supermarkt, um Vorräte für das Frauenhaus zu kaufen. Ich muss nicht betonen, dass ein Einkauf für acht Mädchen nicht gerade eine Kleinigkeit ist. Zehn Liter Öl, zwölf Pakete Nudeln, neun Packungen Reis, acht Kilo Zucker, vier Dosen Kakaopulver, Mehl, Butter, Konfitüre, Wurst ... nach einer Stunde hatte ich den ersten Wagen voll. Dann wird das ganze Unterfangen erst richtig schwierig: Ich muss den ersten, gefühlte dreißig Tonnen schweren, randvollen Wagen vor mir herschieben, während ich einen zweiten Caddy hinter mir herziehe, der bald ebenso schwer und voll ist wie der erste.

Ich griff gerade mit beiden Händen nach abgepackten tiefgefrorenen Hähnchen, als mein Telefon klingelte. Es war noch einmal Mariana: »Ioana ist weinend aus der Schule gekommen. Offenbar hatte sie Probleme mit ihrem Physik- und Chemielehrer.«

»Schon wieder? Haben sich ihre Klassenkameradinnen über sie lustig gemacht?«

»Nein, das ist dieses Mal offenbar nicht der Grund. Heute Morgen ist der Französischlehrer nicht gekommen. Der Physik- und Chemielehrer hat ihn für eine Stunde vertreten und dann seine eigenen zwei Stunden gegeben. So hatten die Schüler drei Stunden Chemie hintereinander. Ioana schimpfte vor versammelter Mannschaft, dass es nun wirklich zu viel Chemie sei, und bat darum, dass er in der letzten Stunde doch Physik unterrichten sollte. Der Lehrer ging sie vor allen anderen harsch an: ›Du hältst dich also für besonders beschlagen in Chemie, nicht wahr? Warum antwortest du mir denn dann nicht auf meine Fragen?‹

Ioana erwiderte ihm, dass es darum gar nicht ginge. Sie sagte mir, dass alle Schüler sie ermutigt hätten, ihm die Stirn zu bieten, es aber nicht gewagt hätten, ihr offen beizustehen. Der Lehrer regte sich noch mehr über Ioana auf, als sie drohte, alles dem Schulleiter zu erzählen.«

»Und, hat sie es getan?«

»Nein, eben nicht. Der Lehrer antwortete ihr: ›Nun gut, dann geh doch zu ihm! Es wird dir ohnehin niemand glauben! Und niemand in dieser Klasse wird zu deinen

Gunsten aussagen, das ist doch klar! Und weißt du auch warum? Weil ich diejenigen sonst bei den Prüfungen am Ende des Jahres in die Pfanne hauen werde. Und was dich betrifft, so werde ich dafür sorgen, dass du deinen Abschluss nicht bekommst!‹«

»Das kann doch nicht wahr sein!«

»Doch, es ist wahr, er hat ihr ganz klar gesagt, dass sie die Klasse wiederholen muss.«

»So ein Mist …«

Arme Ioana. Sie hat kein Glück in der Schule. Das ist schade, denn eigentlich kommt sie ganz gut zurecht. Ich werde einen Gesprächstermin mit dem Direktor vereinbaren müssen, um eine Lösung zu finden.

Nach zwei Stunden mühsamen Irrlaufs zwischen den Regalen im Supermarkt habe ich schließlich meine Fuhre zur Kasse bugsiert und mit hängenden Armen und krummem Rücken mein Auto wieder erreicht. Während ich mich auf dem Rückweg durch all die Staus quäle, denke ich zerknirscht daran, was Ioana wohl sagen wird, wenn sie sieht, dass ich ihr nicht die erwartete neue Jeans mitbringe. Schon vor einer Woche habe ich ihr versprochen, mich darum zu kümmern, aber ich habe nie Zeit gefunden, bei der Boutique im Stadtzentrum vorbeizufahren. Auch egal, irgendwann klappt es schon …

Auf halbem Weg klingelt zum x-ten Mal mein Handy. »Ich bin es noch einmal, Mariana. Miruna dreht gerade durch, weil sie ihr Baby sehen will. Sie will wissen, wann man es ihr zurückgibt.«

»Nun, sie muss sich gedulden. Ich werde heute Abend keine Zeit mehr haben, mit ihr zu sprechen. Ich bin schon viel zu spät dran, um Andrea und Catalina abzuholen! Sag den Mädchen, dass sie sich bereithalten sollen, um den Kofferraum auszupacken.«

»In Ordnung.«

Miruna übertreibt. Wir haben gemeinsam mit dem Kinderschutzbund eine Alternative zu einer Pflegefamilie für ihre kleine Crina gefunden. Miruna wird gemeinsam mit ihrem Baby in ein Wohnheim für junge Mütter ziehen. Sie wird sich um ihre Tochter kümmern können und zugleich unter der Aufsicht von Sozialbetreuern stehen. Aber natürlich braucht der Papierkram seine Zeit. Ich verstehe ihre Ungeduld, aber sie sollte sich glücklich schätzen, dass es nicht zu einer längeren Trennung von ihrem Kind kommt. Ich weiß tatsächlich nicht, ob ihr klar ist, was sie ihrer Tochter angetan hat.

Als ich unser Frauenhaus erreicht hatte, wartete ich am Steuer, bis die Mädchen den Kofferraum entladen hatten. Ich hatte keine Zeit, jetzt noch hier zu verweilen. Miruna kam aber dennoch mit Lebensmitteln bepackt ans Autofenster, um mir etwas vorzustöhnen. Wenn sie etwas will, ist sie hartnäckig! Als ich nach Hause aufbrach, war es bereits dunkel. In der Krippe waren nur noch Catalina und Andrea, alle anderen Kinder waren längst abgeholt worden. Die Erzieherinnen sind an meine Verspätungen gewöhnt, aber sie sind stets sehr großmütig. Wenn ich anrufe und ihnen Bescheid gebe, dass es später wird, scherzt die Direktorin nur: »Kein Problem. Wir werden Ihre Mädchen vor der Tür abstellen. Machen Sie sich keine Sorgen!«

»Danke, das ist sehr freundlich von Ihnen!«

»Schon gut. Ach! Und ... Iana, fahren Sie vorsichtig! Riskieren Sie keinen Unfall, nur um fünf Minuten früher hier zu sein!«

Es ist 19.30 Uhr. Endlich bin ich auf dem Heimweg. Auf der Rückbank im Auto schlafen die Zwillinge bereits. Sobald der Motor brummte, fielen ihre Köpfe zur Seite.

Ich frage mich, ob ich das Abendessen nicht einfach ausfallen lassen soll. Mit hängendem Magen sehne ich mich für meinen Teil nur noch nach einer guten Suppe, um dann sofort in mein Bett zu sinken.

Meine Mutter konnte ich an diesem Tag wieder nicht in ihrem Pflegeheim besuchen. Seit vier Tagen war ich jetzt schon nicht mehr bei ihr, da muss sie vor Hunger fast sterben. In einer solchen Einrichtung muss jeder für sich selbst sorgen: Die Krankenschwestern stellen das Tablett mit den Mahlzeiten am Bett ab und nehmen es eine Stunde später wieder mit. Diejenigen, die zu schwach sind, um sich aufzurichten, oder diejenigen, die nicht alleine essen können, haben das Nachsehen: Wenn das Tablett unangerührt dasteht, gehen die Krankenschwestern davon aus, sie hätten keinen Hunger gehabt.

Meine arme Mama ... Es bricht mir das Herz, sie so schwach und hilflos zu sehen. Jedes Mal, wenn ich sie besuche, bringe ich ihr ein paar Krapfen mit, die sie sofort verschlingt. Auf meine Frage, warum sie nicht zu Mittag gegessen habe, antwortet sie mir, die Lebensmittel seien zu hart. Kein Wunder! Vor ein paar Wochen habe ich entdeckt, dass ihr Gebiss nicht mehr vorhanden war. Die Krankenschwestern behaupteten, sie hätte es »verloren«. Wie mysteriös! Meine Mutter zeigt Symptome der Alzheimer-Krankheit, das ist richtig. Deshalb habe ich mich vor einem Jahr auch entschieden, sie in diesem Heim unterzubringen. Ich war selten zu Hause, und es wurde zunehmend schwierig, sie alleine zu lassen, selbst wenn eine Krankenschwester ab und zu vorbeischaute. Aber ihr Gebiss verlieren ...

Im Heim räume ich ihre Kleider und Habseligkeiten stets in den Wandschrank und schließe ihn mit dem Schlüssel ab ... und den Schlüssel behalte ich bei mir! Zuvor verschwand unentwegt irgendetwas von ihr! Manchmal tauchten die Dinge dann bei einer ihrer Zimmernachbarinnen wieder auf. Ich muss auch darauf achten, dass man ihr wenigstens einmal in der Woche beim Duschen hilft. Beim letzten Besuch war ihr Kopf mit einer dicken Schuppenschicht bedeckt, woraus hervorging, dass ihre Haare seit mindestens zwei Wochen nicht mehr gewaschen worden waren! Außerdem glaube ich, dass die Krankenschwestern ihr letzten Monat die Haare einfach aus Bequemlichkeit sehr kurz geschnitten haben. Auf meine Frage zuckten sie jedoch nur die Schultern und erwiderten: »Nein, das waren wir nicht. Ihre Mutter hat das selbst gemacht.«

»Mit welcher Schere denn?«

»Fragen Sie sie doch!«

An diesem erbärmlichen Ort weiß niemand, wie es um den anderen steht. Niemand tut etwas für seinen Nächsten. Wenn ich mir die Bedingungen vor Augen halte, unter denen diese alten Menschen leben müssen … Bereits im Erdgeschoss des heruntergekommenen Gebäudes ist der beißende Gestank kaum auszuhalten. Wenn ich das Zimmer meiner Mutter betrete, so versprühe ich als erstes in alle Ecken ein Deodorant. Es ist eine Schande, die Menschen unter diesen Bedingungen leben zu lassen. Wie kann man die Alten in unseren modernen Gesellschaften nur so behandeln? Wenn ich einmal mit einer Arbeit mit den Opfern des Sexhandels aufhören sollte, dann werde ich mich mit dem Problem der alten Leute in Rumänien befassen …

In solche Gedanken versunken, erreiche ich endlich mein Haus. Als ich vor dem Zaun einparke, taucht plötzlich im Lichtkegel der Scheinwerfer ein Gesicht auf. Es ist Doina, eines der Mädchen aus dem Frauenhaus. Mist, ich

hatte sie vollkommen vergessen! Sie hatte mir doch angekündigt, dass sie bei mir zu Hause vorbeikommen würde.
Sie erwartet heute Abend einen Anruf aus Großbritannien, wo sie in einem Monat gegen ihren Menschenhändler aussagen soll. Da Doina nicht mehr die einzige Zeugin
in diesem Prozess ist, hat man sie gebeten, noch einmal in
den Zeugenstand zu treten, um zu bestätigen, dass es sich
um ein und denselben Angeklagten handelt: Sie wird vor
dem Richter wiederholen müssen, was sie schon vor zwei
Jahren gesagt hat, als sie zum ersten Mal aussagte. Ich
werde sie natürlich begleiten. Die Londoner Polizei wird
sie um 21 Uhr anrufen, um die letzten Details zu klären.
Die zurückhaltende Doina wollte dieses Gespräch nicht
im Frauenhaus führen. Bei mir würde sie mehr Ruhe haben …

Heute Abend passt es mir wirklich schlecht, aber ihre
Angst ist so spürbar, dass ich meine kleinen Sorgen und
Ärgernisse rasch vergesse. Doina hilft mir im Wohnzimmer beim Füttern der Kleinen, die plötzlich wie ausgehungert wirken. Welche Überraschung! Doina selbst isst
schweigend und mit ausdruckslosem Gesicht.

Kaum liegen die Mädchen im Bett, klingelt auch schon
das Telefon. Es ist die Polizei, die wie vereinbart an-
ruft. Ich lasse Doina allein im Arbeitszimmer in der ersten Etage. Zwanzig Minuten später kommt sie zurück ins
Wohnzimmer. Sie wirkt jetzt viel entspannter. Lächelnd
setzt sie sich aufs Sofa und zündet sich eine Zigarette an.
Ich bin zwar sehr erschöpft, aber ich spüre, dass sie jemanden zum Reden braucht.

»Ich möchte es hinter mich bringen.«

»Ich weiß. Jetzt dauert es nur noch einen Monat! Und
danach wirst du erleichtert und befreit sein. Bist du glücklich?«

»Ja …«

»Hast du Angst?«

»Ein wenig.«

»Mach dir keine Sorgen. Ich werde bei dir sein. Der Anwalt wird dich gut vorbereiten. Alles wird gut ausgehen.«

Ich bitte stets meinen eigenen Anwalt darum, die als Zeuginnen vorgeladenen Mädchen vorzubereiten. Es ist zwar teuer, aber ich habe nicht das geringste Vertrauen in Pflichtverteidiger. Eine gute Neuigkeit ist es, dass *Reader's Digest* zugesagt hat, in Zukunft alle Anwaltskosten bei den Prozessen zu übernehmen. Ich bedauere nur, dass man bei aller modernen Technologie, über die man heute verfügt, noch keinen Weg gefunden hat, um die Aussagen der Opfer aus der Ferne zuzuschalten, zum Beispiel über eine Webkamera. Es ist keine Kleinigkeit, 2000 Kilometer zurücklegen zu müssen, um sich noch einmal seinem Peiniger gegenüberzusehen. Die Verfahrensregeln sind so schwerfällig, die Opfer hingegen so verletzlich! Es wäre so viel weniger traumatisierend, die Aussagen von einem vertrauten, sicheren Ort aus zu machen. Aber natürlich werden wir die Sache nicht zum Scheitern bringen. Das Wesentliche ist, dass der Prozess stattfindet und dass ein Menschenhändler mehr hinter Gitter gebracht wird.

Es ist spät geworden, und die Augen fallen mir zu. Freundlich, aber dennoch nachdrücklich rate ich Doina, sich zu beeilen, um ihren Bus nicht zu verpassen. Morgen muss ich Kleider für Ioana und Camelia kaufen, bei der Gasgesellschaft vorbeigehen, einen Bericht über die Flucht von Ruxandra schreiben, wieder einmal eine Bürgschaft für das Arbeitsministerium verfassen, die der Richter aus irgendeinem Grund von mir verlangt hat, und mit Miruna über ihren Umzug sprechen.

Es lebe das Wochenende! Den Kopf im Kopfkissen

vergraben, schwöre ich mir wie jeden Abend, in Ferien zu fahren. Meine letzten Ferien habe ich 2003 gemacht, als ich in die Vereinigten Staaten nach San Diego reiste, wo ich meine Freundin Caroline besuchte. Seither habe ich mich auf ein paar freie Tage beschränkt, um mich einfach nur in einem Liegestuhl im Garten auszuruhen, ohne etwas zu unternehmen. Tief in meinem Innern weiß ich jedoch, dass ich dieses Jahr noch keine Ferien werde machen können. Bei all der Arbeit, die im Frauenhaus zu bewältigen ist, werde ich niemals wagen, alles stehen und liegen zu lassen. Der Sexhandel ist ein Kampf, bei dem man keinen Augenblick nachlassen darf, und wir sind hier in Rumänien sehr wenige, die das Problem anpacken. Wer weiß, vielleicht finde ich eines Tages jemanden, der mir dabei zur Seite steht.

# Nachwort – König Löwe
## hat einen sehr kleinen Schwanz

Endlich hat man den König des Balkans gefangen! Das ist die beste Neuigkeit des Tages! Jahre habe ich auf diesen Augenblick gewartet. Scheusale wie er laufen nicht viele herum, oder sagen wir lieber: Es laufen immer noch zu viele davon herum. Fünf Jahre konnte er die Polizei zum Narren halten. Sein wirklicher Name lautet Millivoje Zarubica, aber jeder nennt ihn »Puja«. Dieser Serbe begann in den Neunzigerjahren damit, sein Geschäft aufzubauen. Schon damals verfrachtete dieser »König des Menschenhandels auf dem Balkan«, wie er in den Medien genannt wurde, Frauen in Schlauchbooten nach Italien. Innerhalb von zehn Jahren wurde er zum Dreh- und Angelpunkt aller Netzwerke, die in dieser Region Frauenhandel betreiben. In unserem Frauenhaus ist eine große Anzahl von Mädchen durch seine Hände gegangen.

Marynela, eine einundzwanzigjährige junge Frau, wenn ich mich recht erinnere, hat in einem Prozess gegen ihn ausgesagt. Das war in Belgrad, in Serbien. Der Gerichtssaal war überfüllt, zahlreiche ausländische Journalisten waren vor Ort, um über den Prozess zu berichten. Der gerissene Puja hatte mindestens drei oder vier Anwälte an seiner Seite. Marynela schilderte im Zeugenstand zitternd, aber mit fester Stimme, wie Puja sie vergewaltigt hatte. Als die Richterin der Verteidigung das Wort erteilte, wollte der Anwalt von Puja die Zeugin in eine Falle locken: »Das Opfer behauptet, dass mein Klient sie missbraucht hat. Mein Fräulein, dann nehme ich doch an, dass Sie in der Lage sind, uns mitzuteilen, ob der Körper meines Kunden bestimmte Erkennungszeichen aufwies?«

Die Richterin schritt sofort ein: »Was hat das für eine Bedeutung? Sie brauchen auf diese Frage nicht zu antworten.«

»Oh, aber ich kann sehr gut auf diese Frage antworten, Frau Richterin.«

»Sehr schön, dann hören wir Ihnen zu.«

»Nun, Puja hat eindeutige Erkennungszeichen an seinem Körper. Er hat fünf … Nein, vor allem hat er einen sehr kleinen Schwanz. Außerdem hat er fünf Narben von Schusswunden auf der Brust.«

Der ganze Saal prustete los. Mit unerschütterlicher Miene wandte die Richterin sich zum Gerichtsschreiber und wiederholte die Worte von Marynela so langsam und deutlich, dass alle es noch einmal genau hören konnten: »Halten Sie bitte die Antwort der Zeugin fest, derzufolge der Angeklagte einen sehr kleinen Schwanz und fünf Narben von Schusswunden auf der Brust hat.«

Ich frohlockte und bin sicher, dass die Richterin hinter ihrem regungslosen Gesichtsausdruck ebenso vergnügt war. Ein Mädchen demütigte den König des Balkans vor einem solchen Publikum, das war doch wirklich ein glanzvoller Auftritt!

Ich erinnere mich nicht mehr an das Strafmaß, das Puja damals einfuhr. Ich weiß nur, dass er aus dem Gefängnis fliehen konnte, bevor er seine Strafe verbüßt hatte. In der Zeit danach kam es zu weiteren Prozessen gegen ihn. Im Jahr 2005 verurteilte ihn der Gerichtshof in Belgrad, wo ihm und elf seiner Schergen – der berühmten Pancevo-Bande – der Prozess gemacht wurde, zu vier Jahren Gefängnis für den Handel mit elf Moldawierinnen. Erneut gelang Puja die Flucht. Am 12. März 2010 spürten ihn Polizisten in seinem Versteck in Belgrad auf und brachten ihn endlich hinter Gitter. Nun wird er seine vierjährige Haftstrafe absitzen, was angesichts der unzähligen Mädchen, deren Leben er im Verlauf der letzten Jahre zerstört hat, lächerlich gering anmutet.

Eine gute Neuigkeit ist es allerdings, dass nach dieser Haftstrafe eine weitere greifen könnte: Im Jahr 2008 hat das Gericht von Bologna in Italien ihn in Abwesenheit wegen Menschenhandels und mafiöser Verstrickungen zu siebzehn Jahren Gefängnis und zur Zahlung von 150 000 Euro Bußgeld verurteilt. Noch nie hat ein Menschenhändler eine so hohe Strafe erhalten! In vier Jahren wird Italien also die Auslieferung von Puja verlangen. Das glaube ich aber erst, wenn ich es auch sehe. Aber dennoch zeigt dieser Verlauf, dass man Dinge in Bewegung bringen kann, wenn man tatsächlich daran glaubt.

*Der erste Erfahrungsbericht zum aktuellen Thema Loverboys*

Merel van Groningen
UND PLÖTZLICH
GEHÖRST DU IHM
Gefangen im Netz
eines Loverboys
Aus dem
Niederländischen von
Axel Plantiko
256 Seiten
ISBN 978-3-404-60006-9

Merel ist fünfzehn, als sie Mike kennen lernt. Sie verliebt sich – ist doch egal, dass er so viel älter ist, eine kriminelle Vergangenheit hat und komische Freunde. Zu Hause gibt es eh nur noch Stress, und Mike fängt sie auf. Blind vor Liebe merkt Merel nicht, was Mike plant. Als das Geld mal wieder alle ist, glaubt sie sogar selbst, dass es keinen Ausweg gibt als den, dass Merel sich verkauft …

*»In den Medien herrscht oft Unverständnis für die Opfer: Man lässt sich doch nicht so einfach auf den Strich stellen, hab ich dort so oft gehört. Sie wissen nicht, was Angst und Scham aus dir machen kön-*
*nen.«* MEREL V. GRONINGEN

Bastei Lübbe Taschenbuch

# Werden Sie Teil der Bastei Lübbe Familie

‣ Lernen Sie Autoren, Verlagsmitarbeiter und andere Leser/innen kennen

‣ Lesen, hören und rezensieren Sie Bücher und Hörbücher noch vor Erscheinen

‣ Nehmen Sie an exklusiven Verlosungen teil und gewinnen Sie Buchpakete, signierte Exemplare oder ein Meet & Greet mit unseren Autoren

## Willkommen in unserer Welt:

 www.luebbe.de

 www.facebook.com/BasteiLuebbe

 www.twitter.com/bastei_luebbe

 www.youtube.com/BasteiLuebbe